DOROTHY EINON

Spielen – Lernen Fördern

DOROTHY EINON

Spielen – Lernen Fördern

Das Handbuch zur Entwicklung
des Kindes von 0 bis 6 Jahren

Mosaik

Inhalt

Übersetzung und Produktion der deutschsprachigen Ausgabe: Dr. Reitter & Partner Verlag GmbH, Vaterstetten

Aus dem Englischen von Barbara Rusch und Peter Haaß

Umschlaggestaltung: Design Team München

Umschlagfoto: Tony Stone/Chambers

Druck und Bindung: Printer Portuguesa, Mem Martins

Printed in Portugal / 5 4 3 2 1

ISBN 3-576-13003-9

BIG

Einleitung

Bei der Entwicklung des Kindes spielen die Eltern eine entscheidende Rolle, denn wenn die Kinder mit sechs oder sieben Jahren in die Schule kommen, sind die meisten der grundlegenden Lernfertigkeiten bereits vorhanden. Ein glückliches, selbstbewußtes Kind, dem schon vorher der Spaß am Lernen vermittelt wurde, wird sich in der Schule schnell zurechtfinden und gern am Unterricht teilhaben wollen. Selbstbewußte Kinder begegnen den Anforderungen der Schule zudem eher mit einem intakten bzw. wachsenden Selbstwertgefühl. Dabei spielt es weniger eine Rolle, ob ein Kind Zwei und Zwei zusammenrechnen oder seinen Namen schreiben kann; wichtig ist, daß es grundsätzlich Vertrauen in die eigenen Fähigkeiten gewinnt. Wenn wir unseren Kindern die Freude am Lernen mit auf den Weg geben können, so haben wir ihnen eine der wichtigsten Lektionen fürs Leben beigebracht.

Nur wenn ein Kind weiß, daß es „kann“, dann wird es auch lernen. Niemand hat immer und überall Erfolg, doch ein Kind, das Vertrauen in seine eigenen Fähigkeiten besitzt, wird seinen Weg machen. Selbstwertgefühl lautet hier der Schlüsselbegriff, doch diese Eigenschaft ist weit schwerer zu messen als etwa die Grundfähigkeit zum Lesenlernen – und ist zudem unendlich wichtiger. Ein Kind entwickelt Selbstwertgefühl, wenn es weiß, daß es wegen seiner selbst und nicht wegen seiner Fähigkeiten geliebt wird.

Ein Kind, dem täglich durch Worte und Taten gezeigt wird, daß es unendlich geliebt und geschätzt wird, wird dieses Gefühl problemlos entwickeln. Es kann dadurch Selbstvertrauen erwerben und weiß, daß es auf die Liebe der anderen zählen kann, auch wenn es Fehler macht. Ein Kind, das glaubt, daß es nur wegen seiner Fähigkeiten geliebt wird, läßt sich durch Fehlschläge entmutigen und wird sich nicht mehr trauen, etwas auszuprobieren. Ein Kind, das in einer Atmosphäre der Liebe, der Unterstützung und des Lobs aufwächst, kann sich vertrauensvoll an der Lösung von Problemen versuchen. Auch wenn Fehlschläge es zurückwerfen, wird es dennoch das Selbstvertrauen aufbringen, ein Problem von neuem anzugehen.

Verstehen, wie Kinder lernen

Neugeborene verstehen nur einen Bruchteil ihrer sowieso schon geringen Umweltwahrnehmungen. Da sie ihre Sinne noch nicht konzentrieren können, schauen sie, ohne zu begreifen, was sie erblicken, und hören, ohne die Laute zu verstehen. In den ersten Wochen ist ihnen nicht einmal klar, daß sie nicht Teil ihrer Umgebung sind, sondern getrennt davon existieren. Warum sollten sie auch? Sie können weder ihren Körper noch die Welt kontrollieren. In dieser Hinsicht sind sie im Mutterleib nicht für das Leben „draußen" vorbereitet worden.

Bevor ein Kind seine Umgebung entdecken kann, muß es herausfinden, wo sein eigener Körper aufhört und der Rest der Welt beginnt. Dafür muß es sich jedoch zuerst darüber klar werden, daß es Dinge verursachen kann, was wiederum einfach wäre, wenn es seinen Körper kontrollieren könnte. Da es dazu jedoch nicht in der Lage ist, braucht es Unterstützung und Anleitung. Dabei helfen ihm zwei „Regisseure". Ein angeborenes „Entwicklungspaket" sagt ihm, wann und worauf es neugierig sein sollte und wie man seine Umgebung dazu bringt, das herauszufinden. Dieses „Paket" wird zu Anfang jeden Kapitels beschrieben. Der andere Regisseur sind die Eltern und sonstige Bezugspersonen. Je einfühlsamer, verständnisvoller und beständiger sie sind, desto leichter ist die Aufgabe für das Kind. Im zweiten Teil jeden Kapitels werden deshalb Anregungen geboten, wie Sie Ihr Kind beim Lernen steuern und unterstützen können.

Die Ausführungen in jedem Kapitel basieren immer auf zwei grundlegenden Faktoren, durch die Sie Ihr Kind verstehen und ihm helfen können, sein Potential zu entwickeln – auf Liebe und Wissen. Ein geliebtes Kind wächst und gedeiht, und wer die kindliche Entwicklung versteht, kann seinem Sprößling die besten Startchancen geben.

Die Wege, wie Kinder lernen

Kinder lernen zuerst durch Ausprobieren – deshalb fummeln, bohren und panschen sie so herum. Ihre Motivation ist die Freude an der eigenen Aktivität und die Freude der Eltern oder anderer Bezugspersonen, sie zu beobachten und zum Lernen zu ermuntern. Später lernen sie, indem sie Erwachsene imitieren und zuerst deren Handlungen, danach auch deren Absichten und Interessen nachahmen. Ein Kind, das Sie beobachtet, wie Sie mit Freunden umgehen, wird auch eigene soziale Fertigkeiten entwickeln wollen; wenn es Sie beim Lesen beobachtet, wird es Bücher erforschen wollen.

Wenn die Kinder älter werden und verstehen können, was Sie ihnen sagen, beginnen sie anhand von Erklärungen zu lernen. Doch wie auch immer sie lernen – alle Kinder müssen ihren eigenen individuellen „Wissensberg" erklimmen. Zwar werden nicht alle die Gipfel stürmen, doch mit elterlicher Führung bei dieser Expedition immerhin die höchstmöglichen Basislager erreichen. Wie weit ein Kind letztlich gelangt, hängt unter anderem von seinen individuellen Fähigkeiten, seiner Persönlichkeit und seiner Zielstrebigkeit, seinem Selbstvertrauen und Selbstwertgefühl ab – und natürlich von einer guten Portion Glück.

Der Entwicklungsrhythmus

Kinder wachsen in Schüben. Obwohl ein Kind im 1. Lebensjahr um etwa 25–30 cm länger wird, bedeutet dies nicht, daß es regelmäßig jede Woche 0,5 cm zulegt. Vielmehr wächst es gleichsam „über Nacht" 1 cm und dann z. B. einen ganzen Monat nicht mehr. Kinder erwerben Wissen auf die gleiche Weise. Sie lernen zu einem Zeitpunkt wie verrückt und brauchen dann eine gewisse Zeit, um ihre neuen Kenntnisse zu festigen. Sie verbinden neu erworbenes Wissen mit bereits vorhandenen Vorstellungen und erarbeiten sich dabei, wie die neuen Fakten bis dahin gültige Annahmen verändern.

Sie müssen sich diesem Rhythmus anpassen, indem Sie Ihr Kind nicht mit ständigen Aktivitäten überfordern. Sorgen Sie für den goldenen Mittelweg und für eine ausgewogene Mischung aus Ruhe und Aufregung, Routine und neuen Herausforderungen, kniffligen, ernsthaften Aufgaben und unbeschwertem Spielspaß.

Der Aufbau des Buches

Sie geben Ihrem Kind die besten Startchancen, wenn Sie verstehen, wie sich seine Kenntnisse über die Welt entwickeln, und wissen, wie Sie es fordern und fördern können. In den ersten elf Kapiteln werden die verschiedenen Fertigkeiten behandelt, die ein Kind erworben haben sollte, bevor es in die Schule kommt. Dazu zählen Bewegung, Handfertigkeiten, Kommunikation und soziales Verhalten. In den letzten beiden Kapiteln werden speziell jene Fertigkeiten behandelt, die Ihr Kind benötigt, um sich leichter in das schulische Leben einzufinden. Hierzu gehören vor allem Selbständigkeit und Selbstwertgefühl sowie die Grundlagen zum Lesen-, Schreiben- und Rechnenlernen.

Zu Beginn jeden Kapitels sind die Meilensteine aufgelistet, die Sie bei der Entwicklung Ihres Kindes beobachten können. Hierzu gehören sowohl der Zeitpunkt, zu dem, als auch die Art und Weise, wie Ihr Kind Wissen erwirbt. Diesen Angaben folgen einige lernunterstützende Aktivitäten, Erklärungen, was diese Ihr Kind lehren, Tips zum Spielzeugkauf und Ratschläge, wie man mit den üblichen Problemen umgehen sollte. Für ein Kind bedeutet Spielen Lernarbeit. Ziel des Buches ist es, Ihnen und Ihrem Kind Lust und Freude am Lernen zu vermitteln.

Hinweis

Die meisten Eltern teilen sich die Betreuung Ihrer Kinder in unterschiedlichem Maß mit anderen Bezugspersonen, die häufig einen großen Einfluß auf die Entwicklung des Kindes ausüben. Obwohl der Einfachheit halber in diesem Buch der Begriff „Eltern“ verwendet wird, bedeutet dies jedoch immer „Eltern und andere wichtige Bezugspersonen“ und bezieht sich auf alle, die Ihr Kind lieben und mit ihm täglich mehrere Stunden Umgang haben.

Ihr Baby wächst

Auch wenn alle Babys unterschiedlich sind, so kann man doch ein allgemeines Schema aufstellen, wie sie in den ersten Jahren wachsen und zunehmen

Kinder wachsen weder sanft noch stetig. Zwischen Zeugung und Geburt wächst ein Baby etwa 50–52 cm. Nach der Geburt verlangsamt sich das Wachstum im Laufe der Kindheit stetig. Im 1. Lebensjahr legt ein Baby 25–30 cm, im 2. Jahr 12–15 cm zu. Rund um seinen 2. Geburtstag hat es dann etwa die Hälfte seiner späteren Größe erreicht, Mädchen sogar etwas mehr.

Die Gewichtszunahme folgt einem ähnlichen Muster. Ein durchschnittliches Kind verdoppelt sein Körpergewicht in den ersten 4 oder 5 Lebensmonaten und verdreifacht es, bis es etwa 12 bis 14 Monate alt ist. Danach nimmt es jährlich etwa 3 kg zu. Manche Kinder wachsen schneller, andere wiederum langsamer. Ganz offensichtlich beeinflußt die Ernährungsweise die körperliche Entwicklung, aber auch die genetische Ausstattung sowie Liebe und andere Einflüsse spielen eine Rolle.

Ein Baby wächst nicht gleichmäßig an allen Körperteilen. Der Kopf wächst anfänglich schnell, und der Rest des Körpers muß nachkommen. Der Kopf eines Kleinkindes bildet etwa ein Viertel der Körpergröße, bei Erwachsenen hingegen ein Achtel. Der Kopf wächst so schnell, weil er für das Gehirn genügend Platz bieten muß. Bei der Geburt besitzt das Gehirn nur etwa ein Drittel seiner letztlichen Größe. Es entwickelt sich jedoch rasant im 1. Lebensjahr und ist bei einem 2jährigen schließlich nur noch etwas kleiner als bei Erwachsenen.

Mit etwa 2 Jahren besitzt ein Kind alle Gehirnzellen, die es braucht, um Atmung, Schlafen, Verdauung, Sehen, Hören, Schmecken, Fühlen, Gehen und Gleichgewicht kontrollieren zu können, aber auch die grundlegenden Anlagen für Sprachvermögen, Gedächtnis, Denkvermögen und Feinmotorik sind schon vorhanden. Sowohl das Gehirn als auch die Fertigkeiten entwickeln sich in den nächsten 14 Jahren weiter, doch hierbei handelt es sich vielfach um ein Verfeinern bereits vorhandener Grundlagen.

	Wachstumstabelle
Nach der Geburt	• Mädchen sind durchschnittlich 50 cm, Jungen 52 cm lang. Beide wachsen etwa 2 cm in den ersten sechs und weitere 2 cm in den nächsten zwölf Wochen. • Ein Baby wiegt durchschnittlich 3,2 kg bei der Geburt und nimmt wöchentlich um rund 150 g zu. Jungen verdoppeln nach etwa vier, Mädchen nach etwa fünf Monaten ihr Geburtsgewicht. • Der Kopf ist groß, die Glieder sind relativ kurz. • Die Knochen sind weich und biegsam und enthalten wie die Muskeln viel Wasser. Einige „Knochen“ bestehen noch aus Knorpeln.
6 *Monate*	• Jungen sind im Durchschnitt 57 cm, Mädchen 55 cm lang. • Die Knochen von Hand und Handgelenk beginnen sich zu verhärten. • Rücken und Beine sind immer noch sehr biegsam (deshalb kann ein Baby an seinen Zehen lutschen und seinen Fuß hinter den Kopf bringen).
1 *Jahr*	• Ein durchschnittliches Kind ist 75–82 cm lang. • Ein durchschnittliches Mädchen hat mit 13, ein durchschnittlicher Junge mit 11 Monaten sein Geburtsgewicht verdreifacht. • Kinder haben nur drei Knochen im Handgelenk (Erwachsene 28). Deshalb sind kleine Kinder ungeschickter als Erwachsene und können Gegenstände nicht präzise plazieren.
2-4 *Jahre*	• Das Kind hat etwa die Hälfte seiner Größe erreicht und wächst jährlich 5–7 cm. • Die Gewichtszunahme beträgt jährlich 2–3 kg. • Im Verhältnis zum Körper ist der Kopf immer noch relativ groß. • Die Muskeln sind stärker, die Knochen weniger flexibel.
5-6 *Jahre*	• Der Körper wächst nun schneller als der Kopf, die Proportionen werden „erwachsener“. • Es hat mehr Knochen in den Hand- und Fußgelenken.

Wie Wachstum die Entwicklung beeinflusst	Wie man die physische Entwicklung unterstützt
Das Gehirn ist noch wenig entwickelt, das Baby kann nur wenig selbst tun.	• Ein Baby, das seine Beine trainiert, wird eher laufen lernen. Halten Sie es deshalb häufig auf dem Schoß und ermutigen Sie es, mit den Beinen zu stoßen. • Strampeln trainiert die Muskeln, die für das Laufen benötigt werden. Lassen Sie das Kind regelmäßig nackt oder nur mit einer Windel bekleidet spielen. Besonders wenn Sie beim Spielen das Strampeln fördern, wird dies beim Laufenlernen helfen.
Physisches Wachstum ist ein guter Indikator dafür, wie schnell sich die kindlichen Fertigkeiten entwickeln. 	• Lassen Sie Ihr Baby sich bisweilen nach dem Spielzeug strecken. • Wenn es mit 8 oder 9 Monaten noch nicht mobil ist, kann eine Gehhilfe nützlich sein. 
Gestörte Nachtruhe ist nicht nur auf Zahnen, sondern auch auf Wachstumsschmerzen zurückzuführen. 	• Einjährige schieben gerne beim Gehen Sachen. Wenige Monate, nachdem sie gehen gelernt haben, können sie z. B. schon mit einem Bobbycar umgehen.
Kinder wachsen in Schüben. Sie legen beispielsweise über Nacht 1 cm zu und wachsen dann wochenlang nicht mehr. Diese Schübe merkt man bisweilen, wenn die Schuhe auf einmal nicht mehr passen.	• Nützliche Spielsachen für das Körpertraining sind z. B. kleine Klettergerüste, Schaukeln und Rutschen. • Geeignete Spiele sind Fangen, zu Musik tanzen und auf einer niedrigen Mauer balancieren.
Durch die zunehmende Entwicklung der Hand- und Fußgelenke können Kinder herumtoben, Gegenstände handhaben und die Hände geschickter benutzen.	• Erwägen Sie Schwimm-, Ballett- oder Eislaufunterricht sowie Gymnastikstunden. • Bürden Sie dem Kind nicht zuviel Unterricht auf; Fertigkeiten müssen sich auch aus dem freien Spiel entwickeln.

KAPITEL 1

Bewegung lernen

Die Muskeln des Neugeborenen sind schwach, seine Knochen sind biegsam, und sein Nervensystem ist noch nicht voll entwickelt. Während der ersten 18 Lebensmonate des Babys werden die Muskeln stärker, die Knochen werden fester, und die für die Beweglichkeit zuständigen Gehirnzentren reifen. Die Entwicklung verläuft sehr unterschiedlich: Kinder, die früh sitzen, lernen nicht unbedingt früh laufen, greifen aber eher nach einem Spielzeug. Das muß aber nicht heißen, daß sie intelligenter sind. Das Tempo der Entwicklung ist vom Grad der Zuwendung abhängig. Kinder, die Liebe, Aufmerksamkeit und gute Ernährung erfahren, entwickeln sich schneller. Auch wenn Sie Ihr Baby zum Einsatz seiner Muskeln und zur Bewegung anleiten, wird es sich schneller entwickeln. Sobald es krabbeln kann, wird es sich auch geistig entwickeln, vielleicht schon deshalb, weil Sie einem beweglichen Baby mehr Zuwendung geben als einem ruhigen. Denken Sie aber daran, daß eine übersteigerte Erwartungshaltung genauso schädlich für Ihr Kind sein kann wie ein Mangel an Zuwendung.

Meilensteine auf dem Weg zum aufrechten Gang

	Was Ihr Baby kann
Nach der Geburt	• Wenn man das Neugeborene so hält, daß seine Fußsohlen den Boden berühren, vollzieht es Reflexbewegungen, die an ein Schreiten erinnern. Ohne Übung verschwindet diese Fähigkeit bald.
8 *Wochen*	• Es wedelt bei Erregung mit den Armen (ab etwa 6 Wochen) und stößt mit den Beinen. Diese Bewegungen ähneln dem Schreiten. Schwere Beine sind aber einfacher im Liegen anzuheben. • Beim Hochziehen in stehende Position kann es den Kopf kurz halten. In sitzender Position ist diese Fähigkeit wieder verschwunden.
24 *Wochen*	• Wenn Sie das Baby unter den Armen stützen, hält es den Kopf in einer Linie mit dem Rumpf und trägt den größten Teil seines Gewichts. • Es beginnt, mit den Füßen nach Ihnen zu stoßen, und versucht das Gesäß anzuheben, wenn Sie es hochziehen. • Wenn sich das Baby bewegt, hält es Körperposition und Gleichgewicht.
30 *Wochen*	• Das Baby wird sicherer, wenn es die Körperlage wechselt. • Es kann stehen, wenn es sich an Möbelstücken festhält. • Manche Babys können sich hochziehen und ein Möbelstück umrunden, wenn sie sich mit beiden Händen festhalten. • Wenn Sie das Baby auf den Boden legen, beugt es die Beine in Hüft- und Kniegelenk.
36 *Wochen*	• Es zieht sich selbst an Möbelstücken hoch in den Stand und paßt seine Position den Bewegungen an. • Es kann vielleicht schon das Gleichgewicht halten, wenn es sich mit einer Hand festhält.
48 *Wochen*	• Es läuft um ein Möbelstück herum und benutzt eine Hand zum Festhalten, die andere zum Erkunden. • Vorwärtsbewegung und Anpassen der Körperposition sind eindeutiger. Es kann mit geringer Unterstützung stehen. • Es kann sich selbst hochziehen und sicher wieder hinsetzen. • Es kann auf einem Bein stehen, wenn es sich festhält.
12 *Monate*	• Es kann für einen Moment ohne Hilfe stehen und hält den Körper im Stand aufrecht. • Im Alter von 13 Monaten kann die Hälfte der Kinder laufen, sie verlieren aber noch sehr schnell das Gleichgewicht.
18 *Monate*	• Es kann vorwärts, seitlich und rückwärts gehen. • Es kann ein Spielzeug hinter sich herziehen und auf einem Lastwagen für Kinder sitzen und fahren. • Es kann rennen, stürzt aber häufig.

Was geschieht	Wie Sie helfen können
Es handelt sich um einen Reflex: Das Baby schreitet automatisch, wenn seine Fußsohlen den Boden berühren.	• Übung fördert die Entwicklung der Muskulatur. Mit „Gehspielen" lernt es evtl. früher laufen.
Stoßen erfolgt über dieselben Muskeln wie Schreiten, nur müssen die Füße nicht den Boden berühren. Nach Verschwinden des Schreitreflexes kann das Baby stillstehen, wenn es unter den Armen gehalten wird. Stärkere Nackenmuskeln erlauben ihm, den Kopf zu halten.	• Das Stoßen hilft bei der Koordination von Atmung und Bewegung. Lassen Sie es ohne Windeln spielen. • Bewegen Sie seine Beine überallhin, damit das Baby sie „wahrnimmt".
Allmählich kann das Baby seinen Körper kontrollieren. Dieser Prozeß verläuft vom Kopf abwärts und vom Körperzentrum nach außen, also von den Schultern zu den Fingern und von der Hüfte zu den Zehen. Bei sorgfältiger Beobachtung können Sie die Stärkung der Nacken-, Schulter- und Rückenmuskulatur verfolgen.	• Benutzen Sie ein Tragetuch oder einen Träger, wenn Sie einkaufen gehen. Die Anpassung an Ihre Körperbewegungen stellt eine gute Übung für das Baby dar.
Erst die Entwicklung des Gehirns verleiht dem Baby die Kontrolle über feinmotorische Muskelbewegungen, die für die exakte Anpassung der Bewegung notwendig sind.	• Ein Babywalker (Gehfrei) kann nützlich sein, darf aber nicht zu lange und nur unter Aufsicht benutzt werden (s. S. 24).
Die Fähigkeit zur frühen Muskelkontrolle wird vererbt. Wenn ein oder beide Elternteile spät laufen lernten, wird dies beim Kind wahrscheinlich auch so sein.	• Spiele, bei denen das Baby auf Ihren Knien sitzt oder reitet, helfen ihm zu lernen, wie man die Körperlage den Bewegungen anpaßt.
Da das Hochziehen eines schwereren Körpers mehr Anstrengung erfordert, lernen mollige Babys oft später laufen als normalgewichtige.	• Prüfen Sie, ob sich das Baby überall gefahrlos hochziehen kann. Entfernen Sie alle wackligen Möbelstücke, bis das Kind sicher auf den Füßen steht.
Afrikanische Babys reifen etwas schneller als europäische, sie sitzen und laufen im Durchschnitt früher. Manche Babys stehen erst ein paar Wochen, bevor sie mit dem Laufen beginnen. Andere versuchen zu rennen, noch bevor sie sicher laufen können.	• In den nächsten Wochen wird das Baby noch häufig hinfallen. Schützen Sie es vor scharfen Kanten. • Wenn das Baby nur zögernd läuft, ziehen Sie die Möbelstücke zum „Überbrücken" etwas auseinander.
Kinder, die sich krabbelnd am Boden schnell vorwärts bewegen können, laufen in diesem Alter vielleicht noch nicht – schließlich ist der Anreiz, laufen zu lernen, geringer, wenn man sich bewegen und gleichzeitig Gegenstände tragen kann.	• Das Schieben und Ziehen von Spielzeugen fördert die Entwicklung des Gleichgewichtssinns. • Durch Herumfahren auf Spielzeugen lernt es Hindernisse einzuschätzen.

Wie das Baby sich entwickelt

Wenn Sie die wichtigsten Faktoren der Entwicklung Ihres Babys kennen, können Sie es in den ersten Lebensmonaten am besten unterstützen

Spielsachen, die sich durch Anstoßen bewegen oder zum Aufstehen motivieren, unterstützen die Entwicklung der Beweglichkeit.

Die Zeit als Baby ist kurz und vollgepackt mit dicht aufeinanderfolgenden kleinen Errungenschaften. Schon wenn Ihr Kind 2 Jahre alt wird, besitzt es mehr Eigenschaften des zukünftigen Erwachsenen als des neugeborenen Babys. Solange Sie auf Ihr Baby eingehen und ihm bei Bedarf Hilfe anbieten, wird es mit dem für ihn typischen Tempo wachsen und sich entwickeln. Schätzen Sie Ihr Kind, wie es jetzt ist. Warten Sie nicht begierig auf den nächsten Meilenstein in der Entwicklung Ihres Kindes, so spannend der Gedanke auch sein mag.

Der Einfluß des Gehirns

Die Entwicklung des Gehirns verläuft nach vorgegebenem Muster. Die für Atmung, Saugen, Verdauung, Blutkreislauf und andere überlebenswichtige Mechanismen zuständigen Zentren sind schon vor der Geburt voll funktionsfähig. Die für willkürliche Bewegungen verantwortlichen Bereiche bilden sich in den ersten Lebensjahren aus, und die für die intellektuelle Entwicklung (Sprache, Gedächtnis, Wahrnehmung, Denken) zuständigen reifen während der Kindheit. Ein Baby denkt und bewegt sich nicht wie ein Erwachsener, ein Kleinkind kommt dem schon näher. Zum Zeitpunkt der Einschulung bestehen zwischen kindlicher und erwachsener Denk- und Bewegungsweise nur noch geringfügige Unterschiede.

Alle Fertigkeiten entwickeln sich von oben nach unten und von innen nach außen. Mund und Zunge sind schon geschickt, bevor die Hals- und Nackenmuskulatur den Kopf aufrecht halten und bewegen kann. Das Baby kann die Arme vor den Beinen bzw. die Arme und Beine vor den Händen und Füßen kontrollieren. Ein Kind kann einen Gegenstand also mit dem ganzen Arm erreichen, bevor es ihn mit der Hand greifen kann. Diese Fähigkeit besitzt es wiederum, bevor es ihn mit den Fingern untersuchen kann. Es lernt sitzen, bevor es stehen kann, und es kann seine Hände schon geschickt nutzen, bevor es Knöchel und Füße zur Feineinstellung des Gleichgewichts kontrollieren kann.

Atmung und Bewegung

Bei Erwachsenen unterscheidet man zwei Atmungsvorgänge. Der erste richtet sich nach den chemischen Bedürfnissen des Körpers und funktioniert automatisch. Der zweite läuft dagegen willkürlich ab und ist stärker als der erste. Diese willentliche Kontrolle setzen wir beim Sprechen, Singen, Rennen, Schwimmen oder beim Ausüben jeder komplexen Aktivität ein. Sie ermöglicht uns z. B., lange Unterhaltungen zu führen, ohne außer Atem zu geraten.

Die automatische Atmung beinhaltet langsames Ein- und schnelles Ausatmen. Das willkürliche System funktioniert umgekehrt. Babys wechseln im Alter von 12 Wochen von der rein automatischen zur willkürlichen Atmung: Sie beginnen, langsam auszuatmen, wenn sie treten, stoßen oder plappern. Ist Ihr Baby 4 bis 5 Monate alt, können Sie die anhaltende Atemkontrolle beim Schreien feststellen.

Mit Liebe aufwachsen
Babys entwickeln sich im Rahmen eines vorgegebenen Musters, das von der Bezugsperson, die Spielzeuge bereitstellt und Anreize zur Entwicklung von Fähigkeiten gibt, beeinflußt wird. Wenn Sie Ihre Kindern nicht mit dem versorgen, was diese benötigen, werden sie sich nicht erwartungsgemäß entwickeln. In Extremfällen kann sogar das Wachstum gestört werden. Ein glückliches Baby hat alles, was es braucht. Eltern, die dieses Ziel verfolgen, machen meist fast alles richtig. Sie müssen gar nicht alles über die kindliche Entwicklung wissen, um Ihr Baby gut zu verstehen und richtig zu reagieren. Wenn Sie das Baby zum Lachen bringen, sind Sie auf dem richtigen Weg.

Die Körperkontrolle des Babys verläuft von oben nach unten und vom Zentrum nach außen.

Was macht gute Eltern aus?
Gute Erziehung ist immer ein Kompromiß, denn schließlich müssen die Bedürfnisse aller Familienmitglieder berücksichtigt werden. Im Laufe des Lebens müssen wir alle lernen, auch einmal zurückzustecken. Niemand kann immer der Erste sein. Denken Sie daran, wenn Sie erst Ihren Kaffee austrinken und dann das Baby hochnehmen. Das ist in Ordnung. Natürlich wäre es falsch, wenn das Baby immer an letzter Stelle stehen würde, Sie dürfen sich aber auch nicht zu seinem Sklaven machen. Kinder müssen weder permanent motiviert, noch ständig stimuliert werden.

Kinder brauchen Zeit und Gelegenheit, Dinge für sich selbst zu erfahren. Sie lernen genausoviel aus Aktionen, die fehlschlagen, wie aus solchen, die sie erfolgreich bewältigen. Jeder (und damit auch Kleinkinder) muß Lernprozesse durchlaufen. Auch negative Erfahrungen sind wichtig.

So können Sie helfen
Alle Babys stoßen mit den Beinen, aber ein Baby, dessen Eltern darauf mit einem Kitzeln des Bauchs reagieren, verstärkt seine Anstrengungen. Alle Babys greifen nach interessanten Dingen. Doch ein Kind, das aufgrund der Fürsorge seiner Bezugsperson die Spielsachen leicht erreichen kann, wird dies bald wieder versuchen. So lernt das Kind zu erkennen: „Das habe ich getan".

Babys lieben es, mit den Füßen zu stoßen. Dies fördert die Entwicklung ihrer Beinmuskulatur. Mit etwa 12 Wochen passen sie ihre Atmung an ihre Bewegungen an und lernen, sowohl willentlich als auch automatisch zu atmen.

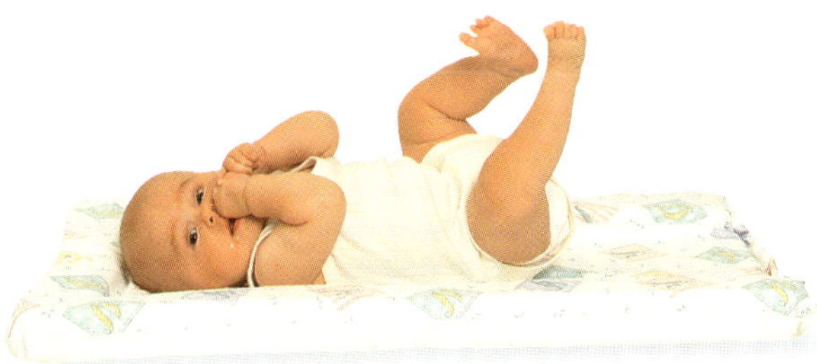

Aktivitäten für noch immobile Babys

Schon bevor sich das Baby fortbewegen kann, reagiert es positiv auf spielerische Aktivitäten Ihrerseits

Ein Baby, dessen Beweglichkeit sich noch entwickelt, muß und möchte bewegt werden. Nur so werden seine schwachen Muskeln und Knochen gestärkt und sein Gleichgewichtssinn gefördert.

Aufrecht sitzen

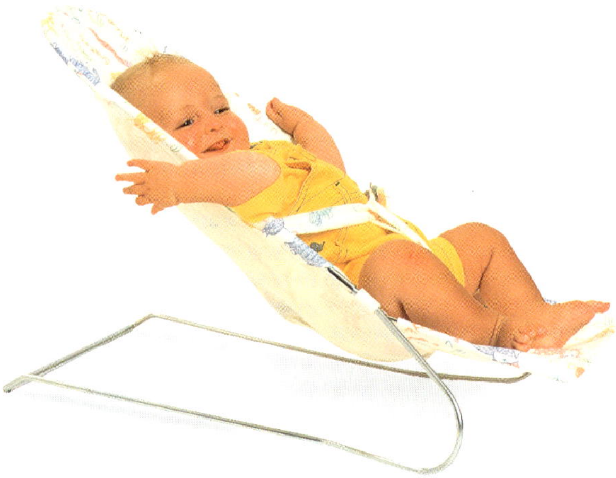

Ein kleines Baby kann seine Rückenmuskulatur noch nicht kontrollieren. Solange das Baby den Kopf beim Hochziehen noch nicht aufrecht halten kann, muß sein Rücken unterstützt werden, wenn es sitzt. In einen Liegesitz geschmiegt oder durch Kissen auf dem Sofa gestützt, läßt sich die Welt prima beobachten.

Spielen ohne Windel

Im Tagesablauf des Babys spielt das Wechseln der Windeln eine bedeutende soziale Rolle. Das Baby freut sich, wenn es dabei Ihr Gesicht sieht und Ihrem Geplauder lauschen kann. Es antwortet Ihnen durch Lächeln, Glucksen und Stoßen. Diese wechselseitigen Aktionen entwickeln sich bald zu einer „Konversation", die den Grundstein für das Erlernen von Sprache legt (s. S. 150–172). Gönnen Sie dem Baby mehr Zeit ohne Windel, legen Sie es auf einem Badetuch auf den Fußboden. Manche Babys möchten dabei mit einem leichten Laken zugedeckt sein.

„Hoppe, hoppe, Reiter!"

Dies ist ein schönes Spiel, sobald der Rücken des Babys stark genug ist und es den Kopf halten kann.

Setzen Sie es auf Ihre Knie und lassen es auf- und abwippen, als ob es auf einem Pferd reiten würde. Stützen Sie das Baby dabei unter den Armen. Es gibt viele dazu passende Reime, Ihr Baby wird es aber bald lieben lernen, „in den Sumpf zu fallen". Ein älteres Kind reitet vielleicht gerne auf Ihrem Fuß. Überkreuzen Sie die Beine, setzen es in den Winkel zwischen Fuß und Unterschenkel und lassen Sie es auf- und abschaukeln.

Das Baby tragen

Eine Möglichkeit, die Pflichten im Haushalt und die Beschäftigung des Babys unter einen Hut zu bringen, besteht darin, es in einem Tragetuch oder einer Trage am Körper zu haben.

Bei jeder Ihrer Bewegungen muß es die Balance neu einstellen. Vermutlich werden Sie dies nicht bemerken, bevor Ihr Baby damit aufhört – es ist die fehlende Anpassung der Körperstellung, die schlafende Babys schwerer erscheinen läßt.

Frühes Gehen

Wenn ein Neugeborenes so gehalten wird, daß seine Fußsohlen den Boden berühren, setzen reflektorisch primitive Schreitbewegungen ein. Dieser Reflex verschwindet nach einigen Wochen. Neuere Untersuchungen führen dies darauf zurück, daß die Beine der meisten Babys zu schwer dafür werden. Babys mit leichten Beinen und solche, die in den ersten Wochen viel Übung im Stehen und Schreiten hatten, setzen das Schreiten fort. Es gibt keinen Beweis für die weitverbreitete Annahme, daß dies zu „O-Beinen" führen würde.

Auf und nieder

Eine andere Moglichkeit, das Baby während der Hausarbeit zu beschäftigen, besteht aus einer im Türrahmen befestigten Schaukel oder Wippe. Vor allem kleine Babys fühlen sich für kurze Zeit wohl darin, da sie ihnen einen guten Überblick gewährt. Wenn sie herausgefunden haben, wie das Wippen funktioniert, haben sie große Freude am Schwingen.

WAS IHR BABY LERNT

• Aufrecht sitzen
Ein Sitz, der bei Bewegungen des Babys schaukelt, vermittelt ihm die Empfindung: „Ich kann das auslösen", eine einfache, aber wichtige Erkenntnis.

• Spielen ohne Windel
Stoßen und Treten stärkt Muskeln und Gelenke und schafft die Voraussetzungen für das Laufenlernen.

• „Hoppe, hoppe, Reiter!"
Aktionsspiele wie „Hoppe, hoppe, Reiter!" – und die verschiedenen Variationen – unterstützen die Entwicklung von Gleichgewichtssinn und kommunikativen Fertigkeiten.

• Wippen und Getragenwerden
Die schwingenden und schaukelnden Bewegungen beim Wippen und Getragenwerden schulen den Gleichgewichtssinn des Babys. Außerdem wirken sie beruhigend und entspannend.

Meilensteine auf dem Weg zum Krabbeln

	Was Ihr Baby kann
Nach der Geburt	• Wenn Sie Ihr Baby an den Armen in eine sitzende Position hochziehen, fällt der Kopf nach hinten. • Wenn Sie Ihr Baby beim Sitzen festhalten, ist sein Rücken gebeugt, sein Kopf hängt.
6 *Wochen*	• Sein Rücken ist noch gekrümmt, aber es beginnt seinen Kopf zu halten. • In Bauchlage macht es Kriechbewegungen, wobei es Arm und Bein auf der selben Körperseite einsetzt. • Kopfdrehungen beeinflussen nicht mehr den Körper.
12 *Wochen*	• Der Kopf bleibt nicht mehr so weit zurück, wenn das Baby zum Sitzen hochgezogen wird. • Es kann den Kopf anheben und die Knie beugen. • Im Sitzen ist sein Rücken gerader und sein Kopf aufrechter. Mit Unterstützung kann es 10 Minuten lang sitzen.
20 *Wochen*	• Es zieht sich evtl. selbst hoch, wenn Sie ihm die Hände reichen. Der Kopf bleibt dabei nur leicht zurück. • Das Baby kann sich umsehen, ohne umzufallen. • Mit Unterstützung kann es eine halbe Stunde lang sitzen. • Es dreht sich vom Bauch auf den Rücken. • In Bauchlage schiebt es mit den Händen und krümmt die Füße.
24 *Wochen*	• Wenn Sie seine Arme nehmen, hebt es den Kopf und zieht sich zum Sitzen hoch. • Es beginnt, beim Hochkommen den Kopf gegen die Brust zu drücken. • Nach dem Hochziehen muß es nur leicht gestützt werden. Es sitzt kurze Zeit alleine. Die Kraft ist vorhanden, das Gleichgewicht fehlt oft noch.
30 *Wochen*	• Es kann sich selbständig aufsetzen und kurze Zeit ohne Stütze sitzen (mit 28 Wochen). • Es kann sich zur Seite drehen und nach hinten schauen. • In Bauchlage kriecht das Baby vorwärts. • Es dreht sich vom Rücken auf den Bauch. • Auf Hände und Knie gestützt, wiegt es sich.
36 *Wochen*	• Es sitzt allein und greift nach Spielsachen, ohne umzukippen. Es dreht sich in Bauchlage von einer Seite auf die andere (mit 32 Wochen). • Es rollt sich willentlich hin und her. Es benutzt diese Bewegung zur Fortbewegung. • Es wiegt sich auf Hände und Knie aufgestützt für einige Zeit, bevor es zu krabbeln beginnt.
48 *Wochen*	• Es kann sich selbst aus stehender Position hinsetzen (mit 40 Wochen). • Es rollt sich absichtlich zum Sitzen. • Es neigt sich nach vorne und krabbelt, hält an und setzt sich wieder hin. • Es wird immer seltener aus dem Bett rollen oder Stufen und Treppen hinunterkrabbeln.

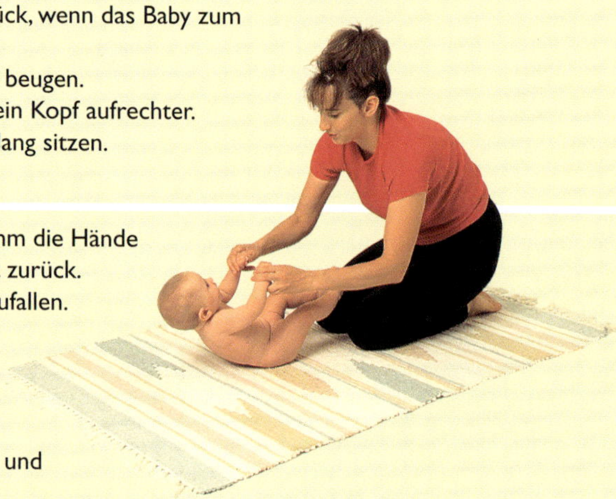

Wie Sie helfen können

- Einem Baby, das den ganzen Tag herumgeschoben wird, fehlt die Übung, seine Körperhaltung anzupassen. Verbringen Sie deshalb jeden Tag einige Zeit damit, es zu tragen.

- Die Bauchlage ist für wache Babys ungefährlich. In dieser Stellung können sie sich leichter bewegen und nach etwas greifen.

- Von Kissen gestützt, kann das Baby die Welt besser betrachten.

- Es kann jetzt mehr Zeit im gestützten Sitzen verbringen. Sichern Sie das Baby mit genügend Kissen ab.

- Es kann jetzt schon in altersentsprechenden Spielfahrzeugen sitzen und muß auch sonst mit weniger Kissen gestützt werden.

- Wenn Ihr Baby beginnt, durch den Raum zu kriechen, sollten Sie mögliche Gefahrenquellen eliminieren.
- Es kann sitzen und spielen, braucht als Stütze aber immer noch genügend Kissen.
- Wenn es noch nicht kriechen will, legen Sie seine Spielsachen so weit weg, daß es sich strecken muß.

- Vorsicht ist angebracht, wenn Sie das Baby in einem Stuhl oder Bett ablegen, es kann leicht herausfallen.
- Wenn es anfängt zu kriechen, wird es auch bald krabbeln. Machen Sie Ihre Wohnung babysicher.
- Ermutigen Sie das Baby zur Bewegung, indem Sie sein Lieblingsspielzeug in einiger Entfernung ablegen und das Baby zum Spielen auf den Fußboden setzen.

- Sobald sich das Baby selbst hochziehen kann, sollten Sie sich vergewissern, daß alle scharfen Kanten abgedeckt und wacklige Möbel entfernt sind. Oder besorgen Sie einen großen Laufstall. Ein Kind, das sich dauernd weh tut, wird verständlicherweise sehr vorsichtig werden.

Was geschieht

In dieser Phase laufen vier wichtige Prozesse ab:

Das Gehirn des Babys wächst, neue Nervenverbindungen entstehen. Diese Entwicklung beginnt in den Regionen des Großhirns, die das Gesicht kontrollieren, und breitet sich dann auf die Bereiche aus, die für Hals, Schultern sowie oberen und unteren Rücken zuständig sind. Kann das Baby die Schultern kontrollieren, folgen Arme, Hände und Finger. Die Kontrolle über die Beine beginnt mit der Hüfte und endet mit den Zehen. Ganz am Ende dieser Entwicklung stehen Blase und Darm.

Das Baby lernt, seine Körperhaltung auf die Bewegungen einzustellen. Dies ist ein komplizierter Vorgang, der viel Übung voraussetzt. Sie verhelfen Ihrem Baby zu mehr Praxis, wenn Sie es auf den Boden statt in einen Sitz legen und es in einem Träger statt im Autositz oder Buggy transportieren.

Ein sicheres Umfeld und die Liebe der Bezugspersonen geben dem Kind genug Zuversicht für den nächsten Schritt. Das Gefühl von Liebe und Sicherheit hilft dem Kind beim Lernen.

Ein interessiertes und forderndes Umfeld motiviert kleine Kinder. Ein Kind, das wenig Aufmerksamkeit erfährt, erforscht seine Umwelt weniger begierig als eines, das viele Dinge zum Anschauen, Berühren und Begreifen hat.

SICHERHEIT GEHT VOR

Meist vergeht nur wenig Zeit, bis das Baby nicht nur sitzen, sondern auch krabbeln kann. Machen Sie deshalb Ihre Wohnung früh genug „babysicher". Bevor das Kind kriechen, krabbeln oder laufen kann, können Sie heißen Kaffee auf dem Tisch oder das Katzenfutter auf dem Küchenfußboden stehen lassen. Sobald das Baby jedoch beginnt, sich fortzubewegen, heißt es „aufpassen". Warten Sie nicht, bis es krabbelt. Viele Kinder können sich schon vorher auf irgendeine Art durch den Raum bewegen.

Aktivitäten für krabbelnde Babys

Die Stärkung des Hals- und Nackenbereichs erweitert die Möglichkeiten des Babys, etwas über die Welt zu lernen

Wenn das Baby getragen wird, muß es seine Körperposition ständig an die Bewegungen anpassen. Die heute üblichen Transportarten für ein Baby nehmen auf diesen notwendigen Lernprozeß jedoch wenig Rücksicht. So wird ein Baby, das in seinem Sitz festgeschnallt mit einem Spielzeug auf dem Tisch spielt, kaum dazu motiviert, seine Körperhaltung seinen Bewegungen anzugleichen. Ein Baby, das von Kissen auf dem Fußboden gestützt ein entferntes Spielzeug zu greifen versucht, wird dagegen eher dazu angehalten. Ohne ein Laufgeschirr kippt das Baby öfter um und wird sich folglich mehr Mühe geben, dies zu verhindern. Wenn Sie keine Babytrage haben, können Sie ein Strandtuch zu einem Tragetuch verknoten. Falten Sie es diagonal, führen Sie das obere Ende um Ihren Nacken, das untere um Ihre Hüfte herum.

FRAGE UND ANTWORT

Meine Tochter ist 15 Monate alt und krabbelt immer noch nicht, obwohl sie sehr gut auf dem Po herumrutschen kann. Ich habe gehört, daß solche Kinder häufig erst spät laufen lernen. Stimmt das?

Gute „Rutscher“ kommen so schnell voran, daß ihnen einer der wichtigsten Anreize zum Laufen fehlt. Machen Sie sich keine Sorgen. Ihre Tochter mag sich noch 2 oder 3 Monate rutschend fortbewegen, wird aber schließlich doch laufen lernen. Ermutigen Sie sie, aufzustehen: Legen Sie Spielsachen auf das Sofa oder einen angrenzenden Sessel. Ihre Tochter muß dann aufstehen, um sie zu erreichen. Wenn Sie die Abstände zwischen den Möbeln allmählich vergrößern, schaffen Sie einen Anreiz für ein paar freie Schritte.

In einer Kiste sitzen

Kleine begrenzte Räumen faszinieren anscheinend die meisten kleinen Kinder. So lieben viele, in einem Karton aus dem Supermarkt zu sitzen. Ein Kleinkind möchte vielleicht zusätzlich ein Kissen als Sitz und eine Art Lenkrad; das Baby ist aber bereits glücklich, einfach nur in der Kiste zu sitzen.

Auf dem Bauch liegen

Der Schlauch eines Autoreifens, ein kleines aufblasbares Schlauchboot oder auch ein speziell für diesen Zweck hergestellter Spielring kann den Bauch stützen und somit das Baby dazu motivieren, den Kopf zu heben, um die Welt besser betrachten zu können. Decken Sie ein Handtuch über Schlauch oder Boot. Legen Sie das Kind mit dem Bauch so auf den aufgeblasenen Teil, daß seine Taille darauf ruht und seine Beine auf dem Fußboden liegen. Spielringe haben manchmal integrierte Spielsachen; wenn nicht, legen Sie die Lieblingsspielzeuge in die Mitte.

Ein Krabbelberg

Sie benötigen ein breites Brett oder eine Arbeitsplatte. Legen Sie etwas unter das eine Ende, bis ein Gefälle entsteht. Das Kind krabbelt den Berg hoch, legt sich flach auf den Bauch und rutscht wieder herunter. Sie können auch aus zwei Arbeitsplatten einen dauerhaften Berg bauen. Achten Sie aber darauf, daß die Verbindung fest und glatt ist und keine Finger eingeklemmt werden können. Bei steileren „Bergen“ muß es einen strukturierten Teil zum Hochklettern und einen glatten zum Herunterrutschen geben.

Das Laufen fördern

Ein Baby regt man am einfachsten zum Laufen an, wenn man es mit weit ausgebreiteten Armen zum Näherkommen aufmuntert. Sollte es auf dem Weg zu Ihnen sicher sein, können Sie noch einen Schritt zurückgehen und so die Strecke etwas verlängern.

Barfüßige Babys

Auch die weichsten Schuhe sind für das Baby zu steif. Wenn Sie befürchten, daß seine Füße kalt werden, eignen sich Socken besser als Schuhe – doch Achtung: Rutschgefahr!

So stellen Sie die Möbel richtig

Sobald sich Ihr Baby hochzieht und beginnt, an Möbelstücken entlangzulaufen, schieben Sie Sofas und Sessel eng zusammen. So hat das Baby mehr Spaß. Wenn es sich beim Laufen nur noch mit einer Hand festhalten muß, vergrößern Sie den Abstand zwischen den Möbeln, damit es einen Spalt überbrücken muß. Je besser ihm dies gelingt, desto größer machen Sie den Abstand.

WAS IHREM BABY NÜTZT

• Sitzen
Sitzen ermöglicht Ihrem Baby einen besseren Blick auf seine Umwelt, es kann mit ihr kommunizieren. Sitzen fördert die Perfektion der Kopfkontrolle und regt das Baby an, sich zu bewegen ohne umzukippen. Diese Fertigkeit bildet einen Eckpfeiler in der Entwicklung über das Krabbeln zum Laufen.

• Auf dem Bauch liegen
Dem Baby fällt es schwer, den Kopf in Rückenlage so hoch zu heben, daß es sich umsehen, ein Spielzeug ausmachen und danach greifen kann. In Bauchlage dagegen hat es einen guten Überblick und kann Spielsachen besser erreichen.

• Laufen fördern
Je mehr Übung Ihr Baby im Laufen hat, desto schneller entwickelt sich sein Gleichgewichtssinn.

Spielzeug für die Entwicklung

Ihr Baby wird mit dem ihm eigenen Tempo laufen lernen, Sie können es aber mit Spielsachen dabei unterstützen

Es gibt zwei verschiedene Geh-Hilfen für Babys: In den einen können Babys, die noch nicht stehen können, sitzen. Die anderen eignen sich für Kinder, die bereits stehen können. Zu letzteren gehören stabil gebaute Lastwagen und Bobby-Cars, die das Baby zum Hochziehen und zur Fortbewegung benutzen kann.

Die verschiedenen Baby-Walker

Baby-Walker gehören keinesfalls zu den unverzichtbaren Gegenständen. In der Fachwelt wird heiß diskutiert, ob die Vorteile vor allem von Walkern zum Hineinsetzen ihre Nachteile aufwiegen können. Vorsichtig benutzt kann ein Walker zum Hineinsetzen den Frust eines Babys, sich nicht fortbewegen zu können, mildern. Denken Sie daran, daß ein laufendes Baby sich hinsetzen kann, wenn seine Knöchel schmerzen, ein im Walker sitzendes aber nicht. Es gab Berichte von Knochenschäden bei Babys, die Walker exzessiv nutzten. Suchen Sie – wenn überhaupt – ein Modell mit integrierten Spielmöglichkeiten aus.

Ein Walker zum Vorsichherschieben schadet dagegen der Entwicklung der Knochen nicht. Möchten Sie sich nur einen Walker anschaffen, sollten Sie sich für dieses Modell entscheiden. Denken Sie daran, daß nur Geräte, die speziell als Walker ausgewiesen sind, für Babys geeignet sind (andere sind vielleicht nicht stabil genug). Vergewissern Sie sich, daß der Walker nicht umkippt, wenn er hart gegen Möbel stößt, und Treppen, Stufen und offene Kamine durch Gitter gesichert sind.

Bobby-Cars sind bei Kleinkindern äußerst beliebt. Eine Hupe am Steuerrad gibt ihnen den letzten Pfiff.

Ein stabiler Schiebe-Walker mit Ladefläche zum Be- und Entladen bringt einem Baby doppeltes Vergnügen.

Schiebe-Walker

Bevor das Baby alleine laufen kann, braucht es einen stabilen Schiebe-Walker mit schwerem Boden. Der Walker darf nicht umkippen, wenn das Baby sich daran hochzieht. Auch in den ersten Wochen, wenn das Baby frei gehen kann, ist er noch sehr nützlich. Solange sich das Baby zum Aufstehen an etwas hochziehen muß, sollten Sie ihm keine leichte Schubkarre und keinen Puppenwagen geben.

Bobby-Cars

Die meisten Eltern ziehen Autos oder Tiere auf Rädern kleinen Dreirädern vor, obwohl sich diese leichter manövrieren lassen und weniger Platz beanspruchen. Es gibt eine beträchtliche Auswahl, und viele verfügen über Extras wie Hupen oder Fächer für Spielsachen.

Spielsachen zum Hinterherziehen
Bevor ein Baby Spielsachen hinter sich herziehen kann, muß es die Fähigkeit besitzen, gleichzeitig zu laufen und noch etwas anderes tun. Die besseren Spielsachen zum Hinterherziehen bewegen sich und erzeugen Geräusche. Im Gegenteil zu den Schiebe-Walkern faszinieren sie jedoch nicht alle Kinder. Deshalb sollten Sie Ihr Kind ins Geschäft mitnehmen, damit es das Spielzeug vor dem Kauf ausprobieren kann.

Krabbeltunnel
Sie können einen langen flexiblen Spieltunnel zum Durchkrabbeln für Ihr Kind kaufen oder aus einer Reihe von beidseitig offenen Pappkartons selbst einen zusammensetzen. Nehmen Sie etwa sechs Stück der gleichen Größe, öffnen Deckel und Boden und ordnen sie schlauchförmig an. Kleinkinder brauchen anfangs meist Mitspieler, die ihnen zeigen, wie es geht. Wenn Ihr Kind alleine ist, müssen Sie vielleicht mitspielen; achten Sie also darauf, daß der Tunnel groß genug ist. Eine andere Möglichkeit besteht darin, ein Laken über einen Tisch oder über mehrere Stühle, die sich mit den Lehnen gegenüberstehen, auszubreiten.

Spielgeräte zum Schaukeln
Diese gibt es in einer Vielzahl von Formen, Größen und Preisklassen, von den kleinsten nur wenige Zentimeter schwingenden bis zum großen traditionellen Schaukelpferd. Bevor Sie viel Geld ausgeben, probieren Sie besser erst aus, ob Ihr Kind auch wirklich gerne schaukelt.

Haushaltsgeräte
Etwa zur gleichen Zeit, in der Kinder laufen lernen, beginnen sie die Tätigkeit Erwachsener zu imitieren. Anfangs tun sie dies nur sporadisch, im Alter von 18 Monaten sind aber die meisten von Miniatur-Nachahmungen gängiger Haushaltsgeräte begeistert. Besen, Schaufel, Staubsauger und in der wärmeren Jahreszeit kleine Rasenmäher sind sehr beliebt.

Spieltunnel wecken die Neugier und fördern den Entdeckungsdrang.

KAPITEL 2

Vom Stehen zum Springen

Wenn Kinder erst einmal stehen können, machen sie rasch Fortschritte. Die Geschwindigkeit der körperlichen Entwicklung variiert allerdings von Kind zu Kind erheblich. Einige sind vorsichtig und brauchen stets elterlichen Beistand. Andere sind furchtlos und unternehmen Aktivitäten, die Ihnen ungeeignet, unsicher oder gar unmöglich erscheinen.

Kleinere Beulen und Schrammen kommen in den ersten Lebensjahren häufiger vor, ernsthafte Verletzungen sind aber eher selten. Der niedrige Körperschwerpunkt und die elastische Knochenstruktur lassen Kinder nicht tief und hart genug fallen, um Knochenbrüche zu verursachen. Sollten Sie sich häufig dabei ertappen, „Sei vorsichtig!" zu sagen, denken Sie daran, daß Kinder Publikum lieben und vielleicht einen guten Weg zur Erregung Ihrer Aufmerksamkeit gefunden haben. Schaffen Sie Ventile für überschießende Aktivität, versuchen Sie auch einmal wegzusehen, es sei denn, die Gefahr erscheint zu groß. Um Kinder in sichere Aktivitäten einzubinden, ist es am einfachsten, sie mit Spielkameraden und einer großen freien Spielfläche zu versorgen.

Meilensteine auf dem Weg vom Stehen zum Springen

Was Ihr Kind kann

18 *Monate*

- Es kann mit Unterstützung auf einem Bein stehen und in einem breiten Watschelgang laufen.
- Es kann sich auf einem Dreirad vorwärts bewegen, indem es sich mit den Füßen vom Boden abstößt.
- Für die meisten Kinder ist es schwierig, beim Laufen etwas Großes zu tragen.
- Bis auf die sehr vorsichtigen können alle Kinder auf Händen und Knien Treppen hinauf- und hinunter-„gehen".

24 *Monate*

- Das Kind erklimmt einen Stuhl, rennt und klettert eine Treppe hoch, indem es sich am Geländer festhält.
- Es kann an einem kleinen Klettergerüst spielen, Spielsachen auf Rädern ziehen und schieben und beim Laufen innehalten, um ein Spielzeug aufzuheben, ohne hinzufallen.

2-3 *Jahre*

- Es hüpft und hopst, läuft Treppen rauf und runter, wobei es immer eine Stufe nimmt und dann den anderen Fuß nachzieht, ohne sich unbedingt am Geländer festhalten zu müssen.
- Es weiß, was sicher und was gefährlich ist.

3-4 *Jahre*

- Es rennt, ohne hinzufallen, und baut dabei unterschiedliche Sprünge und Hüpfer ein.
- Beim Springen zieht es die Füße möglichst hoch, beim Landen mildert es den Aufprall durch Beugen des Kniegelenks.
- Es bewältigt Treppen im Wechselschritt.
- Es wirft einen Ball über kurze Entfernung. Es fängt einen großen Ball, wenn er ihm direkt in die Arme geworfen wird.

4-5 *Jahre*

- Es kann auf einer niedrigen Mauer balancieren, auf dem Spielplatz die Treppe zur Rutsche bewältigen, ein hohes Klettergerüst erklettern, Fahrrad fahren und große Spielsachen tragen.
- Es kann folgendes lernen: Schwimmen, Schlittschuh- und Skilaufen, Tanzen und Trampolinspringen.

Was Sie feststellen	**Wie Sie helfen können**
• Da sich im Gehirn der Antriebsmechanismus stets vor dem Hemmechanismus entwickelt, bewegt sich das Kind zwar voran, sinkt aber zu Boden, sobald es in der Bewegung innehält. • Im Alter von 18 Monaten hat sich der Körperschwerpunkt verlagert, die Beine sind weniger weit gespreizt. Die meisten Kinder können die Richtung beim Laufen ändern.	• Lassen Sie das Kind ab und zu neben dem Buggy laufen, damit es sich groß fühlt und sein Entdeckungsdrang angeregt wird. 
 • Zunehmender Gleichgewichtssinn läßt den Gang weniger „watschelnd" erscheinen und das Kind beim Laufen sprechen, Dinge tragen. • Es versucht zu springen, hebt aber nicht wirklich vom Boden ab.	• Geben Sie Ihrem Kind Spielsachen zum Schieben und Ziehen, um Balance und Koordination sowie seine Fähigkeit zur Planung von Bewegungen zu verbessern.
• Geselliges Spielen gewinnt an Bedeutung. In Anwesenheit anderer Kinder wird es vielleicht „platzen" vor Aktivität.	• Balancieren auf niedrigen Mauern, Schaukeln und Klettern schulen den Gleichgewichtsinn. • Rennen, Springen und Ausweichen beim Fangenspielen stärken die Muskulatur und verbessern die Koordination.
• Das Kind liebt Rennen und Gejagtwerden. Es will ständig Wettrennen bis zum nächsten Baum veranstalten und auf jeder erreichbaren Mauer balancieren. • Es widerstrebt ihm, ruhig zu sitzen.	• Ballspiele wie Fußball, Fangen oder Boule (Plastikkugeln) verbessern Gleichgewichtssinn und Koordination. 
• Seine Bewegungen ähneln mehr denen Erwachsener, obwohl es deren Voraussicht noch längst nicht teilt. • Das Kind ist immer noch etwas unbeholfen und sich der Konsequenzen seines Handelns (daß z. B. durch das Herumschwingen der Schultasche die Glasplatte des Tisches springen kann) nicht bewußt. • Die Feinmotorik entwickelt sich, kann sich aber noch lange nicht mit der eines Erwachsenen messen.	• Andere Kinder zu jagen und von ihnen gejagt zu werden trägt ebenso wie Klettern, Fahrradfahren und Ballspielen zur Verbesserung der Motorik bei.

Sicherheit beim Spielen

Es lauern viele Gefahren auf ein neugieriges Baby. Die meisten lassen sich aber ausschalten

Die meisten Unfälle in den ersten fünf Lebensjahren ereignen sich zu Hause. Spätestens wenn das Baby beginnt, sich fortzubewegen, müssen alle potentiellen Gefahrenquellen in Haus und Garten aufgespürt und – soweit möglich – entschärft werden. Altersgemäß sind das ständig neue Gefahren.

- **Elektrik**
Verbergen Sie elektrische Leitungen. Sorgen Sie dafür, daß Ihr Kind keine Elektrogeräte herunterziehen kann. Bringen Sie Kindersicherungen in freien Steckdosen an.

- **Arbeitsflächen und Tische**
Lassen Sie das Baby beim Wickeln auf einem Tisch oder einer Arbeitsfläche nie alleine. Kindersitze und Wiegen können sich bewegen, wenn das Baby schaukelt oder eine Waschmaschine vibriert. Lassen Sie es in solchen Situationen nie aus den Augen, auch nicht, wenn es schläft. Benutzen Sie im Krabbelalter keine langen Tischtücher. Legen Sie, sobald das Kind laufen kann, Gegenstände nur im hinteren Bereich von Arbeitsflächen ab. Stellen Sie einen Hochstuhl nie an einen Platz, von dem das Kind Messer oder andere gefährliche Gegenstände greifen kann.

- **Schränke und Türen**
Ersetzen Sie das Glas in Schränken und Türen durch Sicherheitsglas, kleben Sie es mit Sicherheitsfolie ab oder setzen Sie Sperrholzplatten darüber. Halten Sie Medikamente, Chemikalien und Alkohol außer Reichweite unter Verschluß.

- **Möbel**
Polstermöbel sollten schwer entflammbar sein. Alle Möbelstücke müssen so stabil und schwer sein, daß sie nicht umkippen können, wenn das Kind sich an ihnen hochzieht.

- **Couch- und Beistelltische**
Bringen Sie Eckenschoner an und entfernen Sie kleine Gegenstände und Zierstücke.

SICHERES SPIELZEUG

Geben Sie einem Baby nichts, was es verschlucken oder sich in Auge oder Hals stecken kann. Spielsachen mit der Aufschrift „Nicht geeignet für Kinder unter 3 Jahren" haben vermutlich kleine Teile, die ein Kind verschlucken und dann ersticken könnte. Kaufen Sie Spielzeug im Fachhandel, achten Sie auf CE- und andere Sicherheitssiegel.

• Fenster
Bringen Sie Sperrvorrichtungen an, achten Sie aber darauf, daß diese im Brandfall einfach zu lösen sind. Entfernen Sie alles, was dem Kind als Leiter zum Erklimmen des Fensterbretts dienen könnte. Befestigen Sie Vorhangstangen und -kordeln außer Reichweite.

• Bücherregale
Achten Sie auf Stabilität (hohe Regale verdübeln). Klemmen Sie die Bücher fest, damit ein Kind sie nicht herausziehen kann. Stellen Sie sicher, daß Zierrat nicht erreichbar ist und durch Erschütterung nicht herunterfallen kann.

• Türen
Arretieren Sie geöffnete Türen, damit das Baby nicht getroffen wird oder seine Finger einklemmt.

• Boden
Seien Sie vorsichtig mit Teppichläufern auf glatten Oberflächen. Achten Sie darauf, daß Teppiche fest haften.

RUND UM DIE WOHNUNG

• Badezimmer
Lassen Sie das Baby nie allein im Bad. Legen Sie eine Antirutsch-Matte in die Wanne, lassen Sie immer erst kaltes und dann heißes Wasser ein. Polstern Sie die Armaturen.

• Betten
Wenn Sie das Baby auf dem Bett oder Sofa liegen lassen, sorgen Sie dafür, daß es weich fällt, falls es herunterrollt. Sichern Sie es gut mit Kissen ab, wenn Sie das Baby auf Ihrem Bett schlafen lassen.

• Treppen
Bringen Sie oben und unten Gitter an. Überprüfen Sie, ob der Kopf des Kindes sich im Geländer verhaken kann oder ein kleines Baby evtl. hindurchpaßt.

• Heizungen und offene Kamine
Ein offener Kamin muß durch ein Schutzgitter abgesichert werden. Stellen Sie den Heißwasser-Thermostaten auf höchstens 50 °C ein. Bringen Sie einen Rauchmelder an. Prüfen Sie, ob Sie ihn in allen Räumen hören können.

• Giftstoffe
Lagern Sie Chemikalien nur im Unterschrank des Waschbeckens, wenn er durch ein Schloß verriegelt werden kann. Bewahren Sie Medikamente verschlossen und außer Reichweite auf.

• Herd
Drehen Sie die Griffe von Töpfen stets nach hinten. Nutzen Sie, wenn immer möglich, nur die hinteren Herdplatten. Wählen Sie einen Backofen mit einer Tür, die nicht heiß wird, wenn der Backofen in Betrieb ist.

Die Bedeutung der Mobilität

Mobilität ermöglicht die Ausbildung anderer Fertigkeiten, etwa des räumlichen Wahrnehmungsvermögens und der sozialen Interaktion

Kinder müssen sich selbständig fortbewegen können, um eine Vorstellung von Entfernung und Richtung zu bekommen. Zur Einschätzung von Entfernungen bedarf es eines Gefühls dafür, wie lange man mit welcher Geschwindigkeit von einem Ort zum anderen braucht. Im Buggy festgeschnallt kann es diese Erfahrung kaum machen.

Ein Gefühl für die Bewegungsrichtung entwickelt sich durch das Umgehen von Hindernissen oder das Nachvollziehen der Route vom Wohnzimmer zur Küche. Man bewegt sich immer vorwärts, aber warum ist dann das Schlafzimmer über der Küche? Sie nehmen doch nie den direkten Weg durch die Decke. Wie kann man lernen, daß eine Abkürzung an der Hauptstraße endet, wenn man diesen Weg nie zuvor gegangen ist?

Dank der neuerfahrenen Mobilität wird Ihr Kind gerne durchs Zimmer rennen und auf Ihren Schoß klettern, um mit Ihnen zu kuscheln.

Das räumliche Wahrnehmungsvermögen entwickelt sich nur langsam. Voraussetzungen dafür sind Erfahrungen in der Planung von Routen, im Abkürzen von Ecken und im Zusammenfügen von Puzzleteilen. Auch der Versuch, ein Dreirad durch einen engen Durchgang zu schieben oder ein anderes Kind beim Spielen zu fangen, trägt dazu bei. Einige Menschen sind im räumlichen Denken den anderen überlegen (genauso wie andere ein besseres Gefühl für Sprache haben), was oft mit besonderen mathematischen Fähigkeiten in Verbindung gebracht wird. Im Durchschnitt schneiden Männer auf diesem Gebiet besser ab als Frauen, obwohl bei Kindern bis 7 Jahren zwischen den Geschlechtern diesbezüglich kaum ein Unterschied besteht.

Warum Mobilität die Entwicklung fördert

Wenn das Kind mobil wird, braucht es sehr viel Aufmerksamkeit. Sie eilen los, um ihm zu helfen, sprechen mit ihm, interpretieren und loben, was es tut. Sein Leben ist jetzt voller neuer Erfahrungen. Es ist kein Wunder, daß Mobilität mit einem Sprung in der gesamten Entwicklung einhergeht. Auf einmal erscheint das Kind klüger und erwachsener. Kinder wachsen in Schüben und nicht kontinuierlich. Steigende Mobilität bedeutet meist auch einen Schritt vorwärts in Gedächtnis und Verständnis.

Äußere Reize unterstützen das Lernen. Ein Spaziergang an einem naßkalten Tag weckt wenig Emotionen. In den ersten sonnigen Frühlingstagen fällt Ihnen dagegen das Ausschießen der Knospen und der Gesang der Vögel angenehm auf. Erregung (und Licht weckt Erregung) prägt sehr stark das Lernverhalten. Die freudige Erregung des Kindes angesichts seiner neuen Fähigkeiten öffnet den Weg für Fortschritte auf vielen Gebieten.

Soziale Interaktion und Mobilität

Kinder brauchen den Kontakt mit anderen Kindern. Anfangs können sie schlecht mit ihrer eigenen Altersklasse umgehen, ältere Kinder dagegen üben oft Nachsicht angesichts ihres mangelhaftensozialverhaltens. Andere Kinder – besonders Geschwister – wissen, wie man die Erregung aufschaukelt, bis das Kleinkind vor Vergnügen kreischt. Der einzige Haken dabei ist, daß das ältere Kind meist zuerst genug vom Spiel hat. Ein Großteil des Vergnügens resultiert aus rauhem körperlichem Spiel. Das Kleinkind wird gejagt, gefangen, gestoßen, gezogen, versteckt und gefunden. Erst nach dem 2. Geburtstag beginnt das Kind mit Gleichaltrigen zu spielen.

Vorsicht und Neugier

Die meisten Unfälle geschehen, weil kleinen Kindern die Voraussicht fehlt, wann eine Aktion gefährlich wird. So rechnet ein Kleinkind beispielsweise nicht damit, am schlammigen Flußufer auszurutschen. Es kann sich auch nicht vorstellen, daß gleich ein Auto um die Ecke kommt, wenn die Straße doch jetzt frei ist.

Alle Kinder verfügen über dasselbe Maß an Neugierde wie an Selbsterhaltungstrieb. Kleinkinder bringen sich nicht willentlich in Gefahr. Sie denken einfach nicht an das Problem des Abstiegs, wenn sie auf den Baum klettern.

Beobachten Sie Ihr Kind beim Umgang mit Gegenständen. So finden Sie heraus, was seine Aufmerksamkeit erregt.

Das Geschenkpapier kann anfangs interessanter erscheinen als der Inhalt selbst.

Wenn das Kind sieht, wie schnell die Autos auf der Straße fahren, bewegt es sich mit großer Vorsicht. Probleme entstehen meist dann, wenn ihm die Sicht versperrt ist.

Es ist extrem schwierig, den Mut aufzubringen, unternehmungslustige Kinder die Konsequenzen ihres Handelns erfahren zu lassen. Nur wenige Eltern finden hier immer den richtigen Weg. Denken Sie daran, daß Anschreien die Kinder meist dazu veranlaßt, mit noch mehr Nachdruck in ihrer Beschäftigung fortzufahren. So erreichen Sie nur das Gegenteil. Eine ruhige eindringliche Stimme wirkt für gewöhnlich überzeugender.

Hilfestellung bei der Entwicklung

Es ist gar nicht so schwer, die richtigen Spiele und Aktivitäten für ein Kind auszuwählen. Beobachten Sie es einfach mit Einfühlungsvermögen und Liebe. Fragen Sie sich: „Wird es das zum Lachen bringen?“ Oder: „Wird dies seine volle Aufmerksamkeit erregen?“ Wenn die Antwort Ja ist, ist es das, was es braucht. Es kann ein Pappkarton sein oder ein „Guck-Guck-Spiel“.

Aktivitäten für mobile Kleinkinder

Kann das Kind erst einmal laufen, entwickeln sich viele neue Möglichkeiten zur Interaktion

Wenn das Kind laufen kann, möchte es dies auch ständig tun. Hat man es selbst eilig, ist dies oft ein Problem. Die Fähigkeit, laufen zu können, bildet aber das Fundament für das Erlernen anderer Fertigkeiten. Mit dem Laufen ist es dem Kind möglich, sich hinzusetzen, wo es will, ein Spielzeug aufzuheben, im Kreis zu rennen, zu klettern und zu springen.

Heb auf!

Bald kann das Kind sich bücken und Gegenstände aufheben, ohne umzukippen. Alles, was es jetzt braucht, ist eine Tasche und etwas zum Aufsammeln, egal ob Bauklötze, Kartoffeln oder sogar Gras, wenn Sie den Rasen gemäht haben.

Durch Pfützen stapfen

Kleinkinder können noch nicht springen, dafür aber gut mit den Füßen stapfen. Und wo könnte man dies schöner als in einer Pfütze? Also rein in die Gummistiefel und los zur nächsten Pfütze.

Rutschvergnügen

Sie können eine spezielle Babyrutsche kaufen, die nicht zu hoch ist und die das Kind selbst bewältigen kann. Wenn der Boden hart ist, sollten Sie die Landung mit einigen Kissen dämpfen.

Ringelreihen

Bei Kreisspielen halten sich die Kinder an den Händen und bilden einen Kreis. Spiele wie Ringelreihen, bei denen Kinder tanzen und sich auf

SPIELSACHEN ZUM KAUFEN

- Mit 1 Jahr wird Ihr Kind gerne schaukeln und rutschen, auch wenn es noch nicht ganz mobil ist.
- Spielsachen zum Schieben und Ziehen müssen anfangs ebenso wie Walker stabil und schwer sein. Erst wenn das Kind sicher läuft, kommt es mit leichteren Spielsachen, etwa einem Hund auf Rädern an einer Stange, zurecht.
- Ein Puppenbuggy oder eine Schubkarre erfordern etwas mehr Koordinationsvermögen.
- Im Alter von 18 Monaten bewältigen die meisten Kinder ein einfaches Klettergerüst und eine kleine Rutsche. Am besten suchen Sie ein Gerüst aus, das in mehreren Variationen aufgebaut werden kann.

Kommando schnell hinsetzen müssen, sind einfach genug für Kleinkinder und können auch schon zu zweit oder zu dritt gespielt werden.

Tunnels

Auch wenn sie schon laufen können, lieben Kleinkinder immer noch, durch Tunnels zu kriechen. Enge Räume wirken in diesem Alter faszinierend. Falls Sie einen Garten haben, können Sie ein großes Laken über die Wäscheleine (hängen Sie sie, wenn nötig, etwas tiefer) oder einen Ast hängen.

Klettern und Springen

Ein 18monatiges Kind wird, wenn es auf einen Stuhl geklettert ist und versucht, in Ihre Arme zu

springen, stürzen, falls Sie nicht genau am richtigen Ort stehen. Mit 30 Monaten kann es dann schon viel gezielter springen. Mit wachsendem Mut wird es immer höher hinaus wollen. Sie müssen dem Kind nun klarmachen, daß immer jemand da sein muß, der es auffängt. Sagen Sie immer erst: „Eins, zwei, drei – fertig? – Los, dann spring!“

Schubkarre

Wenn Sie Ihr Baby draußen im Buggy schieben wollen, möchte es bestimmt laufen. Bieten Sie ihm aber eine Fahrt in der Schubkarre an, wird es gar nicht schnell genug hineinklettern können. Fahren

WAS IHR KIND LERNT

• Stapfen, aufheben und laufen
Laufen gibt dem Kind neuen Spielraum. Diese Aktivitäten machen Spaß und wecken deshalb immer wieder sein Interesse. Durch die ständige Übung nehmen seine körperlichen Fertigkeiten rasch zu.

• Rutschen, klettern und springen
Diese Aktivitäten fördern Koordination und Gleichgewichtssinn.

• Ringelreihen
Spiele dieser Art fördern die Kontrolle über die Körperbewegungen und das Sozialverhalten. Noch auf dem Schulhof beschäftigen sich die Kinder mit komplizierteren Versionen dieser Spiele.

Sie eine Runde und kippen Sie es vorsichtig aus, falls es das mag. Zu Hause können Sie ein Band an einem Pappkarton anbringen und das Kind darin durchs Zimmer ziehen.

Laufen lassen

Oft ist es schwierig, das Kind im Buggy zu halten. Viele Eltern glauben, daß Nachgeben ständige Forderungen nach selbständigem Laufen bewirkt, und beharren deshalb darauf, daß ihr Kind im Buggy bleibt. Eine Möglichkeit, dieses Problem zu lösen, besteht darin, das Kind immer bestimmte Strecken laufen zu lassen, etwa das letzte Stück Straße auf dem Heimweg oder zwischen Parkeingang und Schaukel.

Ausschau halten

Wenn Sie das Kind im Buggy halten wollen, können Sie nach Tieren oder Autos Ausschau halten. „Laß uns aufpassen, ob wir hinter der nächsten Ecke eine Katze sehen... und, kannst du eine sehen?... JA!“ Die zweite Möglichkeit ist simpel, funktioniert jedoch meist. Lassen Sie das Kind irgendeinen Artikel des Einkaufs festhalten, etwa eine Packung Kekse. Schließlich können Sie auch ein Spielzeug zum Hinterherziehen an den Buggy binden oder Ihrem Kind die Schnur in die Hand geben. Dies geht am besten, wenn das Kind mit dem Gesicht zu Ihnen und damit auch zum Spielzeug sitzt.

Vom Klein- zum Vorschulkind

Während Ihr Kind wächst, entwickeln sich die Grundlagen seiner Mobilität

Das wichtigste Merkmal des 2- bis 3jährigen Kindes ist sein Drang nach Unabhängigkeit, gepaart mit der Bereitschaft, seine Wünsche durchzusetzen. Seine Forderungen sind oft unangemessen, gerade wenn es müde oder kränklich ist. Seine Lieblingsworte sind „Nein! Ich will das!", und sein Lieblingsspiel scheint darin zu bestehen, Sie auf die Palme zu bringen. Es ist ein anstrengendes Alter, aber auch ein faszinierendes.

Im ersten Lebensjahr beobachten Sie eher passiv, wie sich Ihr Kind entwickelt. Im Vorschulalter bezieht es Sie dann ständig in sein Spiel ein. „Schau, wie ich springe!" fordert das Kind, bevor es die Beine in die Luft wirft. Die rasante körperliche Entwicklung liegt hinter ihm. Jetzt rücken geistige und soziale Fortschritte in den Vordergrund. Freilich bedeutet dies keinen Stillstand im physischen Bereich. Wenn man Vorschulkinder auf dem Spielplatz beobachtet, läßt sich leicht abschätzen, wie groß der Anteil an körperlichen Spielen wirklich ist. Auffallend ist auch der unterschiedliche Bewegungsstil von 2- und 4jährigen. Die eindrucksvollsten Veränderungen finden dennoch in anderen Bereichen statt und betreffen mehr den Geist als den Körper.

Der Körper verändert sich

Der kurze gedrungene Körper des Babys streckt sich allmählich zum größeren und schlankeren Erscheinungsbild des Kleinkinds, bei dem Kopf und Stamm nicht mehr so dominant sind und die Beine im Vergleich zum Körper länger werden. Reichweite und Schrittlänge nehmen zu und ermöglichen den Kindern höhere Geschwindigkeit und Ausdauer. Sie müssen nicht mehr so häufig getragen werden und können, wenn sie dazu ermuntert werden, erstaunlich weite Strecken laufen.

Starten und Stoppen

Im Vorschulalter werden die grundlegenden körperlichen Fertigkeiten weiterentwickelt. Das Kind läuft in wechselndem Tempo und kann problemlos aus allen Stellungen aufstehen. Der Gleichgewichtssinn verbessert sich, die Bewegungen werden flexibler. Das Kind kann sie unterschiedlichem Gelände anpassen und mehrere Dinge gleichzeitig tun.

Fangen und Ausweichen, Starten und Stoppen sind wichtige Komponenten dieser Entwicklungsphase und zentraler Inhalt vieler Spiele. Ihr Kind startet und stoppt auf dem Dreirad, jagt andere beim Spiel und wird selbst gejagt.

Gleichgewicht und Koordination

Durch Fangen und Weglaufen, Beugen und Drehen werden Gleichgewichtssinn und Koordination geschult.

Spiele wie „Himmel und Hölle" verfeinern die motorischen Fähigkeiten: die Änderung der Richtung während der Bewegung, ohne hinzufallen, und Beugen, ohne sich hinzusetzen.

Das Überqueren von Dschungelnetzen auf dem Spielplatz, das Balancieren auf abgebrochenen Ästen oder niedrigen Mauern, Fahrradfahren, Schaukeln und Rollen auf grasbewachsenen Hängen – alles Aktivitäten, die den Gleichgewichtssinn des Kindes stärken.

Aber Herumtollen ist nicht der einzige Weg, die grundlegenden Bewegungsformen zu verfeinern. Mit zunehmender Muskelkraft erweitern die Kinder ihr Repertoire um Springen, Hopsen und Hüpfen. Sie benutzen das Bett als Trampolin, springen Stufen hinab und hüpfen voll Freude die Straße hinunter. Das Zusammensein mit anderen Kindern vergrößert den Spaß, ihr Spiel wird begleitet von fröhlichem Geschrei und wilder Übertreibung.

Hinfallen und Aufstehen

Mit der Verlagerung des Körperschwerpunkts nach oben erhöht sich die Verletzungsgefahr, wenn das Kind stürzt, stolpert oder gegen Hindernisse rennt. Die Knochen sind noch relativ biegsam (obwohl sie schon aushärten) und brechen nur selten, aber Schrammen, Schnittverletzungen und Beulen sind häufig.

Aktivitäten planen

Ein anderes auffälliges Merkmal älterer Vorschulkinder ist ihre Fähigkeit, Aktivitäten im voraus zu planen. Sie können eine festgelegte Folge von Bewegungen ausführen, eine Route planen und an den Abstieg denken, bevor sie auf den Baum klettern. Allerdings steckt diese Fähigkeit noch in den Anfängen. Der Plan eines 3jährigen umfaßt nur wenige Aktionen, er wird schnell von der Ausführung abgelenkt.

Vorstellungskraft

Das Spielen erhält eine neue Dimension. Das Kind fährt nicht mehr einfach nur Fahrrad. Es ist Batman im Batmobil oder ein Polizist auf der Verfolgung von Räubern. Es weiß, welcher Teil des Gartens der Landeplatz für das Batmobil ist. Je mehr sich die Kinder dem Schulalter nähern, desto ausgefeilter werden die Hintergrundgeschichten ihrer Spiele. Anfangs sind dies nur kurze Episoden ohne Vorgeschichte und Zukunft. Allmählich zieht sich ein Faden durch die Geschichte. Die Kinder können die Geschichte miteinander durchsprechen. Wenn Kindern häufig vorgelesen wird und sie gängige Kinderprogramme im Fernsehen anschauen dürfen, können sie diese Spiele besser zusammen spielen. Solange die verbalen Möglichkeiten für genaue Erklärungen noch nicht ausreichen, ist es einfacher, wenn alle die Geschichten kennen.

Wenn Sie Ihrem Kind ein Minitrampolin zur Verfügung stellen, schonen Sie Ihr Bett und Sofa. Doppelte Freude kommt auf, wenn zwei Kinder gleichzeitig darauf herumspringen dürfen.

Aktivitäten für 2- und 3jährige

Zunehmend ausgeprägter Gleichgewichtssinn und verbesserte Koordination prägen viele Aktivitäten im Vorschulalter

Die meisten dieser Aktivitäten erfordern keine großen Vorbereitungen und fallen leicht.

Fußabdrücke

Dies ist ein Spiel, das man im Sommer draußen spielen kann. Sie brauchen nur ein gepflastertes Areal und eine Schüssel Wasser. Die Kinder machen ihre Füße naß und hinterlassen ihre Fußabdrücke auf dem Pflaster. Wenn Ihnen der Schmutz nichts ausmacht, können Sie Farbpulver ins Wasser geben und die Kinder auf einem Stück Tapete laufen lassen.

Auf einer Linie entlanggehen

Erstaunlicherweise fällt dies kleinen Kindern sehr schwer. Ziehen Sie eine Kreidelinie entlang des Gartenwegs, fordern Sie Ihr Kind auf, möglichst exakt auf dieser entlangzugehen. An einem heißen Tag kann es die Linie auch selbst mit Wasser aus einer kleinen Gießkanne markieren..

Schwebebalken

Sie können ihn im Haus aufbauen, einfacher ist es aber wahrscheinlich im Garten. Sie brauchen ein Holzbrett (ein Schalbrett wäre ideal) und ein paar Backsteine. Legen Sie das Brett auf die Steine. Ihr Kind sollte nun probieren, ob es ohne abzuspringen von einem Ende zum anderen gehen kann.

Von Stein zu Stein

Für dieses Balancespiel brauchen Sie Pappteller und etwas Phantasie. Verteilen Sie die Teller auf dem Fußboden in einem Abstand, den das Kind überbrücken kann. Erzählen Sie ihm, der Teppich wäre das Meer, und die Teller wären Inseln. Kann das Kind den Raum sicher durchqueren, den Teddy am anderen Ende retten und zurückkommen, ohne ins Meer zu fallen? (Den kleinsten Kindern werden Sie anfangs eine Hand geben müssen.)

WAS IHR KIND LERNT

All diese Aktivitäten verbessern den Gleichgewichtssinn, der die wichtigste Voraussetzung für Tanzen, Gymnastik und ähnliches darstellt. Die Entscheidung, wohin der nächste Schritt gehen soll, trainiert das Planungsvermögen.

Seifenblasen und Luftballons

Oft bereiten Kindern die einfachsten Spiele den größten Spaß. Kinder lieben es, Seifenblasen quer durch den ganzen Garten zu verfolgen und Luftballons in die Höhe zu schlagen.

Treppen herunterspringen

Legen Sie einen Stoß Kissen auf den Fußboden und lassen Sie Ihr Kind von den unteren Treppenstufen auf die Kissen springen.

Ein Tänzchen vorm Zubettgehen

Kurz vor dem Zubettgehen sind beim Kind alle vernunftgesteuerten Verhaltensweisen anscheinend schon „eingeschlafen", und Sie sind mit einem außer Rand und Band geratenen Kind allein. In dieser Situation hilft meist ein Tänzchen. Es steuert die Energie des Kindes in die richtige Bahn, bringt Spaß und kann zur beruhigenden Routine des Badens und Geschichtenerzählens überleiten. Suchen Sie passende Musik aus, und wenn Sie mitmachen, wird Ihr Kind noch mehr Freude haben.

Hüpfen auf dem Bett

Wenn Sie kein Trampolin haben, stellt das Bett meist den Ersatz dar. Noch besser ist allerdings ein altes Sofa, weil sich das Kind an der Lehne festhalten kann. Wenn Sie das Hüpfen auf bestimmten Möbelstücken verbieten, müssen Sie klarstellen, daß nur das Sofa ein „Trampolin" ist.

Schlafende Löwen

Dieses Spiel eignet sich hervorragend als Abschluß einer wilden Tollerei. Schlafende Löwen liegen absolut still. Sie bewegen keinen Finger, beantworten keine Fragen und lachen nicht. Wenn Sie mehrere Kinder haben, können Sie einen Wettkampf veranstalten, wenn nicht, einen Kampf gegen die Uhr. Kann der Löwe heute länger schlafen als gestern?

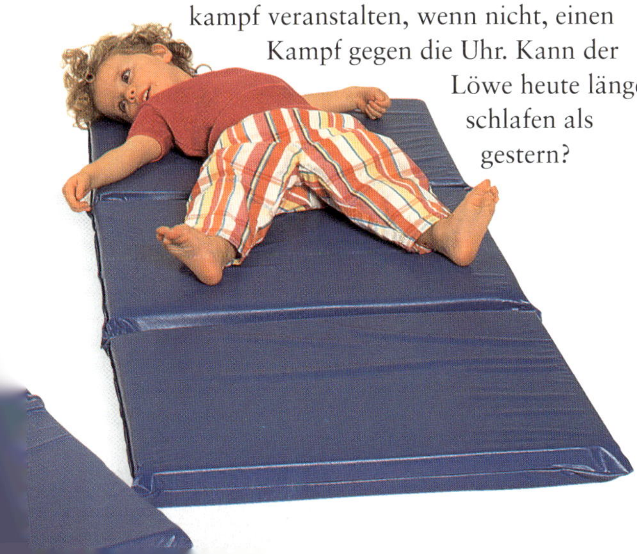

SPIELZEUG FÜR 2-/3JÄHRIGE

- Ein Auto zum Hineinsetzen ist sehr beliebt, Voraussetzung ist aber genügend Platz.
- Viele Kinder können schon mit dem Dreirad fahren. Dreiräder mit einem abnehmbaren Griff zum Schieben oder Festhalten eignen sich am besten. Einige 3jährige kommen schon mit einem Fahrrad zurecht, mit oder sogar ohne Stützräder. Zum Radfahren braucht man aber ein sicheres Gelände (s. S. 41). Die meisten Gärten sind nicht groß genug, und die wenigsten Kinder können langsam fahren.
- Die Kinder können jetzt schon etwas höher klettern und lieben daher Klettergerüste.
- Andere gern benutzte Spielgeräte für draußen sind Schaukeln, Rutschen, Strickleitern und Planschbecken (s. S. 41).
- Rollschuhe können auf der Terrasse oder auf Gehwegen benutzt werden. Sie haben den Vorteil, daß sie verhältnismäßig billig sind und nicht viel Platz wegnehmen. Zur Grundausstattung gehören ein Helm sowie Handgelenk-, Ellenbogen- und Knieschoner.

WAS IHR KIND LERNT

Es bedarf schneller Reaktionen, will man einen Luftballon jedesmal in die Luft schlagen, bevor er den Boden berührt. Solche Aktivitäten trainieren die Fähigkeit des Kindes, Bewegungen rechtzeitig zu planen. Dies wird mit mathematischen Fähigkeiten in Verbindung gebracht.

Überschwenglichkeit ist im Vorschulalter normal. Langsam sollte Ihr Kind aber lernen, diese einzuschränken. Man muß ihm vermitteln, daß es Zeiten zum Toben und Zeiten der Ruhe gibt. Dies ist eine wichtige Erkenntnis für Kindergarten oder Schule.

Aktivitäten für ältere Kinder

Das körperliche Spiel wird anspruchsvoller, zielgerichteter und geselliger

Im Alter von 3 oder 4 Jahren werden die Kinder geselliger und spielen mit – und nicht neben – Gleichaltrigen. Dadurch werden Spiele anspruchsvoller.

Die Meiersche Brücke

Dieses uralte Spiel wurde mit unterschiedlichem Wortlaut über Jahrhunderte in ganz Europa gespielt. Das Grundthema läßt sich immer wieder variieren. Manchmal muß jedes Kind einzeln durch einen Bogen gehen, manchmal schlüpfen Paare durch und bilden einen nächsten Bogen, bis niemand mehr zum Durchgehen übrig ist. Die Meiersche Brücke ist die einfachste Variation mit einem Bogen, durch den die Kinder einzeln gehen. Alles nimmt friedlich seinen Lauf, bis das Lied den Punkt erreicht, an dem bei „die Dritte wird gefangen" das hindurchschlüpfende Kind gefangen wird.

„Die Meiersche Brücke, die Meiersche Brücke,
die ist so sehr zerbrochen, wer hat sie zerbrochen?
Der Wolf mit seinen Knochen.
Die erste nicht, die zweite nicht,
die dritte wird gefangen
mit Spießen und mit Zangen."

Schlangenschwanz-Tanz

Alle stehen hintereinander und legen dem Vordermann die Hände auf die Schultern. Die Schlange will sich in den Schwanz beißen. Das „Schlangenkopf-Kind" versucht, das „Schlangenschwanz-Kind" abzuschlagen. Aber das wollen die anderen Schlangen-Kinder verhindern, sie weichen aus und winden sich. Ein wahrer Schlangentanz wird dabei aufgeführt. Gelingt es dem Schlangenkopf-Kind dennoch, das Schlangenschwanz-Kind abzuschlagen, wird das Schwanzende zum Kopf. Gelingt dem Kopf das Abschlagen nicht, scheidet er aus, und sein Hintermann wird nun zum Schlangenkopf.

Fangen

Wenn Kinder im Vorschulalter Fangen spielen, sollten ein oder zwei Erwachsene dabeisein, da den geringeren Fähigkeiten der Jüngsten gegenüber eine gewisse Nachsicht angebracht ist. Wenn die Kinder andere jagen und von anderen gejagt werden, müssen die Erwachsenen darauf achten, daß die Kleinsten nicht immer zuerst gefangen werden bzw. eine Chance bekommen, andere zu fangen. Etwa ab dem Zeitpunkt der Einschulung können Kinder dann mit ihren Altersgenossen spielen.

FRAGE UND ANTWORT

Mein Sohn hat bald Geburtstag. Ich kann mich nicht entscheiden, ob ich ihm ein Fahrrad mit Stützrädern oder ein Dreirad schenken soll. Wozu würden Sie raten?

Es kommt darauf an, wo er das Fahrrad nutzen wird. Wenn er die Möglichkeit hat, schnell zu fahren, wird er mehr Spaß an einem Fahrrad haben. Es ist schwierig, mit einem Fahrrad langsam zu fahren, Sie brauchen also viel Platz. Wenn Sie in der Nähe eines Parks oder in einem Wohngebiet leben, wo das Kind gefahrlos auf dem Gehweg fahren kann, entscheiden Sie sich für das Fahrrad. Dreiräder sind bei geringerem Tempo einfacher zu handhaben und deshalb in den meisten Gärten nutzbar. Sie sind die bessere Wahl, wenn die Umgebung sehr verkehrsreich ist und Sie auf mehrere Kinder aufpassen müssen. Dreiräder können auch als Sitzfläche zum Spielen dienen. Suchen Sie eines mit einem Griff zum Schieben aus. Mit dem Dreirad fahren strengt an, und ohne Griff werden Sie es wohl öfter nach Hause tragen müssen.

Berühre nicht den Boden!

Dies ist eine anspruchsvollere Version des Spiels „Von Stein zu Stein“ (s. S. 38). Es kann im Garten mit umgedrehten Blumentöpfen oder in der Wohnung mit Einrichtungsgegenständen, Putzeimern und Papiertellern gespielt werden. Das Kind muß versuchen, vom Start bis ins Ziel kein einziges Mal den Fußboden zu berühren. Setzen Sie den Kurs so, daß es mehrere Routen gibt, und bauen Sie einige Schwierigkeiten ein. Auf diese Art lernt das Kind, die Route im voraus zu planen.

Stelz-Eimer

Sie brauchen für jedes Kind zwei alte Farbeimer mit Deckel oder stabile Blumentöpfe aus Kunststoff. Bohren Sie zwei gegenüberliegende Löcher in die Grundfäche der Eimers und ziehen Sie eine dicke Schnur durch. Lassen Sie das Kind auf die Eimer steigen und verknoten Sie die Schnur so, daß das Kind die Eimer an den Schlaufen anheben kann.

Schaukeln und Strickleitern

Oft ist es nicht ganz einfach, im Garten einen Platz für eine Schaukel zu finden. Wenn Sie einen großen Baum haben, können Sie zur Not auch eine Affenschaukel mit einer nur kleinen Sitzfläche an einem Seil anbringen. Sie können die Schaukel auch im Torrahmen einer Garage befestigen. Hängen Sie die Schaukel an kräftigen Haken auf, damit Sie sie schnell abnehmen können, wenn die Garage gebraucht wird. Kleine Kinder benutzen Strickleitern gerne als Schaukeln. Sie steigen auf die unterste Sprosse und schwingen herum oder drehen sich. Wenn sie älter werden, klettern sie weiter hinauf. Auch Strickleitern können an Ästen oder Torrahmen aufgehängt werden.

WAS IHR KIND LERNT

- **Reimspiele**
  Reimspiele wie „Die Meiersche Brücke“ fördern Gedächtnis und Koordination, Sozialverhalten und körperliche Geschicklichkeit.

- **Fangen**
  Fangen spielen stellt hohe Ansprüche an die körperliche Beweglichkeit. Das Kind muß planen, wo es als nächstes hinläuft, um nicht gefangen zu werden.

- **Berühre nicht den Boden!**
  Unabhängig davon, welche „Steine“ Sie benutzen, wird das Balancegefühl Ihres Kindes gefördert. Auch die räumliche Wahrnehmung und die Fähigkeit zu planen werden geschult.

- **Stelz-Eimer**
  Sie verbessern den Gleichgewichtssinn und Koordination.

- **Schaukeln und Strickleitern**
  Schaukeln und Klettern fördern die räumliche Wahrnehmung.

KAPITEL 3

Die Entwicklung der Sinne

Im Gegensatz zu den meisten Tierbabys sind unsere Babys bei Geburt unreif. Die physische und intellektuelle Unreife ist offenkundig, die der Sinne dagegen weniger. Die meisten Eltern wissen, daß ihr Baby bei Geburt nicht scharf sehen kann. Sie sind sich aber nicht im klaren darüber, wie wenig die Babys anfangs sehen. Dagegen können Babys schon bald sehr gut zuhören, wiegen sich im Rhythmus der Worte und genießen Ihr Geplauder. Später schulen Hörspiele die Aufmerksamkeit des Kindes und bereiten es so auf die Schule vor. Eine wichtige Rolle spielt beim Baby der Geruchssinn. Das Baby erkennt Sie erst am Geruch, dann an der Stimme und zuletzt am Gesicht. Babys erkunden ihre Umwelt mit dem Mund, Kleinkinder mit den Händen. Auch der Geschmackssinn entwickelt sich, die Spanne reicht von überraschenden Vorlieben bis zum Verlangen nach Süßem.

Meilensteine in der Sinnesentwicklung

	Sehen	**Hören**
Nach der Geburt	• Das Baby kann ein Objekt in 20–25 cm Entfernung fokussieren, ohne Details zu erkennen. • Es folgt einem Gegenstand langsam mit den Augen, verliert ihn aber schnell aus dem Blick. • Die Pupillen reagieren auf helles Licht, und es blinzelt.	• Es hört hohe Töne; tiefe Tonlagen wirken beruhigend. • Das Baby kann von vorne kommende Geräusche lokalisieren. • Laute und plötzliche Geräusche erschrecken es.
4 *Wochen*	• Beide Augen arbeiten zusammen, es fokussiert und kann Dinge aus dem Augenwinkel erkennen. • Die Sehschärfe ist noch wenig entwickelt. Gegenstände werden besser wahrgenommen, wenn sie sich bewegen.	• Es bevorzugt weibliche Stimmen und höhere Tonlagen. • Es bewegt sich im Rhythmus Ihrer Stimme und kann einfache Laute unterscheiden.
12 *Wochen*	• Es interessiert sich für Gesichter und erkennt die Mutter. • Es zieht bewegliche Gegenstände ruhenden vor.	• Es beobachtet Sie, wenn Sie sprechen, und wendet sich Geräuschen zu.
20 *Wochen*	• Ruhende Gegenstände werden jetzt deutlicher wahrgenommen. Noch immer bevorzugt es starke Kontraste und helle Farben.	• Es dreht sich schnell einem Geräusch zu und erkennt die Stimmen der Bezugspersonen. • Es kann ähnlich klingende Worte unterscheiden.
28 *Wochen*	• Es betrachtet gern komplexe Gegenstände und verändert die Position, um eine bessere Sicht zu haben. • Sein Sehvermögen ist 8000mal besser als bei der Geburt.	• Es wendet sich Geräuschen zu, die von oben und unten kommen. • Es erkennt Stimmen und Melodien, kennt seinen Namen.
44 *Wochen*	• Es kann Tiefe wahrnehmen. Beim Krabbeln versucht es nicht, Treppen vorwärts hinunterzugelangen. • Es beginnt nach Dingen zu sehen, die es fallen läßt.	• Es kommt einer oder zwei Aufforderungen nach. • Es weiß, wann in einem Lied die Überraschung kommt. • Es erkennt die Namen von vertrauten Menschen und Gegenständen.
52 *Wochen*	• Es sucht nach verlorenen Dingen und kann schnelle Objekte verfolgen. • Sein Sehvermögen ist fast so gut wie das eines Erwachsenen.	• Es kommt einfachen Aufforderungen nach. • Es versteht bis zu sechs Wörter.
Nach dem ersten Jahr	• Es bleibt bis zum Alter von neun oder zehn Jahren etwas kurzsichtig. • Sein visuelles Gedächtnis ist hervorragend. Es findet Dinge, die es verloren hat.	• Die musischen Fähigkeiten entwickeln sich. • Die Vorliebe für höhere Tonlagen nimmt ab.

Riechen	**Schmecken**	**Tasten**
• Sein Geruchssinn ist ausgeprägt. Innerhalb von Tagen kennt es den Duft seiner Eltern. • Nach der ersten Woche kann es die Stilleinlagen seiner Mutter von denen anderer Frauen unterscheiden.	• Anfangs bevorzugt es salzigen Geschmack. Dies macht aber schon bald einer Vorliebe für Süßes Platz.	• Hände sind zur Faust geschlossen. • Bei Berühren seiner Wange dreht es den Kopf und öffnet den Mund. • Es hat keine Kontrolle über seine Hände, versucht aber, Geräusche und Licht zu erreichen.
		• Es versucht weniger häufig, Geräusche oder Licht zu erreichen.
• Es wendet sich von ekligen Gerüchen ab.		• Es versucht nicht mehr, Geräusche und Licht zu erreichen. • Es erkennt vertraute Dinge.
		 • Seine Hände sind geöffnet, und es tastet und greift nach Dingen. • Es benutzt seinen Mund, um Gegenstände zu erforschen.
	• Es beginnt, verschiedene Geschmäcker zu akzeptieren, sogar leicht bittere. • Es zeigt Vorlieben und Abneigungen.	• Es stößt und tritt mit den Füßen. • Es greift nach Gegenständen und erforscht sie mit dem Mund.
		• Es erforscht Dinge mit den Händen. • Auf Kitzeln reagiert es mit Lachen.
		• Es dreht und wendet Gegenstände in den Händen.
• Die Vorstellungen von guten und schlechten Gerüchen entsprechen denen Erwachsener.	• Die meisten Kinder bevorzugen süße, salzige und ölige Aromen.	• Mit zunehmender Geschicklichkeit der Hände werden Gegenstände nicht mehr mit dem Mund erforscht.

Was Babys sehen können

Das Sehvermögen ist bei Geburt noch unterentwickelt, reift aber im ersten Lebensjahr rasch heran

Ebenso wie das Gehirn ist das menschliche Auge bei Geburt unreif. Die Zapfen im Zentrum der Netzhaut, die für Farb- und Detailsehen zuständig sind, stehen noch weit voneinander entfernt, die umgebenden Stäbchen sind dagegen sehr zahlreich vorhanden. Sie analysieren Bewegung und arbeiten besser in dämmrigem Licht. Wenn Sie sich eine Vorstellung davon machen wollen, was Ihr Baby sieht, setzen Sie sich in einen düsteren Raum und geben Ihren Augen Zeit, sich zu adaptieren. Farben werden nur leicht angedeutet, Details sind kaum zu sehen, aber die Ränder sind klar, wenn sie sich vom Hintergrund abheben: ein dunkler Stuhl vor einer hellen Wand, ein Baum gegen den Himmel. Wenn Sie sich nun die Dunkelheit wegdenken, entspricht dies ungefähr dem, was ein Baby sieht.

Mit 1 Monat sieht das Baby nur verschwommen (oben links). Es sieht zunehmend klarer mit 2 und 3 Monaten, bis das Sehvermögen schließlich dem eines Erwachsenen entspricht.

Brennpunkt und Film

Das Sehvermögen des Babys ist aber noch mehr eingeschränkt. In den ersten Wochen kann es nur etwa 20–25 cm weit scharf sehen. Dies entspricht in etwa der Entfernung bis zum Kinn der Mutter, wenn sie es stillt. Außerhalb dieses Bereichs ist alles verschwommen. Es gilt als erwiesen, daß Babys – anders als Erwachsene – die Welt nicht als ununterbrochenen Film wahrnehmen. Zumindest anfangs sehen sie Bild für Bild. Sie sind z. B. nicht verwirrt, wenn ein Gesicht den Mund an der Stirn trägt. Sie betrachten die Dinge nicht systematisch.

Mit der Welt vertraut werden

Babys und Kinder können sehen, was sie sehen müssen. Anfangs beschränkt sich dies auf das Gesicht der Mutter und wenige andere Umrisse. Wenn sich der Horizont erweitert, nimmt allmählich auch das Erkennungsvermögen für Details zu. Ist das Baby so weit, daß es Dinge erreichen möchte, kann es Gegenstände in Reichweite erkennen. Sind die Hände bereit zum Erforschen, zeigen ihm seine Augen, was es gerade hält. Wenn es mobil wird und loskrabbeln will, ist sein Sehvermögen fast so ausgereift wie das eines Erwachsenen.

PROBLEME BEIM SEHEN

Die meisten schwerwiegenden Sehprobleme, z. B. Blindheit, fallen in den ersten Lebenswochen auf, gelegentlich bleiben sie aber auch länger verborgen. Weniger schwere Störungen sind schwieriger zu entdecken. Da das visuelle System in den ersten Jahren noch anpassungsfähig ist, danach aber eher starr wird, kann die frühzeitige Behandlung von Sehstörungen zu guten Erfolgen führen. Wenn ein Katarakt oder ein Schielfehler frühzeitig korrigiert wird, kann das Sehvermögen später ganz normal sein. Nach dem 6. Lebensjahr liefert die Operation aber schlechtere Ergebnisse.

Die meisten Früherkennungsuntersuchungen decken Störungen wie Weit- oder Kurzsichtigkeit nicht auf. Seien Sie also selbst aufmerksam. Nehmen Sie angebotene Sehtests wahr und gehen Sie zum Augenarzt, wenn

- die Augen Ihres Babys im 2. Lebenshalbjahr nicht in einer Achse arbeiten,
- das Baby nahe an Gegenstände herangeht und sie anzustarren scheint,
- es Sie nicht zu erkennen scheint,
- Sie aus sonstigen Gründen besorgt sind.

Puzzlebücher, in denen Figuren in Landschaften verborgen sind oder Teddys in verschiedenen Situationen, sind gleichbleibend beliebt.

Das Auge ist keine Kamera

Unabhängig vom jeweiligen Blickwinkel sieht für einen Erwachsenen ein Eimer immer aus wie ein Eimer – die Seiten gerade und leicht konisch und die Öffnung rund. Auf einem Foto dagegen hängt die Form des Eimers vom Winkel der Aufnahme ab. Direkt von oben aufgenommen ist die Öffnung rund, aus jeder anderen Perspektive dagegen oval. Die Seiten bleiben gerade, aber die Neigung ändert sich. Die Größe kann auf dem Foto variieren, je nachdem, wie weit der Fotograf entfernt war.

Im wirklichen Leben spielt dies alles keine Rolle, obwohl das durch die Augenlinse auf die Netzhaut fokussierte Bild genau dem entspricht, das durch die Kameralinse auf den Film gebannt wird. Der Unterschied liegt darin, daß unser visuelles System den Eindruck anders interpretiert als die Kamera. Diese Interpretation führt dazu, daß Objekte eine konstante Form, Farbe oder Helligkeit behalten. Babys werden vermutlich nicht mit der Fähigkeit zur Interpretation geboren, sie entwickelt sich aber schon innerhalb der ersten 7 Monate.

Tiefe erkennen

Der auf der Netzhaut abgebildete Eindruck ist wie auch der auf dem Foto zweidimensional, obwohl wir unsere Welt dreidimensional wahrnehmen. Die Dimension, die wir „sehen", die aber dem Eindruck fehlt, ist die Tiefe. Babys nehmen Tiefe sehr wahrscheinlich anfangs nicht wahr. Wenn sie mit 7 oder 8 Monaten krabbeln, hat sich dieser Sinn aber bereits entwickelt. Kinder, die sehr früh krabbeln, könnten über den Rand einer Stufe hinauskrabbeln, weil sie diese nicht als solche erkennen.

Vielleicht wissen Babys, die schon früh krabbeln, einfach noch nicht, daß sie vor Gefahren zurückweichen sollten. Es mangelt ihnen mehr an Vorsicht denn an Tiefenwahrnehmung.

Den Hintergrund ignorieren

Der Schlüssel für die Enträtselung von Puzzlebüchern, in denen Gesichter in einer Menge gefunden werden müssen, liegt darin, das Gesamtbild nicht zu beachten. Einigen Menschen fällt dies schwerer als anderen, älteren Kindern leichter als jüngeren.

Menschen, die den Hintergrund leicht ignorieren können, zeigen oft handwerkliche Geschicklichkeit. Dagegen verfügen Menschen, die dem Hintergrund mehr Beachtung schenken, oft über intuitive Fähigkeiten – sie erkennen die Signale, wenn jemand unglücklich ist oder lügt.

Kinder, die den Hintergrund eines Bildes leicht ignorieren können, bauen ein Haus aus farbigen Bauklötzen.

Dagegen sortieren die anderen die Bausteine nach der Form, ordnen sie Tieren zu oder erstellen farbakzentuierte Gebilde.

Ein Augenschmaus für Ihr Baby

Schon ganz früh werden die Augen Ihres Babys auf Ihre Versuche antworten, seine Aufmerksamkeit zu erregen

Daß das Babys anfangs noch nicht scharf sehen kann, bedeutet nicht, daß Sie sein visuelles Vermögen nicht trainieren können. Bedenken Sie, wieviel Zeit ein Baby auf dem Rücken liegend verbringt. Befestigen Sie ein Mobile über dem Wickeltisch und dem Bett. Wenn es einen Wippsitz hat, suchen Sie ein Spielzeug, das sich daran befestigen läßt (s. S. 64–65).

Mobiles selber basteln

Mobiles sind eine hübsche Dekoration für das Kinderzimmer. Wenn sie aber mehr als nur Schmuck sein sollen, vergessen Sie nicht, daß Ihr Baby das Mobile von unten betrachtet, die Teile also besser horizontal als vertikal angeordnet werden. Erinnern Sie sich auch daran, daß es Farben und Details kaum erkennt. Wenn die Decke hell ist, gestalten Sie das Mobile aus großen dunklen Formen, die sich bewegen lassen. Alternativ dazu können Sie das Mobile auch Licht reflektieren lassen.

Ihr Baby wird auch in Alufolie eingepackte Luftballons, ein Windspiel (das Geräusch wird seine Aufmerksamkeit erregen) und weiße, von einem Ventilator in Bewegung versetzte Gardinen aufmerksam betrachten.

Mobiles kaufen

Es gibt zwei Arten von Mobiles für Babys: Herkömmliche Mobiles hängen, moderne werfen Licht auf einen Wandschirm oder an die Decke. Wenn Sie ein traditionelles Mobile über dem Bett befestigen, brauchen Sie einen Motor, der es bewegt (im Sommer reicht oft die Luft, die durch ein offenes Fenster in das Zimmer gelangt). Da Babys Geräusche lokalisieren können, erregt eine am Mobile befestigte Spieldose ihre Aufmerksamkeit.

Die meisten Mobiles, die Licht an die Decke werfen, haben auch eine Spieldose. Dies spricht vermutlich die Eltern mehr an als das Baby, da das Baby nach dem Geräusch Ausschau hält, statt die Lichtspiele zu genießen.

Sieh mich an!

Wenn das Baby Ihnen erzählen könnte, was es am liebsten sieht, würde es sagen: „Gesichter." Alles andere ist nur ein Ersatz für die Menschen, die ihm das Gesicht zuwenden, ganz nahe herankommen und mit weicher Stimme sagen: „Hallo, kleiner Liebling." Zeigen Sie dem Baby immer, wenn Sie an seinem Bett, oder wo immer es liegt, vorbeigehen, für einige Zeit Ihr Gesicht.

Was sollen wir ansehen?

Bevor Ihr Baby greifen kann, können Sie jeden beliebigen Gegenstand zum Ansehen über das Bett hängen. Zum Befestigen können sie die Gitterstäbe, einen Besenstiel oder ein quer über das Bett gespanntes Band verwenden. Denken Sie aber immer zu allererst an die Sicherheit. Schneiden Sie alle Bänder kürzer ab, als der Halsumfang Ihres Babys mißt. Denken Sie daran, daß für den Fall der Fälle Wolle (reine Wolle, keine Mischung mit synthetischen Fasern) leichter reißt als Schnur. Achten Sie auch darauf, daß Sie nur Dinge verwenden, die das Baby nicht verletzen können, falls sie doch einmal herunterfallen sollten.

Spieglein, Spieglein

Wenn das Baby beginnt, mit den Füßen zu stoßen, reflektiert ein Spiegel nicht nur Licht, sondern auch seine eigene Bewegung. Es gibt spezielle Babyspiegel zu kaufen, die auch im Kinderbett aufgestellt werden dürfen. Natürlich läßt sich der gleiche Effekt erreichen, wenn man einen normalen Spiegel oder Spiegelkacheln seitlich des Bettes an der Wand befestigt.

Wenn Sie Spiegelkacheln fest an die Unterseite des Küchentisches kleben, schaffen Sie eine sichere und interessante „Höhle". Hier wird sich das Baby, das sich noch nicht fortbewegen kann, wohl fühlen und ist vor allem auch beschäftigt, während Sie das Essen zubereiten.

Bilder im Raum

Kinder sehen gerne dieselben Dinge wieder und wieder. Aus einfachen Bildern vertrauter Gegenstände läßt sich eine interessante Kollage erstellen. Bestimmte Bilder lassen sich auch gut in das Gutenachtritual einbauen.

Interessante Wäsche

Babys lieben bewegte Eindrücke. Wenn Sie eine Waschmaschine mit Frontbeladung und Glasfenster haben, wird Ihr Baby gerne in seinem Wippstuhl davorsitzen. Auch Wäsche, die auf der Leine hängt und sich im Wind bläht, weckt sein Interesse.

Laß uns nach draußen gehen!

Im Alter von einigen Monaten möchten die Babys langsam Dinge erreichen, berühren und erforschen. Ausflüge nach draußen bieten eine visuelle Stimulation und wecken das Interesse des Babys. Es gibt so viele spannende Orte: einen Bahnübergang, um die vorbeiratternden Züge zu beobachten, einen Busbahnhof, wo alle Busse parken, die Feuerwache mit den ganzen Maschinen, die Brücke zum Entenfüttern, den Zoo, das Schaufenster der Gärtnerei, eine Ladenstraße am Abend, wenn die Schaufenster beleuchtet sind und die Straßenbeleuchtung eingeschalten ist.

Unter den Bäumen

Zu der Zeit, als jeder noch einen großen Kinderwagen hatte, war es üblich, die Babys für ein morgendliches Schläfchen „an die frische Luft" zu stellen, eine Sitte, die in den Sommermonaten wieder eingeführt werden sollte. Die in vollem Laub stehenden Bäume sind die faszinierendsten Mobiles – bewegliche, raschelnde Baldachine, die in starkem Kontrast zum hellen Himmel stehen.

WAS IHR BABY LERNT

Die genannten Aktivitäten trainieren die Fähigkeit des Babys, scharf zu sehen und beide Augen gleichzeitig zu benutzen. Bewegte Eindrücke fordern seine Konzentration und unterstützen den Lernprozeß, daß Dinge weiter existieren, auch wenn sie nicht mehr im Blickfeld sind. Das Betrachten vertrauter Objekte ist außerdem tröstlich und fördert die Entwicklung des Gedächtnisses.

Geräusche wahrnehmen

Ihr Baby kann schon bei Geburt gut hören. Seine Fähigkeit, die Richtung zu bestimmen, aus der ein Geräusch kommt, ist aber noch beschränkt

Babys stimmen sich schon gleich nach der Geburt auf Sprache ein. In den ersten Stunden picken sie sich eine Stimme aus dem Hintergrund heraus und wiegen sich leicht in ihrem Rhythmus. Auch wenn sie später größere Bewegungen machen, stoßen die Füße und wedeln die Arme im Einklang mit einer Stimme. Babys drehen den Kopf schon wenige Stunden nach der Geburt in die Richtung, aus der eine Stimme kommt (wenn sie auch den genauen Ort nicht lokalisieren können). Besonders hingezogen fühlen sie sich anscheinend zu Stimmen höherer Tonlagen, wie sie etwa ältere Geschwister haben.

Eigentlich hat das Baby ja auch alles schon gehört. Die Gebärmutter ist kein dunkler stiller Ort. Etwas Licht dringt durch die Bauchwand, vor allem an sonnigen Tagen, und der Körper der Mutter produziert eine Menge Geräusche. Die Ohren sind schon Monate vor der Geburt funktionsfähig (ebenso wie die Augen). Es hört, wie das Herz der Mutter schlägt, wie beim Einatmen Luft in die Lungen strömt, es hört Unterhaltungen, vorbeijagende Sirenen und Hustenanfälle. All diese Geräusche werden durch das das Baby umgebende Fruchtwasser gedämpft. Die mütterliche Stimme hört sich durch die Luft übertragen anders an als im Mutterleib. Trotzdem bleiben so viele Übereinstimmungen, daß die Stimme als vertraut erkannt wird. Es gibt sogar Hinweise darauf, daß die Stimme eines Vaters, der mit dem Baby im Mutterleib spricht, eher erkannt wird als die eines Vaters, der dies nicht tut.

Angenehme Töne

Sie können Teddybären kaufen, die das Geräusch des beruhigenden „Herzschlags" imitieren und das Baby an seine Zeit im Mutterleib erinnern sollen. Ohne die Atmungs-, Kreislauf- und Verdauungsgeräusche dürften diese Klänge aber kaum denen in der Gebärmutter ähneln. Auch Staubsauger, Waschmaschinen und Automotoren beruhigen unzufriedene Babys und bringen muntere zum Schlafen.

Hohe Tonlagen

Kinder ziehen Geräusche in höherer Tonlagen denen in niedrigeren vor. Die meisten Erwachsenen – und sogar kleine Kinder – heben instinktiv ihre Stimme, wenn sie mit einem Baby sprechen. Es scheint fast, als ob Babys Erwachsene dazu trainieren, indem sie dann mehr lächeln und lachen. Dies erklärt aber nicht, warum Menschen auch mit ihren Hunden auf diese Art sprechen. Evtl. sprechen wir mit allen, die wir lieben, die uns aber nicht verstehen, automatisch auf diese Weise.

HÖRSTÖRUNGEN ERKENNEN

Hörstörungen fallen nicht selten durch die Maschen des Früherkennungsnetzes, da sie bei Neugeborenen und jungen Säuglingen schwer zu erkennen sind. Absolute Taubheit mag von den Eltern bemerkt werden, bevor sie im Rahmen einer Früherkennungs-Untersuchung im 4. oder 5. Lebensmonat auffällt. Selektive Taubheit (Taubheit gegenüber bestimmten Tonarten) wird kaum erkannt, bevor formale Tests durchgeführt werden können.

Lassen Sie das Hörvermögen überprüfen, wenn

- es bei lauten Geräuschen nicht erschrickt (dies ist ein angeborener Reflex, der sich verliert und durch andere Ausdrucksformen wie Überraschung abgelöst wird),
- es sich Ihnen eher zuwendet, wenn es Sie sieht, als wenn es Ihre Stimme hört,
- es sich ständig in die „falsche" Richtung dreht, um ein Geräusch zu lokalisieren,
- Sie aus irgendeinem anderen Grund eine Hörstörung vermuten.

Auch kleine Babys können getestet werden, allerdings nur bei begründetem Verdacht.

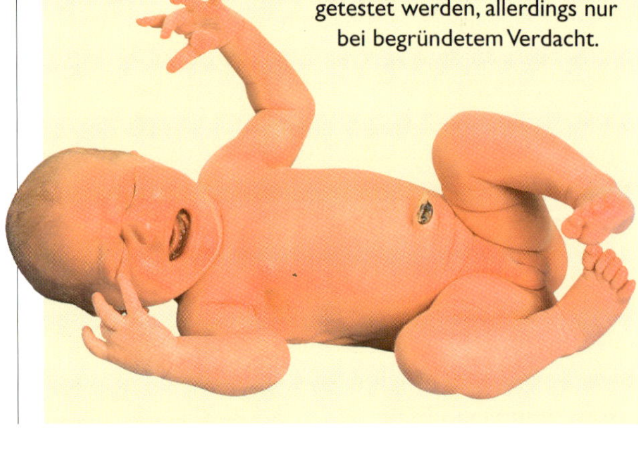

Geräusche von vorne können Babys schon von Geburt an orten, dann, ob Geräusche von rechts oder von links kommen, nicht aber den genauen Standort der Quelle. Geräusche von hinten können zuallerletzt lokalisiert werden.

Geräusche lokalisieren

Schallwellen bewegen sich vor allem im Vergleich zu Lichtwellen relativ langsam. Dies ist auch der Grund dafür, daß Sie den Blitz sehen können, bevor Sie den Donner hören. Ein Geräusch von rechts erreicht Ihr rechtes Ohr etwas eher als Ihr linkes und umgekehrt. Diese Unterschiede ermöglichen es uns, den genauen Ausgangspunkt eines Geräuschs zu lokalisieren. Am einfachsten sind direkt von vorne kommende Geräusche zu orten, da die Schallwellen beide Ohren gleichzeitig erreichen und Sie die Geräuschquelle meist sehen können.

Wenn ein Ton anhält oder wiederholt wird, helfen dem Baby kleine Kopfbewegungen, um den Ton genauer zu orten. Wenn Sie Ihr Baby quer durch den Raum rufen, abwarten, bis es etwa in Ihre Richtung schaut, und es dann nochmals rufen, verschaffen Sie ihm genau das richtige Training.

Musik rechts

Bei den meisten Menschen wird das Sprachvermögen von der linken Gehirnseite kontrolliert (bei einigen Linkshändern und einem geringen Prozentsatz von Rechtshändern von der rechten), Musik im allgemeinen von der entgegengesetzten Seite, meistens also von der rechten.

Ihr Baby bevorzugt es, wenn Sie in Richtung seines linken Ohrs sprechen. Musik hört es dagegen lieber, wenn sie in der Nähe des rechten Ohrs spielt. Vielleicht hat das auch damit zu tun, daß Erwachsene Kinder instinktiv im linken Arm wiegen (sogar Linkshänder tun dies) und sie oft gegen ihre linke Schulter drücken, wenn sie ihnen etwas vorsingen. Wenn Sie das Baby wiegen, ist sein linkes Ohr Ihren Worten am nächsten, gegen Ihre linke Schulter geschmiegt ist sein rechtes Ohr Ihrer Stimme am nächsten.

Die meisten jüngeren Kinder finden es aufregend, am Telefon eine Stimme zu hören, ohne die Person zu sehen. Sie platzen mit den Neuigkeiten heraus, statt sich zu unterhalten.

Dem Baby beim Hören helfen

Zahlreiche Spiele und Aktivitäten helfen Ihrem Baby, Geräusche genau zu orten

Neugeborene können Geräusche noch nicht genau lokalisieren. Mit etwas Übung entwickelt sich diese Fähigkeit aber zügig. Babys lernen vor allem auf der Basis von Versuch und Irrtum. Sie beginnen, etwas zu tun, sobald sie eine grobe Vorstellung davon haben, verfeinern die neue Fertigkeit durch Ausprobieren, Fehler machen und erneutes Ausprobieren auf eine andere Weise. Mit zunehmendem Alter werden die Lernprozesse immer stärker vom Zuhören abhängig. Erwachsene erklären den Kindern, wie sie etwas tun sollen. Gute Zuhörer lernen schneller, werden weniger oft enttäuscht und machen weniger Fehler. Die meisten Kinder brauchen dafür aber ein gewisses Training.

Guck, guck!

Rufen Sie Ihr Baby quer durch das Zimmer, warten Sie, bis es schaut. Zeigen Sie ihm durch ein paar Worte, wo genau Sie sind, gehen Sie weiter und rufen Sie wieder. Sprechen Sie mit dem Baby, bevor Sie es hochnehmen, und wenn Sie es wickeln. Ihre Bewegungen, wenn Sie die Windel wegwerfen, ein Tuch zum Saubermachen holen und nach einer frischen Windel greifen, helfen ihm bei der Feineinstellung seines Ortungssinns.

Reime und Lernen

Um Worte erkennen zu können, müssen Kinder Lauten zuhören, und zwar sowohl einzelnen, als auch zu Silben zusammengesetzten. Reime lenken die Aufmerksamkeit des Kindes auf diese Laute und lehren es, zu erkennen, welche Lautreihen identisch sind. Lieder und Gedichte, vor allem solche für Kinder, bestehen meistens aus Reimen. Vertrautheit mit Reimen hilft dem Kind, wenn es anfängt zu lesen. Einige Studien belegen, daß frühzeitiger Umgang mit Reimen die Probleme durch Dyslexie (erschwertes Lesevermögen) verringern. Wenn in Ihrer Familie Dyslexie aufgetreten ist, sollten Sie mit Ihrem Kind so viel wie möglich üben.

FRAGE UND ANTWORT

Mein Sohn ist 18 Monate alt und spricht kein Wort, nicht einmal „Mama“ oder „Papa“. Ist das normal? Muß ich mir deshalb Sorgen machen?

Reagiert er auf Ihre Stimme und versteht einige einfache Worte? Gibt es keine anderen auffälligen Entwicklungsverzögerungen? Wenn die Antwort auf beide Fragen Ja ist, haben Sie vermutlich keinen Grund zur Sorge. Einige Kinder finden es viel schwieriger, Worte zu sprechen als ihre Bedeutung zu verstehen. 18 Monate ist etwas spät für die ersten Worte, liegt aber noch im „normalen“ Bereich. Wenn Ihr Sohn kürzlich eine Früherkennungsuntersuchung mit Hörtest hatte und diese keine Auffälligkeiten ergab, wird er vermutlich bald beginnen, ein oder zwei Worte zu sprechen. Wenn die letzte Untersuchung schon länger zurückliegt, sollten Sie Ihren Sohn bald beim Arzt anmelden. Manchmal gibt es eine einfache Erklärung – etwa überschüssiges Ohrenschmalz – und schnelle Abhilfe. Wenn er mit 24 Monaten noch nicht spricht, sollten Sie eine neuerliche Untersuchung vereinbaren, unabhängig von den früheren Ergebnissen.

Erste Unterhaltung

Betreuungspersonen scheinen instinktiv zu wissen, wie man mit einem Baby spricht. Sie stellen eine Frage, warten auf die Antwort und sagen dann, was sie für die Antwort hielten. „Möchtest du, daß ich dich hochnehme?“ – Pause – „Du willst?“ – Pause – „Möchtest du jetzt etwas essen?“ – Pause – „Jede Wette, daß du hungrig bist.“ Mit der Zeit wird das Baby die Pausen mit Lachen, Gebärden und Worten füllen.

Beruhigende Geräusche

Gleichbleibende Geräusche scheinen kleine Babys zu beruhigen. Es ist schwer zu beurteilen, ob dies etwas mit Erinnerungen an den Mutterleib zu tun hat. Jedenfalls haben Staubsauger und Waschmaschine diese Wirkung. Ein weinendes Baby im Tragetuch zu tragen und staubzusaugen ist kein Allheilmittel, trägt aber oft zur Beruhigung bei.

Zuhören

Halten Sie inne und lauschen Sie, was Sie hören können. Das Rumpeln entfernten Verkehrs, das Summen einer Biene, ein Flugzeug am Himmel, Wassertröpfeln aus einem Hahn. Wenn Sie beide still sitzen, können Sie die Uhr ticken, die Vögel singen und vielleicht in der Ferne einen Feueralarm hören. Lauschen Sie erst, sprechen Sie dann darüber, und lauschen Sie wieder.

Unter den Brücken

Zu Hause mag es helfen, wenn Sie Musik im Radio anstellen, um Ihr Baby zu beruhigen. Wenn Sie mit einem unzufriedenen Kind unterwegs sind, müssen Sie sich etwas anderes einfallen lassen. Erlauben Sie ihm einen befreienden Schrei, vor allem, wenn es frustriert ist, weil es im Auto eingezwängt oder im Buggy festgeschnallt war. Wenn Sie unter der Eisenbahnbrücke durchfahren oder die Kuppe eines Hügels überqueren, lassen Sie es schreien oder kreischen. (Sie suchen den Ort aus, vor allem, wenn Sie fahren, damit Sie nicht in einem ungünstigen Moment abgelenkt werden.)

Musik hören

Dies bedarf keiner Erklärung. Egal, ob das Kind einfach nur sitzt und zuhört, im Takt klatscht oder tanzt, immer wird seine Fähigkeit Zuzuhören geschult.

Hauptsache laut

Was ist so spaßig daran, unter lautem Geschrei herumzutollen? Warum müssen Kinder schreien, wenn der Wind blast oder sie einen Grashang hinunterrollen? Erwachsene erleben diesen Impuls am ehesten noch auf dem Jahrmarkt, oder wenn an der Küste starke Wellen gegen das Ufer donnern. Tatsache ist, daß bestimmte Aktivitäten einfach weniger Spaß machen, würde man sie in Ruhe ausführen. In japanischen Kindertagesstätten wird manchmal zu den Zeiten, zu denen die Kinder so laut sein dürfen wie sie wollen, eine spezielle Melodie gespielt. Man glaubt, daß Kinder, die in bestimmten Phasen „Dampf ablassen“ dürfen, zu anderen Zeiten leichter ruhig zu halten sind.

WAS IHR BABY LERNT

- **Guck, guck! Zuhören**
Die Fähigkeit Ihres Babys, ein Geräusch genau zu lokalisieren, wird geschult. Es lernt Geräusche zu unterscheiden – kann es das Vogelgezwitscher vom Verkehrslärm isolieren? Außerdem lernt es zu differenzieren, welche Geräusche aus der Nähe und welche aus einer größeren Entfernung kommen.

- **Reime**
Reime schulen das Gedächtnis und die Voraussicht des Kindes. Sie können ihm später helfen, Lesen zu lernen.

- **Musik hören**
Musik kann unzufriedene Babys beruhigen. Halten Sie es im Arm, und bewegen Sie sich langsam und rhythmisch. Das Baby liebt es, wenn Sie beim Tanzen mitsummen.

Riechen, Schmecken, Tasten

Diese für viele Erwachsene zweitrangigen Sinne spielen in der Welt des Babys eine große Rolle

Für Erwachsene sind Sehen und Hören die wichtigsten Sinne. Tasten erachten sie als zweitrangig, es steht aber noch vor Riechen und Schmecken. Für kleine Babys spielen Tasten, Riechen und Schmecken eine weit wichtigere Rolle. Der Tastsinn hat bis ins Vorschulalter große Bedeutung.

Wechselnde Prioritäten

Das anfängliche Verlassen auf Geruch und Berührung hängt damit zusammen, daß das Sehvermögen nicht allzu gut ist und Hören weniger informativ ist, solange man Sprache nicht versteht. Kinder wollen nicht nur erforschen, wie Dinge aussehen, sondern auch, wie bestimmte Gegenstände riechen und sich anfühlen.

Mit einem Teddy dringt ein neuer Gegenstand in die Welt des Babys. Wenn es älter wird, ist er ein hervorragender Seelentröster für die Nacht und für beunruhigende Situationen.

Ältere Kinder sind oft aufgeschlossener gegenüber neuen Geschmäckern als Erwachsene und probieren alles aus. Manche finden Gefallen an Ratespielen, bei denen das Kind mit verbundenen Augen erraten muß, was auf dem Löffel ist.

Über das Riechen

Obwohl der Geruchssinn für kleine Kinder so wichtig ist, können sie schlecht auf Befehl riechen. Fordert man es auf, an einer Blume zu riechen, wird das Kind eher durch die Nase ausschnauben als Luft einziehen. Lassen Sie es einfach Luft durch den Mund ausblasen, und es wird anschließend automatisch durch die Nase einatmen.

Kinder scheinen bezüglich Gerüchen die gleichen Vorlieben und Abneigungen zu haben wie Erwachsene. Sie rümpfen bei Gerüchen, die Erwachsene als übelriechend empfinden, angeekelt die Nase und scheinen uns angenehme Gerüche zu genießen. Die einzige Ausnahme stellt vielleicht der Inhalt Ihres Töpfchens dar – diesen scheinen sie nicht im geringsten als anrüchig einzustufen.

Riechen und Erinnern

Da Gerüche im Kindesalter so wichtig sind, wecken Düfte im späteren Leben oft starke Erinnerungen. Mein Großvater züchtete Chrysanthemen, und als Kind half ich ihm Unkraut zu jäten. Ich vergötterte ihn. Noch heute erzeugt der Geruch von Chrysanthemen in mir das Gefühl von Sicherheit und das hohe Selbstwertgefühl, das ich in Gesellschaft meines Großvaters verspürte. Es gibt noch andere Beispiele. So weckt der Geruch von Mandarinen Weihnachtserinnerungen aus der Kindheit, Tannenzapfen werden mit Herbst in Verbindung gebracht. Gerüche sind, ähnlich wie Emotionen, schwer mit Worten zu beschreiben. Vielleicht ist dies ein Grund dafür, daß sie so viele Sehnsüchte wecken.

Der Tastmechanismus

Sämtliche Allesfresser verfügen über einen eingebauten Mechanismus, der verhindert, daß sie zuviel von einer unbekannten Nahrung aufnehmen, bevor sie ausgetestet haben, ob sie ihnen schadet oder nicht. Menschen bilden hier keine Ausnahme. Wenn Sie etwas Neues probieren, nehmen Sie bestimmt nur einen winzigen Bissen. Erst wenn Sie wissen, daß es Ihnen bekommt, essen Sie größere Mengen. Fühlen Sie sich krank, so ist ihr erster Gedanke vielleicht: „Was habe ich gegessen?“ Oder genauer: „Was habe ich Neues, Ungewohntes gegessen?“ In Zukunft vermeiden Sie diese Speise. Die meisten Erwachsenen und viele Kinder fühlten sich nach Genuß eines bestimmten Nahrungsmittels schon einmal elend und haben seither das Gefühl, dieses nicht mal mehr sehen zu können.

Kinder entwöhnen

Manche Kinder sind extrem schwer zu entwöhnen. Das Problem besteht nicht nur darin, daß Eltern ihnen häufig zuviel Neues auf einmal anbieten. Feste Nahrung stört oft auch ihre empfindliche Verdauung. Die beste Art, feste Nahrung einzuführen, besteht darin, mit dem Mechanismus zu arbeiten. Beginnen Sie mit Milch – die es kennt und mag – und geben Sie etwas Mildes dazu, etwa eine kleine Menge Kartoffel. Wenn es damit zufrieden ist, mischen Sie eine kleine Portion Möhren dazu usw. Beginnen Sie immer mit kleinsten Mengen eines Nahrungsmittels, maskieren Sie es mit etwas Bekanntem. Wenn das Kind die neue Zusammenstellung ablehnt, üben Sie keinen Zwang aus. Solange es noch gestillt wird, braucht es keine zusätzliche ausgewogene Ernährung.

Der Tastsinn

Wahrscheinlich wäre es möglich, einem Kind beizubringen, nichts anzufassen, was ihm nicht gehört. Dies wäre aber sehr aufwendig und hätte negative Auswirkungen auf den natürlichen Entdeckungsdrang. Es ist immer besser, gefährliche oder wertvolle Dinge zur Seite zu räumen.

Kleine Kinder berühren, schlagen, stoßen und hauen mit allem, was in ihrer Reichweite liegt. Sie tun dies nicht nur, um herauszufinden, worin Dinge sich unterscheiden, sondern auch, um für sich ein vollständiges Bild zu erstellen.

Entdecken und Wissen

Kinder müssen herausfinden, wie Dinge sich anfühlen und welche Geräusche sie machen, wenn man damit schlägt. Es gibt keinen anderen Weg, herauszufinden, daß ungekochter Reis wie Sand durch die Hand rinnt, gekochter aber an den Fingern kleben bleibt, als es auszuprobieren. Um unterschiedliche Materialien zu erforschen, müssen Informationen aus allen Sinnen miteinander verknüpft werden. Wie müssen Dinge beschaffen sein, die unser Gewicht tragen können? Auf welchen Materialien läßt es sich bequem liegen? Welche Dinge schwimmen, welche gehen unter? Die Liste interessanter Entdeckungen ist endlos.

Das Sich-Verlassen auf den Tastsinn ist ein Grund dafür, daß Kinder so viel besser in „Fühl“-Spielen sind als Erwachsene: Geben Sie mehrere vertraute Objekte in eine Tasche und lassen Sie Ihr Kind erfühlen, was es ist.

Sinne fördern

Spiele und Aktivitäten, die den Berührungs-, Tast- und Geruchssinn des Babys fördern

Sehen und Hören haben zweifellos großen Anteil an der Entwicklung, trotzdem sollte man den Berührungs-, den Tast- und den Geruchssinn nicht vernachlässigen. Babys und Kinder lieben Spiele, die ihre Fähigkeiten in diesen Bereichen stärken.

Parfüm machen

Für Zwei- und Dreijährige ist es nicht so wichtig, was sie sammeln. Sie heben einfach gerne Dinge auf, stecken sie in die Tasche und nehmen sie mit nach Hause. Im Sommer kann das Kind Blütenblätter pflücken, sie in ein Gefäß mit Wasser geben und „Parfüm" machen. Einige Tropfen ätherisches Öl oder Rosenwasser können das Parfüm verfeinern. Den meisten Kindern ist es aber egal, ob der erzielte Geruch der Mühe wert war.

EINFACHE EISKREM

Wohl alle Kinder lieben Eiskrem, und die meisten können viele Schritte, die zur Herstellung notwendig sind, selbst durchführen. Geben Sie 125 g Zucker in 300 ml süße Sahne. Wenn Sie die Sahne vorher schlagen, ist die Eiskrem später von leichterer Konsistenz, es geht aber auch ohne dies. Leichtes Erwärmen der Sahne hilft den Zucker auflösen. Geben Sie einige zerstampfte Erdbeeren, zerdrückte Banane oder kleine Schokoladenstückchen dazu. Ein 3jähriges Kind kann die Mischung in eine Rührschüssel gießen, den Zucker abwiegen und den Mixer anschalten. Ein jüngeres Kind können Sie die geschlagene Sahne und die Früchte oder die Schokolade zusammenrühren lassen. Geben Sie die Masse in einem Behälter in den Gefrierschrank. Sie sollten die Mischung einige Male aus dem Gefrierfach nehmen und durchrühren, um die Eiskristalle, die sich während des Gefriervorganges bilden, aufzulösen.

Wenn Sie sich nicht mit den Eiskristallen abplagen wollen, können Sie auch mit einer italienischen Meringe-Zubereitung beginnen. Sie tun dies am besten im voraus, da hierfür Zucker geschmolzen werden muß. Abgekühlt können Sie ihn dann Ihrem Kind als Zutat geben. Schmelzen Sie 225 g Zucker unter fünfminütigem Kochen in 150 ml Wasser. Geben Sie zwei steifgeschlagene Eiweiß dazu, verrühren Sie gut, mischen Sie einige Eßlöffel Zitronensaft bei und lassen Sie das ganze abkühlen. Schlagen Sie 300 ml Sahne steif. Geben Sie Ihrem Kind eine große Schüssel und lassen Sie es alles zusammenrühren. Sie können nach Belieben Schokoladenstreusel, zerbröckelte Kekse oder Früchte zugeben. Stellen Sie die Masse anschließend in den Gefrierschrank.

Tastbücher

Sammeln Sie fünf oder sechs unterschiedliche Gewebe und nähen Sie sie zusammen oder legen sie in einem Ordner an. Sie können je ein Stück Pelz und Satin, ein Teppichmuster, einen Streifen Leder und ein Stück Wellpappe verwenden. Auch mehrere auf ein Stück Stoff genähte Knöpfe geben ein interessantes Tastgefühl, ebenso ein kleines Stück Sackleinen oder verschieden starke, auf Karton aufgeklebte Wollfäden.

Fühl-Dinge

Mit sieben oder acht Monaten beginnen Kinder, die Welt mit ihren Händen zu erforschen (bis dahin benutzten sie den Mund). Sie lieben es jetzt, unterschiedliche Gewebe zu untersuchen. Sie mögen Dinge, über die man streichen kann, wie Seide und Pelz, und solche, die sich drücken und quetschen lassen, wie Schwämme. Viele Spielsachen beinhalten solche Elemente. Dazu zählen Spielmatten und Puppen oder Tiere mit speziellen „Fühl"-Zonen.

Seelentröster

Etwa im 7. Lebensmonat wird dem Kind erstmals klar, daß Sie weiter existieren, auch wenn Sie sich nicht mehr im selben Raum aufhalten. Es kann Sie also nun vermissen, da das bisherige Prinzip „Aus den Augen, aus dem Sinn" seine Gültigkeit verliert. Viele Kinder finden Trost im Kontakt mit der Satinumrandung einer Decke oder dem weichen Pelz eines Teddybären. Studien habe eindeutig belegt, daß die Hinwendung zu einem Seelentröster für das Kind von Vorteil ist, da es in schwierigen Situationen bei ihm Zuversicht findet. Ein Kind im Schnulleralter wird vielleicht noch nicht Decke oder Teddy nehmen, versuchen sollten Sie es aber. Denn später ist es praktikabler, einen Teddy zu einer Übernachtung mitzunehmen als einen Schnuller. Forschungen haben gezeigt, daß noch 13jährige neue Situationen mit ihm besser meistern als ohne ihn.

Suche in der Vorratskammer

Dies ist ein hübsches Partyspiel. Die Kinder müssen erraten, was sie betasten. Älteren Kindern können Sie die Augen verbinden, für jüngere Kinder können Sie alles, was betastet werden soll, in eine Schüssel geben und ein Handtuch darüber legen. Das Spiel ist sehr variabel. Sie können dafür alle möglichen Lebensmittel aus Küche und Vorratskammer verwenden: frische Obst- und Gemüsesorten, Hülsenfrüchte wie Erbsen oder Linsen, Gewürze und sonstige Vorräte. Ältere Kinder können, wenn sie die Dinge richtig ertastet haben, gleich noch sagen, welche Speisen man daraus zubereiten kann.

WAS IHR KIND LERNT

- **Parfüm machen**
Kinder lieben Spiele, bei denen ein Endprodukt entsteht. Sie lernen etwas über verschiedene Pflanzen, wenn sie sie im Garten pflücken, und darüber, wie sie im Wasser schwimmen oder versinken.

- **Tastobjekte**
Sie verfeinern seinen Tastsinn, und es lernt die Unterschiede zwischen Materialien herauszufinden.

- **Seelentröster**
Sie geben dem Kind etwas Vertrautes, gerade in Phasen der Veränderung. Im Seelentröster erfährt das Kind Zuversicht.

KAPITEL

Hände und Augen koordinieren

Auch wenn das Neugeborene klar sehen könnte – was es faktisch nicht kann –, würde es nicht erkennen, daß seine Hände zu ihm gehören. In der geschlossenen Zone des Mutterleibes gab es keinen Anlaß, zwischen seinem Körper und dem Rest der Welt zu unterscheiden. In den ersten Lebenswochen geraten dann Arme und Hände bei Bewegung manchmal ins Blickfeld. Wenn sie ruhen, kann das Baby sie vermutlich nicht wahrnehmen. Bei Bewegungen der Arme senden die Gelenke Signale zurück zum Gehirn. Mal für Mal mehr erkennt das Kind, daß das Empfinden beim Herumschwenken des Arms und der Anblick des Arms Teil desselben Phänomens sind. Es beginnt sich klar darüber zu werden, daß es seinen Arm bewegen kann. Hat es erst einmal gelernt: „Ich kann", so muß es nur noch warten, bis die Verbesserung der Muskelkontrolle eine Weiterentwicklung seiner körperlichen Fertigkeiten ermöglicht.

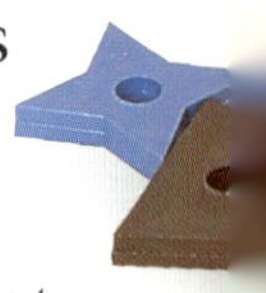

Koordination von Händen/Augen: Die ersten 9 Monate

	WAS DAS KIND KANN
Nach der Geburt	● Die Hände sind vorwiegend zur Faust geballt. ● Wenn man etwas gegen seine Handfläche drückt, schließt sich die Hand reflektorisch um den Gegenstand.
12 *Wochen*	● Die Hände sind zeitweise geöffnet. ● Das Baby greift noch nicht bewußt, schlägt aber nach Gegenständen und wiederholt dies, wenn sie sich bewegen.
16 *Wochen*	● Die Hände sind jetzt meist geöffnet. ● Es beobachtet seine Hände und ist abgelenkt, wenn sie in sein Blickfeld kommen. ● Es sucht nicht nach fallengelassenen Gegenständen.
20 *Wochen*	● Es streckt die geöffneten Hände aus, um Dinge zu berühren. ● Es führt absichtlich die Hände zusammen. ● Es kann Objekte noch immer nicht greifen, wenn sie nicht seine Handfläche berühren. Der Daumen wird noch nicht benutzt, um etwas in die Hand zu schieben.
30 *Wochen*	● Es nimmt die Augen zuhilfe, wenn es etwas berühren will, und korrigiert die Position seiner Hände unter visueller Kontrolle. ● Es greift, indem es die ganze Hand um einen Gegenstand legt. Es steckt Dinge mit der Hand in den Mund, um sie zu erforschen. ● Es beginnt, Gegenstände mit dem Daumen in die Hand zu schieben (mit etwa 7 Monaten).
36 *Wochen*	● Es kann einen schwebenden Gegenstand oder einen zu ihm gerollten Ball greifen. ● Es benutzt beide Hände, um nach großen Dingen zu greifen, kann aber auch mit einer Hand greifen und gleichzeitig in der anderen etwas tragen. ● Es nimmt Spielzeug von einer Hand in die andere. ● Es beginnt die Finger einzeln zu benutzen und schlägt mit der flachen Hand nach Gegenständen. ● Der Daumen steht beim Greifen den anderen Fingern gegenüber. ● Es greift direkt und zielgenau auch nach kleinen Dingen. ● Es sieht Dingen nach, die es heruntergeworfen hat. ● Es kann Erbsen oder andere kleine Dinge zwischen Daumen und Zeigefinger aufheben. ● Es plant die Bewegungen der Hände und bringt sie bewußt in die richtige Position, bevor es zugreift.

Was Sie feststellen	**Wie Sie helfen können**
• Schütteln Sie eine Rassel: Schon Neugeborene deuten Bewegungen in Richtung einer direkt vor ihnen geschüttelten Rassel an. 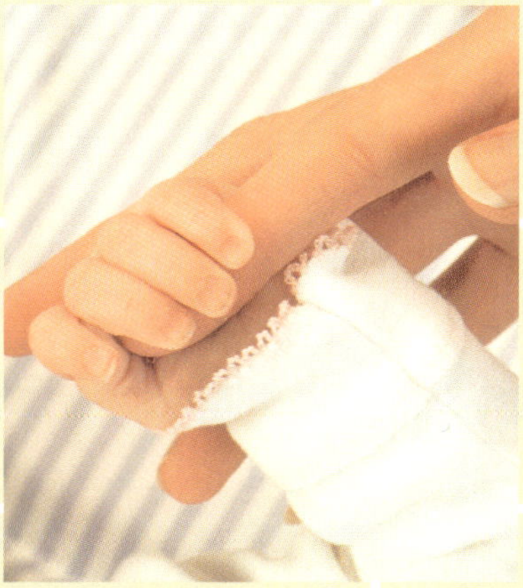	• Streichen Sie über seine Handfläche, damit es Ihren Finger greift. • Hängen Sie ein Spielzeug dort auf, wo es danach stoßen kann.
• Hängen Sie ein Spielzeug auf, das es beim Stoßen und Treten erreichen kann. Die ausgelösten Bewegungen werden es zu neuen Versuchen motivieren.	• Steigern Sie seine Fähigkeiten, indem Sie es ermutigen, seine Reichweite jede Woche etwas zu vergrößern. • Geben Sie ihm den Gegenstand in die Hand, wenn es ihn offensichtlich noch nicht erreichen kann.
• Die Koordination von Sehen und Greifen ist schwierig, aber mit ein bißchen Hilfe wird auch Ihr Kind es schaffen.	• Versorgen Sie es mit einigen Gegenständen, die es erreichen kann. Bringen Sie sie so an, daß sie nicht außer Reichweite schwingen.
• Es wird nach angebotenen Gegenständen greifen. Anfangs müssen Sie diese gegen seine Handfläche drücken, allmählich vergrößert sich aber seine Reichweite. • Wenn Sie ihm ein Spielzeug anbieten, wird es im Wechsel seine Hand und das Spielzeug ansehen und mühsam die Position der Hand einstellen.	• Rollen Sie ihm einen Ball zu, um es zu ermuntern, beide Hände zu benützen. • Geben Sie ihm ein kleines Spielzeug und anschließend ein zweites, damit es das erste in die andere Hand legen muß. 
• Das Ergreifen beweglicher Objekte ist noch schwierig, seine Aktionen werden aber zielgerichteter. • Seine Geschicklichkeit verbessert sich rasch.	
• Es beginnt, den Daumen zum Greifen von Gegenständen zu benutzen. • Seine Hände sind geschickter, seine Bewegungen gezielter und vielfältiger. • Es beginnt, Dinge auf unterschiedliche Art zu behandeln und sie nicht mehr ausschließlich zu kauen und zu schlagen. 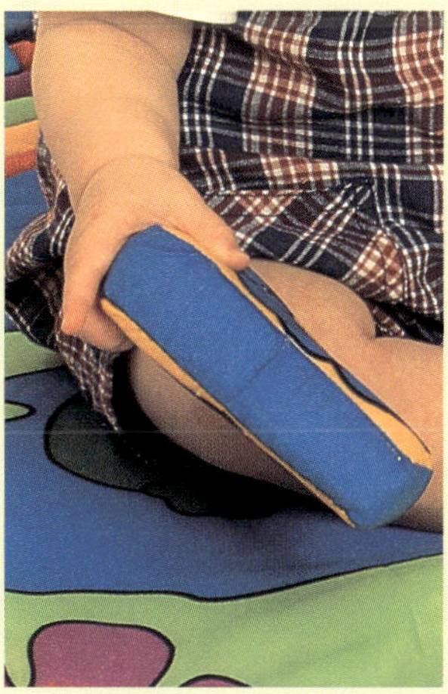	• Lassen Sie es sich selbst mit kleinen Brotstücken, Erbsen, Rosinen oder Schinken füttern..

Koordination von Händen/Augen: 12 Monate bis 6 Jahre

	Was das Kind kann
12 *Monate*	• Es lernt, Dinge loszulassen. • Es benutzt Gegenstände nicht mehr als verlängerte Hand zum Saugen oder Schlagen, sondern um eigene Ziele zu erreichen.
15 *Monate*	• Es beginnt, das Handgelenk zu beugen und die Hand unabhängig vom Arm zu bewegen. • Es beginnt, Folgen von Bewegungen auszuführen wie Deuten, Halten und Drehen, Öffnen und Schließen.
18 *Monate*	• Es verbindet Drehungen des Handgelenks mit dem Loslassen von Gegenständen.
24 *Monate*	• Es beginnt, Objekte zu kontrollieren, die von der Hand entfernt sind, z.B. ein Spielzeug am Ende einer Schnur. • Es kann einfache Puzzles zusammensetzen und verrückt Stühle, um hochzuklettern und bestimmte Objekte zu erreichen. • Es kann Getränke eingießen und einen Turm aus vielen Bausteinen errichten.
2-3 *Jahre*	• Es beginnt, sich selbständig anzuziehen, Farbstifte zu benutzen und kleine Bauwerke zu errichten. • Es kann selbständig essen.
3-6 *Jahre*	• Es zeichnet erkennbare Bilder, schreibt seinen Namen, löst anspruchsvolle Puzzles, zieht sich selbst an (auch wenn es noch Schwierigkeiten mit Schnürsenkeln und kleinen Knöpfen hat). • Es kann mit kleinen Baukastenteilen umgehen und einfache Stickbilder erstellen.

WAS SIE FESTSTELLEN	WIE SIE HELFEN KÖNNEN
• Es wirft Dinge vom Hochstuhl aus herunter. • Es möchte den Löffel selbst halten.	• Damit Sie nicht mehr dauernd etwas aufheben müssen, bringen Sie ein Spielzeug mit einem elastischen Band seitlich am Hochstuhl an. Wirft das Kind das Spielzeug hinunter, schnellt es wieder nach oben. Bald wird es das Spielzeug selbst hochziehen können.
 • Anfangs bekommt es nur runde Formen in den Sortierer, bei besserer Handgelenkkontrolle auch schwierigere. • Es deutet auf Gegenstände und Haustiere.	• Suchen Sie Spielsachen sorgfältig aus. Dinge, die zu schwierig zu handhaben sind, frustieren das Kind. Wenn es schließlich die Aufgabe bewältigen könnte, hat es das Interesse schon verloren.
• Es kann alle Formen in den Sortierer einlegen und einen Ball werfen. • Es kann einen Baustein auf einen anderen stellen.	 • Setzen Sie sich hin, und rollen Sie ihm den Ball zu. Ermuntern Sie es, den Ball zurückzuwerfen oder zu schießen.
• Es steckt für sich alleine Puzzleteile zusammen. • Es ißt selbst mit dem Löffel (auch wenn es noch eine ziemliche Schmiererei gibt).	• Schreiten Sie nicht zu schnell ein, um zu helfen. Das Kind will und muß Sachen ausprobieren, die es noch nicht kann.
 • Nicht alle Kinder bauen gerne. Es sollten dann aber vergleichbare Fähigkeiten sichtbar sein, etwa den Teddy zu Bett bringen oder einfache Kleidung anlegen können.	• Kinder lernen am besten in kleinen Schritten. Wenn Sie von einem zweiteiligen Puzzle schrittweise zu vier-, acht- und 16-teiligen überleiten, wird Ihr Kind schon in jungen Jahren erstaunlich viele Teile bewältigen. Wenn Sie die Schritte zu groß wählen, wird es vielleicht das Interesse verlieren.
• Kinder sind so unabhängig, wie Sie es zulassen. Manche Jungen warten noch immer darauf, von Ihnen angezogen zu werden. Die meisten Mädchen ziehen sich alleine an.	• Ermuntern Sie Ihr Kind dazu, sich selbständig anzuziehen und alleine zu essen. Lassen Sie es zeichnen und malen, loben Sie seine Werke.

Die Hand als Werkzeug

So wird die Hand während der ersten Monate von der geballten Faust zum nützlichen Werkzeug

Mit 18 Monaten kann das Kind sich für einen Gegenstand aus einer Gruppe ähnlicher entscheiden und ihn mit einer Hand greifen.

Ein neugeborenes Baby hat einen so kräftigen Greifreflex, daß man es theoretisch mit den Fingern an einer Wäscheleine aufhängen könnte. Es ist dieser Griff, den Affenbabys zum Festklammern am Fell ihrer Mutter brauchen. Da er aber nur reflektorisch ausgelöst wird, nützt er dem Erforschen der Umwelt wenig.

Im Laufe der Zeit verbringt das Baby immer weniger Zeit mit zu Fäusten geballten Händen. Sein Griff ist nicht mehr schraubstockartig, der auslösende Reiz muß jetzt viel stärker sein. Deshalb kann es nun einen Gegenstand berühren, ohne reflektorisch die Hand um ihn zu schließen. Es liegt nun seltener in der Fötusposition, seine Arme öffnen sich. Es beginnt sich zu bewegen, und seine Arme geraten häufiger in sein Blickfeld.

Beobachten

In den ersten Wochen fällt es dem Baby viel leichter, etwas zu sehen, wenn es sich bewegt. Es mag seine ruhenden Arme nicht erkennen, die durch die Luft geschwenkten erregen aber seine Aufmerksamkeit. Es beobachtet seine Arme wie alle anderen bewegten Objekte. Wenn das Baby seine Arme schwenkt, senden Schulter und Ellenbogengelenk die Botschaft an das Gehirn, daß die Arme sich bewegen. Beobachtet das Kind die Bewegungen seiner Arme, empfängt das Gehirn zwei getrennte Signale: Das Auge teilt ihm mit, daß es die Bewegung sieht, das Gelenk zeigt ihm die Bewegung an. Allmählich beginnt das Kind, die getrennten Signale miteinander in Verbindung zu bringen. Auf diese Weise findet es heraus, daß das bewegliche Glied zu ihm gehört.

Als nächsten Schritt lernt das Baby, wie es seine Arme bewußt so bewegt, daß es sie sehen kann. Bald darauf begreift es, daß das Augensignal beim Zusammenführen der Arme entsteht, mit einem bestimmten Gehirnsignal zusammenpaßt. Das Augensignal bei Bewegung nur der rechten Hand gehört dagegen zu einem anderen Signal. Bald weiß es mehr als „Das bin ich", nämlich: „Ich habe diese Bewegung ausgeführt."

Schlagen

Die Erkenntnis „Ich habe das getan" bedeutet noch nicht, daß das Baby weiß, wie man die Bewegung ausführt. Anfangs beschränkt es sich darauf, auf Objekte zu schlagen. Während es im Bett stößt und tritt, trifft es das Spielzeug, das Sie darüber befestigt haben.

Wenn Sie einem Baby eine Kette mit Teddys zeigen, wird es zuerst auf sie einschlagen. Anschließend wird es sie beim Versuch, danach zu greifen, zum Schwingen bringen. Endlich wird es ihm gelingen, einen Teddy zu greifen.

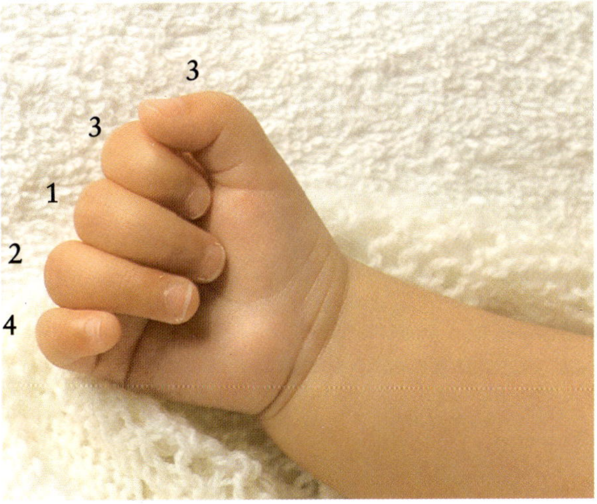

In den ersten 7–8 Lebensmonaten schließen sich Finger und Zehen reflektorisch beim Berühren von Handfläche oder Fußsohle.

Das Spielzeug bewegt sich. Diese Bewegung stimuliert das Baby, und es schlägt und tritt noch stärker, bis es das Spielzeug wieder trifft. Dann ändern sich die Dinge. Mit wachsender Körperbeherrschung führt es gezieltere Bewegungen aus, um das Spielzeug zu treffen. Diese sind noch nicht präzise, da es nur die Bewegungen im Schultergelenk, nicht aber die in Arm und Hand kontrollieren kann. Es muß den ganzen Arm nach dem Spielzeug schwenken (s. S. 70).

Greifen

Mit zunehmender Kontrolle über Unterarm und Hand lernt das Baby zu greifen. Anfangs schließt sich seine Hand erst, wenn es einen Gegenstand auf der Handfläche spürt. Auch kann es nur aus einer seitlichen Schwenkbewegung des Arms heraus greifen. Wenn das Objekt dabei aus der Reichweite schwingt, ist das Baby enttäuscht. In diesem Stadium helfen Sie ihm, indem Sie ihm Dinge in der richtigen Entfernung präsentieren und seine Hand um den Gegenstand legen. Es wird zwischen Spielzeug und Hand hin- und hersehen, um die Position der Hand mühsam richtig einzustellen, bis es das Spielzeug endlich erwischt.

Jetzt sehe ich es

Babys werden anfangs häufig von ihren Händen abgelenkt. Sie schauen auf ein interessantes Spielzeug, strecken sich danach, sehen ihre Hand und vergessen das Spielzeug völlig. Langsam lernt es, seine Hand zu übersehen. Zuerst sieht es immer weg, wenn die Hand in sein Blickfeld gerät, später schaut es zwischen Hand und Gegenstand. Zu diesem Zeitpunkt hat sich sein Gedächtnis so weit entwickelt, daß es die Kluft zwischen ursprünglicher Absicht und Ablenkung durch die Hand überbrücken kann.

Sehen und Greifen

Mit 20 Wochen können Babys 800mal besser sehen als nach der Geburt. Sie wären in der Lage, könnten sie die Buchstaben benennen, die obere Hälfte einer Sehtesttafel zu lesen. Nun kann Ihr Baby beim Greifen die Augen auf einem Objekt ruhen lassen und wird nicht mehr durch seine Hände abgelenkt. Die Körperkontrolle wird besser. Das Baby beginnt, beim Greifen den Gegenstand mit dem Daumen auf der Gegenseite zu sichern. Mit 28 Wochen kann es eine Erbse aufheben oder auf sie deuten, was den gleichen Bewegungsablauf erfordert.

Ab etwa 28 Wochen benutzt es Daumen und Finger, um kleine Dinge wie Rosinen aufzuheben.

Wirklich nützliche Hände

Die wachsende motorische Geschicklichkeit läßt die Hände nach den ersten Monaten zu vielseitig verwendbaren Werkzeugen werden

Wenn das Baby den Daumen gegenüber den anderen Fingern positionieren kann, kann es ihn unabhängig von den anderen kontrollieren. Dies schafft ganz neue Möglichkeiten. Es muß nicht mehr mit offener Hand nach Objekten greifen und die Hand um den Gegenstand schließen, sondern kann die Hand griffbereit heranführen und das Objekt mit dem Daumen in die Handfläche schieben. Kann das Baby erst einmal alle Finger unabhängig voneinander kontrollieren, so lernt es Gegenstände zwischen Daumen und Handfläche zu halten und mit den Fingern zu befühlen. Es kann nun zielsicher alles greifen, was es will, auch wenn der Gegenstand hin und her schwingt. Die Bewegungen erscheinen nicht länger mühsam, sondern sind zuverlässig und fließend.

Kneifen, Stochern und Stoßen

Der Daumen kann einem oder allen Fingern gegenüberstehen. Wenn das Baby etwas sehr kleines aufnehmen möchte, etwa eine Erbse, benutzt es Zeigefinger und Daumen sozusagen als Zange. Es arbeitet dabei sehr zielsicher und vorsichtig, ohne die Erbse zu quetschen. Kann es die Finger erst einmal unabhängig voneinander bewegen, stochert es mit dem Zeigefinger in kleine Nischen und stößt die Finger in weiche Oberflächen. Dies ist die Zeit für Aktivitätszentren, -matten und Baby-gyms. Auch eine alte Telefonwählscheibe wird es faszinieren.

RECHTS- ODER LINKSHÄNDER?

In den ersten Monaten ist schwer zu erkennen, daß das Baby eine Hand bevorzugt einsetzt. Im Alter von 9 Monaten benutzen die Babys dann vorrangig eine Hand, um zu greifen oder den Löffel zu halten. Die Konsequenz dieser Bevorzugung verstärkt sich im Vorschulalter.

Linkshändigkeit wird eindeutig innerhalb von Familien weitergegeben, auch wenn sie nicht zwingend vererbt wird. Wenn bei eineiigen Zwillingen einer Linkshänder ist, beträgt die Wahrscheinlichkeit, daß der andere Zwilling ebenfalls Linkshänder ist, nur 50 Prozent. Durchschnittlich sind weniger als die Hälfte der Kinder linkshändiger Eltern ebenfalls Linkshänder.

Tätscheln und Streicheln

Generell reift der „Antriebs"- vor dem „Hemm"-Mechanismus. Deshalb beginnt das Baby erst dann mit offener Hand zu tätscheln und zu streicheln, wenn es die Finger kontrollieren und die Arme vorsichtig und präzise in Position bringen kann. Ein Antriebsmechanismus kann wie das Licht an- oder ausgeschaltet werden. Wenn Sie sehen, wie Ihr Kind den Teppich streichelt, wissen Sie, daß nun Hemmechanismen seine Bewegungen beeinflussen. Sie verleihen dem Baby ein gewisses Maß an Kontrolle, so daß es seine Hände mit wechselndem Tempo bewegen kann: langsam und schnell streicheln, aufhören und wieder anfangen.

Die Hände gemeinsam benutzen

Mit etwa 28 Wochen beginnt das Baby, beide Hände gemeinsam zu benutzen, z. B. um einen Ball zu halten oder seinen Teddy zu umarmen. Mit 32 Monaten kann es einen heranrollenden Ball auffangen, allerdings nur, wenn seine Arme schon ausgebreitet waren, bevor Sie den Ball rollten. Es kann mit einer Hand einen Gegenstand halten und mit der anderen einen

Solche Spiele geben Anlaß zum Stoßen, Schieben und Wählen, sobald die Finger einzeln kontrolliert werden können.

zweiten greifen. Es fängt an, begonnene Bewegungen zu verändern, die visuelle Kontrolle der Bewegungen verbessert sich. Es kann die Hände auf vielfältige Art benutzen. Eine Hand entwickelt sich zur aktiveren, während die andere aufbewahrt, hilft, hält und stabilisiert.

Fallenlassen und Loslassen
Anfangs läßt das Baby einen Gegenstand los, weil es einen interessanteren gesehen hat. Es öffnet die Hand, um diesen zu greifen. Dies geschieht nicht absichtlich, es braucht einfach nur den Platz in seiner Hand. Mit 8 Monaten lernt es dann, bewußt loszulassen, also Objekte absichtlich durch Öffnen der Finger und Neigen der Hand fallenzulassen. Später dreht es die Hand um, bevor es die Finger öffnet.

Im 1. Jahr lernen die Kinder viel, im allgemeinen gelingt es ihnen aber erst im 2. Lebensjahr, Formen in ein Sortierbrett einzupassen.

Wachsende Geschicklichkeit
Die Kombination aus Fingerkontrolle und der Fähigkeit, Bewegungen unter visueller Kontrolle zu verändern, verhilft dem Baby zu wachsender Geschicklichkeit. Bis zum 6. oder 7. Lebensmonat schlagen Babys mit Spielzeugen, oder sie nehmen sie in den Mund. In beiden Fällen ist das Spielzeug nicht viel mehr als eine Verlängerung der Hand. Ab dem 8. oder 9. Monat ändert sich dies. Das Baby beginnt, jedes Spielzeug auf seine eigene Art zu benutzen: Teddys werden umarmt, mit dem Hammer wird geschlagen, Wählscheiben werden gedreht, Knöpfe gedrückt und Türen geöffnet.

Voraussetzung für das Zusammensetzen eines Puzzles ist die Kontrolle über Dreh- und Beugebewegungen im Handgelenk. Ermunterung Ihrerseits hilft dem Baby.

Aus Bauklötzen können mit wachsender Geschicklichkeit immer schwierigere Werke entstehen.

Die Hand wird gelenkig

Die Entwicklung der Handgelenkknochen macht große Fortschritte in der Feinmotorik der Hände möglich

Handgelenk und Handfläche eines Erwachsenen umfassen 28 Knochen, die des Neugeborenen lediglich drei. Während die Kontrolle über den Rest des Körpers vom Reifen der für die Bewegungen zuständigen Gehirnmechanismen abhängt, sind die Handgelenkbewegungen vom Wachstum der entsprechenden Knochen abhängig. Die Entwicklung der Fußknöchel verläuft sehr spät. Dies erklärt, warum körperliche Fertigkeiten, die flexible Knöchel voraussetzen (wie etwa Springen), nicht vor dem 3. oder 4. Lebensjahr ausgebildet werden. Mit wachsender Geschicklichkeit beginnt das Kind, Bewegungen des Handgelenks mit denen der Finger zu koordinieren, um Objekte zielgenau am richtigen Platz abzulegen.

Mit zunehmender Geschicklichkeit stapelt es Gegenstände übereinander und legt ein Spielzeug in ein anderes.

Zeigen

Kinder beginnen mit etwa 10 Monaten zu zeigen. Anfangs benutzen sie den ganzen Arm, um dem deutenden Finger die Richtung zu geben. Im Alter von ungefähr 14 Monaten zeigen sie nur mit der Hand.

Fertig zum Zugriff

Wenn Sie die Hand Ihres Kindes beim Greifen beobachten, werden Sie feststellen, daß sie schon vor der Berührung in Position ist. Zum Aufheben eines Bausteins vom Boden steht sie horizontal. Wenn das Kind den Griff seines Spielstaubsaugers umfassen will, hält es die Hand vertikal. In beiden Fällen nähern sich die Finger geschlossen dem Objekt, bevor sie es berühren. Wenn es einen Ball auffangen will, sind beide Hände bereits geöffnet, die Finger leicht gebeugt und die Daumen abgespreizt.

Hochheben

Kann ein Kind sein Handgelenk erst einmal drehen und beugen, wird es seine Hand bald von oben um ein Objekt legen, das es aufheben will. Kleine Babys können nur von der Seite greifen. Kleinkinder greifen mehr und mehr von oben nach Art der Erwachsenen.

Drehen, Fallenlassen und Ablegen

Wenn es die Hand drehen kann, lernt Ihr Kind, daß die einfachste Art, etwas fallen zu lassen, darin besteht, die Handfläche nach unten zu drehen. Das Kind wird diese Bewegung nun häufig üben und Löffel aus dem Hochstuhl oder Spielsachen aus der Babywanne fallen lassen, bevor es Bausteine stapeln kann. Genaues Aufeinanderstellen erfordert präzise Bewegungen, und seine wackligen Türme werden kaum mehr als drei Bauklötze hoch. Aber Übung macht den Meister, und etwa mit 2 Jahren kann es Bauklötze behutsam und genau genug ablegen, um einen Turm zu errichten, den es umzuwerfen lohnt.

Wenn Ihr Kind auf Ihrem Schoß ein Buch betrachtet, ist seine Hand jetzt in genau der richtigen Position, um die Seite umzublättern, noch bevor es das Papier berührt.

Werfen

Wenn Kinder das Drehen der Hand und das Loslassen gelernt haben, versuchen sie bald zu werfen. Werfen bedeutet im Prinzip: Fallenlassen mit etwas mehr Nachdruck. Kleinkinder werfen mit wenig Genauigkeit und Voraussicht; ein Vorrat an Softbällen oder zerknülltem Zeitungspapier wird Sie und Ihre Wohnung vor allzu harten Querschlägern schützen. In diesem Alter ist Ihr Kind imstande, zu verstehen: „Nur Bälle sind zum Werfen." Sie müssen aber diesbezüglich konsequent sein.

Einen Löffel benutzen

Die wachsende Beweglichkeit des Handgelenks macht es für das Kind einfacher, seinen Mund mit dem Löffel zu finden. Anfangs ist selbständiges Essen eine schmierige Angelegenheit. Auch wenn die Geschicklichkeit zwischen dem 8. und 12. Lebensmonat zunimmt, läßt die Genauigkeit, mit der es seinen Mund findet, noch einiges zu wünschen übrig.

Je besser das Kind die Dreh- und Beugebewegungen im Handgelenk beherrscht, desto präziser findet es seinen Mund. Dies bedeutet nicht, daß es jetzt kein Lätzchen mehr braucht oder vom Tisch aufstehen kann, ohne daß Mund und Finger abgewischt werden müssen.

Der Gebrauch von Werkzeugen

Im 2. Lebensjahr lernen Kinder, ein Objekt in ihrer Hand zu kontrollieren und als Werkzeug zu benutzen. Sie können einen Besen schieben oder mit einem Farbstift rundliche Kringel malen.

Bis sie in die Schule kommen, können sie ihren Namen schreiben, die Seiten eines Buches umblättern, einen Schraubenschlüssel benutzen, einen Teddy mit einem Stock von einem hohen Regalbrett herunterbefördern, ein Getränk ins Glas gießen, einen Nagel mit dem Hammer einschlagen und die Schuhe anziehen.

Die Geschicklichkeit im Gebrauch von Werkzeugen wächst abhängig von der Übung. Wenn Kinder Gefallen an einer Aktivität finden, können sie erstaunlich viel leisten: aus Papier kleine Vögel falten, ein einfaches Stickbild herstellen, Schrauben aus einer alten Maschine drehen.

Nach dem 1. Lebensjahr können Kinder ihren Mund ziemlich genau mit dem Löffel finden, brauchen aber noch Hilfe bei den Mahlzeiten – und danach beim Handabwischen.

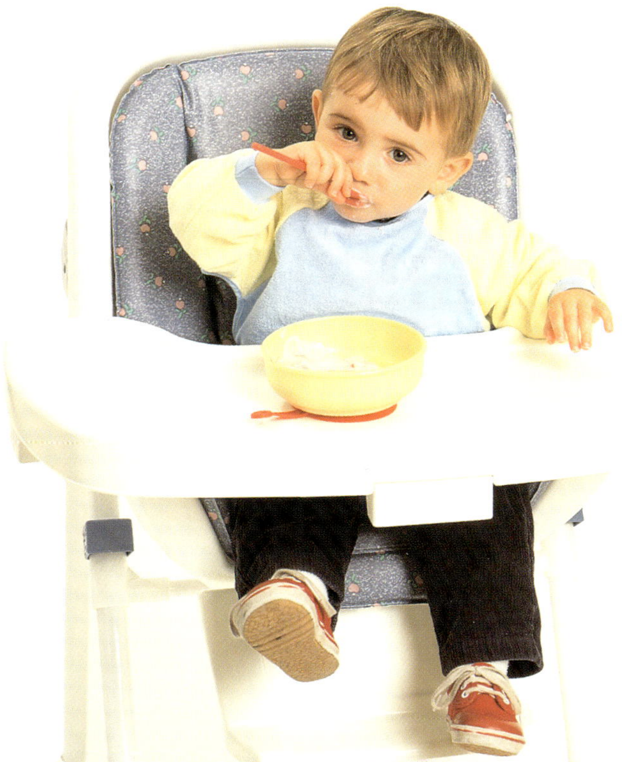

Das Training der Hände

So können Sie die handwerkliche Geschicklichkeit Ihres Kindes fördern

Bevor Babys erkennen, daß ihre Hände zu ihnen gehören, finden sie es anstrengend, sie zu beobachten. Bei der Auswahl geschicklichkeitsfördernder Aktivitäten sollten Sie bedenken, daß Babys Geräusche einfacher lokalisieren können als Objekte.

Glöckchen und Rasseln

Ein kleines Glöckchen am Fäustling oder Handgelenk erleichtert es Ihrem Baby, seine Hand zu finden. Der Klang wird es außerdem anregen, und es wird die Arme noch mehr herumschwenken. Kleine Handgelenkrasseln und Glöckchen haben den Vorteil, daß sie nicht heruntergeworfen werden können.

Die besten Rasseln für kleine Babys sind hantelförmig. Die Kugeln auf jeder Seite verhindern das Herausrutschen aus der Hand, die dünne Stange läßt sich gut greifen. Da die Rassel gut ausbalanciert ist, ist sie einfach zu halten. Mit zunehmender Geschicklichkeit kann das Baby auch mit anderen Formen umgehen. Zusätzliche visuelle Anreize wie glitzernde Flüssigkeit interessieren es ebenfalls.

Greifen

Kann das Baby Objekte erreichen und nach ihnen greifen, ist es enttäuscht, wenn sie ihm aus der Hand rutschen. Stellen Sie also Dinge bereit, die sich gut greifen lassen. Diese können über Bett und Buggy fixiert werden. Denken Sie aber zuallererst an die Sicherheit: Nichts darf scharfe Kanten haben oder leicht brechen. Eine Reihe Papiertassen mit innen aufgemalten lächelnden Gesichtern wird es entzücken; Gegenstände aus Styropor könnten aber brechen und gefährlich werden.

Sie können auch hölzerne Garnrollen auf ein starkes Gummiband auffädeln und an einem Ende am Wippstuhl befestigen. Angemalt sind sie noch interessanter. Auch können Sie ein Spieltelefon mit einem kurzen Spiralkabel anbringen.

Schlag es

Befestigen Sie etwas Dunkles, etwa einen braunen Teddybären, an einem kurzen Gummiband. Hängen Sie ihn so auf, daß das Baby ihn erreichen kann. Vergewissern Sie sich, daß das Band kürzer als der Halsumfang des Babys ist. Das Spielzeug sollte gut fixiert, aber frei genug hängen, damit es sich bewegen kann, wenn das Baby nach ihm ausholt.

Gib mir

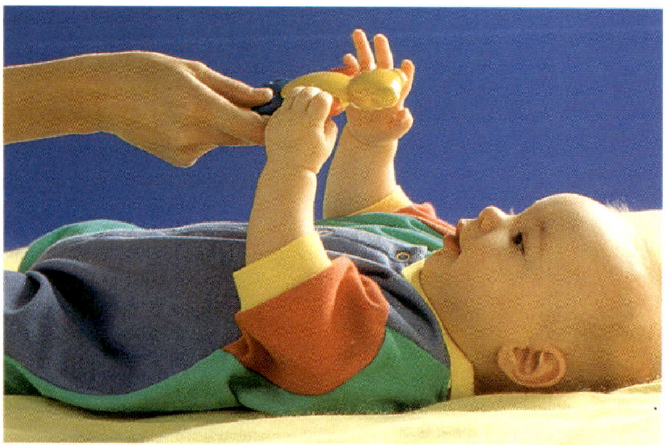

Nur mit Übung und Geduld lernt das Baby zu greifen. Bieten Sie ihm eine Rassel an, schütteln Sie sie, bis es die Rassel sehen kann. Wenn der Arm zum Schlagen ausholt, sorgen Sie dafür, daß die Rassel die Handfäche „trifft“. Dieser Reiz läßt seine Finger um die Rassel schließen. Es wird anfangs nicht direkt greifen können, und Sie werden die Rassel in Richtung seiner Hand führen müssen. Lassen Sie Ihr Kind aber immer wieder versuchen, bevor Sie ihm das Erfolgserlebnis geben. Denken Sie daran, daß es anfangs die Rassel vergißt, sobald es seine Hand sieht. Sie werden ihm die Rassel vielleicht durch leichtes Schütteln wieder in Erinnerung bringen müssen.

Fangen

Wenn Ihr Kind sicher mit gespreizten Beinen sitzen kann, rollen Sie ihm einen mittelgroßen Ball zu. Schon bald wird es ihn zurückschieben können. Wenn es ohne umzukippen stehen kann, werfen Sie einen leichten größeren Ball in seine ausgestreckten Arme. Beginnen Sie, indem Sie den Ball praktisch in seine Arme legen, und vergrößern Sie dann schrittweise die Entfernung, bis es gelernt hat, das Spiel zu spielen.

WAS IHR KIND LERNT

All diese Aktivitäten helfen Ihrem Kind bei der Feinabstimmung seiner körperlichen Fertigkeiten.

- Anfangs muß es lernen, wo die Hand endet und die Rassel beginnt.
- Greifen ist ein komplizierter Vorgang. Es dauert einige Zeit, bis Ihr Kind ihn beherrscht. Helfen Sie ihm dabei, so gut Sie können.
- Wenn seine Geschicklichkeit besser wird, müssen Sie sich überlegen, wie Sie es möglichst gut fördern, ohne es dabei zu enttäuschen.

SPIELSACHEN, DIE DIE GESCHICKLICHKEIT FÖRDERN

• Bis 5 Monate

Ihr Baby schnappt sich alles, was es bekommen kann, und steckt es in den Mund. Spielsachen sind die sicherste Lösung. Unerfahrenen Eltern fällt es manchmal schwer, die Gefahren, die das Spielen mit Haushaltsgegenständen – z. B. mit den beim Baby so beliebten Schlüsseln – hervorrufen kann. Spielzeug ist nach klaren Sicherheitsnormen hergestellt. Sollte es einmal ein Problem geben, wird das betroffene Produkt sofort vom Markt genommen.

• 5–7 Monate

Jetzt braucht Ihr Kind Spielsachen, die ihm über den Mund interessante Erfahrungen liefern: weiche zum Kauen und knubbelige zum Saugen.

• 6–8 Monate

Ihr Baby braucht nun Sachen, die es herumschlagen kann. Mit 7–8 Monaten können Sie ihm ein Aktivitätsspielzeug zum Stoßen und Stochern und ein Gewebe zum Streicheln geben.

• 9 Monate

Es mag Gegenstände mit einem Knopf zum Drücken, Spielsachen, bei denen Formen sortiert werden müssen, und Spieltelefone – am liebsten die altmodischen mit einer Wählscheibe.

Aktivitäten für fleißige Hände

Kinder benutzen ihre Hände den ganzen Tag, doch Sie können ihre Geschicklichkeit mit spaßigem Zeitvertreib zusätzlich fördern

Die Kontrolle über das Handgelenk verleiht Ihrem Kind zahllose Möglichkeiten, neue Aktivitäten und Spiele zu genießen. Keine der hier aufgelisteten Aktivitäten erfordern größere Ausgaben, bei den meisten können Sie einfach improvisieren.

Bauklötze

Wählen Sie Bauklötze aus, die einfach zu stapeln sind. Große, quadratische, stoffbezogene Bauklötze aus Schaumstoff eignen sich für Babys im 1. Lebensjahr am besten. Herkömmliche quadratische Holzbauklötze sind ebenso empfehlenswert wie langlebig – sie können jahrelang innerhalb der Familie weitergegeben werden. Billige Plastikbausteine sind für Kinder schwieriger zu handhaben, vor allem, wenn sie durch Drücken und Kauen aus der Form geraten sind.

Kleine Kinder lieben Höhlen. Im Kindergarten sind großformatige Bausteine für diesen Zweck sehr beliebt. Die meisten Eltern verfügen allerdings weder über den Platz, noch über das Budget, diese für zu Hause anzuschaffen. Wenn Sie genügend Lagerraum haben, bieten Pappkartons aus dem Supermarkt eine Alternative. Noch besser eignen sich Umzugskartons, da sie das gleiche Format besitzen und flach zusammengelegt nicht viel Platz einnehmen.

Straßen bauen

Wenn es etwas gibt, das Eltern davon überzeugt, daß Jungen und Mädchen sich im Verhalten unterscheiden, dann ist es das Spielen mit Autos. Es ist nicht so, daß Mädchen niemals mit Autos spielen oder Jungen immerzu, aber es besteht ein deutlich ausgeprägter Trend des männlichen Geschlechts zu dieser Aktivität.

Kleinkinder sind damit zufrieden, Autos hin und her zu schieben. Ältere Kinder legen gerne Straßennetze an. Sie können Teppiche mit aufgedruckten Straßensystemen kaufen, Straßen lassen sich aber auch einfach aus langen zusammengesetzten Pappestreifen bauen. Verbinden Sie die Stücke mit Klebeband, damit sie nicht verrutschen. Kinder kratzen Straßen auch gerne mit einer Harke oder Spielschaufel in den Sand.

WAS IHR KIND LERNT

- **Spielen mit Bauklötzen**
  Damit lassen sich das räumliche Wahrnehmungsvermögen Ihres Kindes hervorragend schulen und die Geschicklichkeit seiner Handgelenke trainieren. Die unterschiedlichen Größen der einzelnen Bauklötze unterstützen die Ausbildung des mathematischen Verständnisses.
- **Puzzles**
  Einfache Puzzles fördern das räumliche Wahrnehmungsvermögen und lehren das Kind, Formen zu erkennen – eine wichtige Voraussetzung für das Lesen (s. S. 228–231).

Puzzles

Sobald Kinder Formen in einen Sortierer stecken können, finden sie auch Gefallen an einfachen Puzzles. Puzzles zum Einpassen eignen sich als Einstieg am besten. Suchen Sie solche aus, bei denen das Kind z. B. durch eine Abbildung daran erinnert wird, welches Teil an welche Stelle gehört. Wenn Kinder zwei oder drei Teile richtig einlegen, können sie zu den einfachsten Puzzles zum Zusammensetzen übergehen. Achten Sie bei der Auswahl der Puzzles für kleine Kinder auf gut geformte Teile, weniger auf deren Anzahl. Jedes Teil sollte genügend Informationen darüber enthalten, an welche Stelle es in welcher Position paßt.

Kegeln

Sie können Kegelspiele kaufen oder sie ganz einfach aus Plastik-Mineralwasserflaschen herstellen. Sie brauchen mindestens sechs. Stellen Sie die Flaschen im Dreieck, die Spitze Ihnen abgewandt, in einer Türöffnung auf. ▶

FRAGE UND ANTWORT

Mein 3jähriger tobt immer nur herum und scheint nie zu zeichnen oder mit seinem Baukasten zu spielen. Ich mache mir Sorgen, daß er nicht die Geschicklichkeit entwickelt, die er in der Schule braucht. Was kann ich tun?

Alle Kinder sind verschieden. Wir erwarten nicht von allen Erwachsenen, daß sie Handwerker sind oder Pullover stricken. Wenn Ihr Sohn keine offensichtlichen körperlichen Probleme oder Lernstörungen hat, wird er nach der Einschulung mit dem Schreiben beginnen. Denken Sie daran, daß auch Essen, Spielen, Lesen, Herumtollen und Raufen mit Freunden die Koordination verbessern. Forschungsergebnisse lassen vermuten, daß Radfahren hervorragend die räumliche Wahrnehmung schult.

WAS IHR KIND LERNT

• Straßen bauen

Dies ist laut und lustig, schult aber auch die räumliche Wahrnehmung, die Kontrolle des Handgelenks und die Phantasie.

• Kegeln

Mit Kegeln läßt sich zumindest ein Teil der überschüssigen Energie Ihres Kindes abbauen. Es schult das Zielvermögen und den Umgang mit Bällen. Sie können zusätzlich etwas für das Wiedererkennungs-Vermögen tun, indem Sie bestimmte Merkmale auf die Flaschen-Kegel kleben: Farben, Formen, Buchstaben oder Zahlen.

• Bommeln

Bommeln befriedigen den Wunsch des Kindes, etwas „Nützliches" herzustellen. Sie können zum Schmuck an Mützen oder an die Enden von Schals genäht werden. Die Handhabung einer Nadel bedarf einer guten Koordination von Hand und Augen und bereitet gut auf spätere Näh- und Stickversuche vor.

▶ Treten Sie zurück und rollen Sie mit einem Softball nach ihnen. Zum Spielen auf dem Teppich müssen Sie vielleicht etwas Sand in die Flaschen geben. Wenn Sie draußen kegeln, sollten Sie die Flaschen mit Kies füllen und einen schwereren Ball benutzen.

Bommeln basteln

Sie brauchen Pappe oder Karton, Wolle und eine Ahle. Stellen Sie aus Pappe zwei Scheiben gleicher Größe in Form eines Schwimmrings her (umranden Sie dazu ein umgedrehtes Glas oder einen Becher). Machen Sie einen kleinen Wollball.

Das Kind wickelt die Wolle um die Pappringe, und zwar von der Mitte aus um die Ränder herum, erst mit der Hand und dann, wenn es zu eng wird, mit der Ahle. Wenn keine Wolle mehr durch das Loch paßt, schneiden Sie die Wolle am äußeren Rand entlang durch. Dies geht am besten mit einer scharfen Schere, machen Sie es also selbst oder überwachen Sie es. Nehmen Sie einen starken Wollfaden und verknüpfen Sie ihn fest zwischen den beiden Kreisen, damit die aufgeschnittenen Wollfäden zusammenhalten. Entfernen Sie die Pappe und flauschen Sie den Bommel auf.

Spiel und Spaß mit Papier und Pappe

Papier und Pappe sind ideale Materialien für Aktivitäten im Haus

Viele Eltern glauben, daß Kinder Papier nur zum Malen und Kritzeln verwenden. Papier ist aber auch ein kreatives Material, aus dem kleine geschäftige Finger viele interessante Gegenstände basteln können.

Umblättern

Kinder lieben es, ihre Bezugspersonen zu imitieren. Ein Kind, das Sie beim Lesen beobachtet, möchte ebenfalls Ñlesenì. Bücher aus Stoff und Pappe sind für kleine Kinder einfach zu handhaben, sind aber auch viel teurer als solche aus Papier. Kinder, die mit Büchern vertraut sind, zerreißen sie auch nicht. Wenn ein Kind erst einmal eine Erbse oder Rosine aufheben kann, ist es auch imstande, die Seiten eines Buchs sorgfältig umzublättern. Bücher mit Laschen oder selbstaufrichtenden Darstellungen sollten Sie allerdings besser zusammen mit Ihrem Kleinkind ansehen.

WAS IHR KIND LERNT

Lesen nimmt eine Schlüsselstellung in unserem Leben ein. Es bildet die Grundlage fast aller Arten der formalen Erziehung. Ihrem Kind Liebe und Respekt gegenüber Büchern beizubringen, ist eines der größten Geschenke, das Sie ihm machen können. Bücher
- stimulieren die Vorstellungskraft,
- vermitteln die Fähigkeit, zuhören zu können,
- schulen das Gedächtnis (das Kind kann sich an Schlüsselworte, Handlungsabläufe und interessante Bilder erinnern, lange bevor es lesen kann),
- fördern positive Assoziationen zwischen Gedrucktem und interessanter Information.

Modelle basteln

Einfache Modelle können aus alten Müsliverpackungen, leeren Toilettenpapierrollen, Wellpappe und anderen Resten gebastelt werden. Am besten sammeln Sie solche Dinge für einen regnerischen Tag. Klebstoff, Büroklammern, ein kleines Klammergerät und doppelseitige Klebestreifen sind nützliches Zubehör. Kinder sind hinsichtlich ihrer konstruierten Modelle nicht immer sehr realistisch. Wenn ihr Kind noch nicht sehr geübt ist, lassen Sie es lieber etwas kopieren, was Sie hergestellt haben, oder geben ihm klare Informationen zu jedem Schritt.

WAS IHR KIND LERNT

Modelle zu basteln schult das räumliche Vorstellungsvermögen und lehrt das Kind etwas über die Beschaffenheit unterschiedlicher Materialien. Solange es nicht versucht hat, einen Zylinder aus Pappe zusammenzukleben, kann es sich auch nicht vorstellen, wie kniffelig dies ist. Auch die Erkenntnis, daß Materialien auf flüssigem Kleber noch verschoben werden können, auf festem jedoch nicht mehr, ist ein Produkt der Erfahrung.

Falten mit Papier

Beginnen Sie mit einem Blatt Papier von guter Qualität, quadratisch und etwa 8–10 cm groß. Helfen Sie Ihrem Kind, das Papier in der Mitte zu falten, die Ränder aufzustellen und die Faltung vorsichtig auseinanderzuziehen. Dies ist vorerst alles, was es tun muß. Wenn dies für Ihr Kind zu schwierig ist, beginnen Sie mit einem kleineren Papierstreifen. Die Faltungen können als Zelte oder Tierställe für einen Spielzeugbauernhof benutzt werden.

Wenn Ihr Kind die einfachsten Falttechniken begriffen hat, können Sie ihm zeigen, wie man Papier entlang einer Linie faltet. Es hilft anfangs, wenn Sie die Linien auf beide Seiten des Papiers aufzeichnen. Diagonal zu falten ist schwieriger, aber wenn es die Technik erst einmal erlernt hat, kann es schon bald Boote, Flugzeuge und Tiere basteln.

Schneiden

Für Kinder bedeutet das Ausschneiden mit der Schere oft eine knifflige Angelegenheit, da es zweier voneinander getrennter Fertigkeiten bedarf. Erstens muß das Kind mit einer Schere umgehen können, zweitens muß es entlang einer Form schneiden können. Üben Sie die beiden Fähigkeiten lieber erst getrennt. Bereiten Sie einige längere Papierstreifen vor, die etwa eine Schnittbreite schmal sind. Geben Sie Ihrem Kind eine Schere mit stumpfen Enden und eine Schüssel. Das Spiel besteht nun darin, kleine Papierstückchen in die Schüssel zu schneiden. Im nächsten Schritt können Sie die Papierstreifen etwas breiter wählen, damit das Kind zwei Schnitte machen muß.

Papierblumen

Zum Basteln einer Nelke falten Sie ein Papiertaschentuch in der Mitte und schneiden es entlang dem Kniff durch. Falten Sie nun beide Hälften vorwärts und rückwärts fünf- oder sechsmal wie eine Ziehharmonika. Biegen Sie die Falten in der Mitte um und legen Sie sie aneinander. Um die Blüte echt aussehen zu lassen, zupfen Sie das Gewebe am Rand aus. Kleine Kinder lieben das Auszupfen. Größere können auch die Faltungen ausführen. Befestigen Sie die Blumen an kleinen Pflanzstöcken und stellen Sie sie in eine Vase. Sie können auch blattförmige Stücke aus Pappe oder Kreppapier ausschneiden und diese an Stöckchen befestigen.

WAS IHR KIND LERNT

- **Falten**
Dadurch wird die Geschicklichkeit der Finger geübt, und die Grundlagen für Formenerkennen, Teilen und Geometrie werden gebildet.

- **Schneiden**
Ihr Kind lernt den Gebrauch der Schere, eine Schlüsselfertigkeit für viele handwerkliche Tätigkeiten.

- **Papierblumen**
Papierblumen basteln liefert dem Kind ein „Endprodukt" und lehrt es Geduld, denn es braucht Zeit.

Bauen und ähnliche Aktivitäten

Auch Drehen, Schrauben und Hämmern verbessern die handwerkliche Geschicklichkeit Ihres Kindes

Spielsachen zum Bauen sollen in erster Linie das räumliche Denken Ihres Kindes schulen. Viele verlangen aber auch handwerkliches Geschick.

Schrauben und Muttern

Es gibt viele Variationen von einfachen Baukästen. Einige zielen darauf ab, Plastikschrauben

an der richtigen Stelle einzudrehen, andere verlangen das Lösen von Muttern. Schraubenzieher sind schwierig zu handhaben, wenn sie nicht exakt in den Schraubenkopf passen. Das gilt auch für Schraubenschlüssel. Deshalb sind billige Spielwerkzeuge häufig mit Enttäuschungen für das Kind verbunden. Es empfiehlt sich, einen passenden Schraubenzieher und einige große Schrauben zu kaufen, die Ihr Kind in vorgebohrte Löcher schrauben kann. Bausätze für Eisenbahnen und Modellautos sind für kleine Kinder zu kompliziert, außer Sie sind bereit zu helfen.

Nägel einschlagen

Ein Plastikhammer eignet sich nicht für richtige Nägel, ist aber ideal für Bolzen. Bolzenbretter sind klassische Spielsachen: Das Kind schlägt einen Satz Bolzen flach, dreht das Brett um und beginnt von neuem. Wenn es Fortschritte macht, gibt es keinen Grund mehr, bei Spielwerkzeugen zu bleiben. Kaufen Sie nun einen kleinen Hammer, ein kleines Weichholzbrett und einen Satz stabiler Nägel mit großen Köpfen.

Einfache Drehspielzeuge

Die einfachsten dieser Art auf dem Markt sind große Plastik- oder Holzmuttern auf langen Bolzen. Viele von ihnen – etwa solche, die in Autos eingebaut werden können – sind für die Kleinsten viel zu kompliziert. Aus solchen Sets sollten Sie die komplizierten Teile herausnehmen und solange zur Seite legen, bis Ihr Kind alt genug ist, um damit spielen zu können.

WAS IHR KIND LERNT

Alle Spielsachen zum Bauen fördern das räumliche Wahrnehmungsvermögen des Kindes und vermitteln ihm etwas über die Beschaffenheit unterschiedlicher Materialien: Was kann zusammengehämmert, was muß geschraubt werden? Das Aufschrauben einer Mutter auf einen Bolzen verlangt präzise Bewegungen der Finger.

Einfache Näharbeiten

Die meisten Vorschulkinder können nicht mit Nadel und Faden umgehen. Wenn Ihr Kind Interesse zeigt, beschaffen Sie ihm eine einfache Nähausrüstung. Suchen Sie etwas aus, wo die Löcher, durch die Nadel und Faden geführt werden können, bereits eingearbeitet sind. Die einfachsten Vorlagen sind aus steifer Pappe gearbeitet. Wenn das Kind damit umgehen kann, gehen Sie zu perforiertem Stoff, Wolle und einer Ahle über. Mit dem Nähen verhält es sich ähnlich wie mit Puzzles: Interessierte Kinder sind zu erstaunlichen Leistungen fähig.

Kaufläden

Ein Sortiment an Päckchen und Dosen bildet eine gute Basis für einen Kaufladen. Alles, was man braucht, ist Geld (Banknoten können Sie selbst aus Papier herstellen oder kleine Münzen sammeln bzw. Knöpfe verwenden), eine Kasse und einige Papiertüten.

Verkleiden

Kleine Kinder können sich noch nicht selbständig anziehen, Verkleiden ist deshalb schwierig für sie. Sogar kleine Kinder kommen aber mit einem Umhang mit Druckknöpfen zurecht. Und was sonst braucht Batman oder eine Braut noch?

WAS IHR KIND LERNT

• Nähen und Sticken
Dies gibt Ihrem Kind die Möglichkeit, etwas selbst herzustellen. Sticken ist ein Weg, ein sonst ruheloses Kind einmal für einige Zeit still zu beschäftigen. Die Fähigkeit, Muster zu erkennen, bereitet auf das Lesen vor.

• Kaufladen
Beim Spielen mit dem Kaufladen kann das Kind Erwachsene nachahmen, was es meist sehr gerne tut. Außerdem werden mathematische Fähigkeiten unterstützt.

• Verkleiden
Dies fördert Phantasie und Koordination. Durch Verkleiden übt das Kind das „normale" Anziehen – wichtig, wenn es zur Schule kommt.

Ein schwirrender Knopf

Sie brauchen einen starken Wollfaden oder eine dünne Schnur und entweder einen großen Knopf mit vier Löchern oder eine kleine Pappscheibe. Stechen Sie zwei gegenüberliegende Löcher in die Mitte der Scheibe, fädeln Sie die Wolle oder Schnur hindurch. Bei einem Knopf führen Sie Faden oder Schnur durch zwei diagonal gegenüberliegende Löcher. Lassen Sie auf einer Seite eine Schlinge, machen Sie auf der anderen Seite einen Knoten und eine zweite Schlinge. Halten Sie in jeder Hand eine Schlinge und drehen und ziehen Sie daran, bis der Knopf wirbelt und schwirrt.

Schneesturm

Sie benötigen eine kleine Plastikfigur (ein Schneemann wäre ideal), ein verschließbares Gefäß und genügend Glyzerin, um es zu füllen (Glyzerin gibt es in der Apotheke). Kleben Sie die Figur auf die Innenseite des Deckels. Füllen Sie das Gefäß mit Glyzerin. Geben Sie Glitter dazu, schließen Sie den Deckel und schütteln Sie.

Beachten Sie, daß auch viele der auf den Seiten 88–93 beschriebenen Aktivitäten die Geschicklichkeit Ihres Kindes fördern.

KAPITEL 5

Kreativität lernen

Wenn ein Kind damit beginnt, zu zeichnen, hält es den Stift fest gegen das Papier gepreßt und bewegt seine Hand in kreisförmigen Bögen, um ein kurviges Gekritzel zu hinterlassen. Einige Zeit später nimmt es den Stift zwischendurch auch einmal hoch und fügt seinem Gekritzel Linien und Punkte hinzu. Seine Zeichnungen haben außer der Freude über etwas selbst Fabriziertes keine Bedeutung. Auch seine erste Figur ist vermutlich nicht bewußt entstanden. Es führt die Hand im Kreis, macht seine üblichen Punkte und Linien und findet, daß es aussieht wie eine Person. Dies gefällt ihm (und Ihnen), also versucht das Kind es erneut. Die Zeichnungen Ihres Kindes geben Ihnen einen einzigartigen Einblick in seine Sicht der Welt. Anfangs ist der wichtigste Aspekt, daß jede Figur, die es malt, alles hat, was es als wichtige Körperteile erachtet.

Meilensteine auf dem Weg zur Kreativität

Die Zeichnungen Ihres Kindes

1½-2 Jahre

- Sein Gekritzel soll nichts Besonderes darstellen, ist aber auch nicht rein zufällig. Schnörkel auf der linken Seite werden auf der rechten ausgeglichen.

2-2½ Jahre

- Es setzt sich nicht hin, um etwas Bestimmtes zu malen. Wenn Sie Ihr Kind fragen, was es gemalt hat, schaut es auf und sagt Ihnen dann, was es glaubt, daß das Bild darstellt. Wenn Sie es am nächsten Tag zum selben Bild befragen, bekommen Sie womöglich eine ganz andere Antwort.

2½-3 Jahre

- Das Kind sagt Ihnen, was es malen möchte, bevor es damit beginnt. Wenn es allerdings beim Malen glaubt, daß das Bild etwas anderes darstellt, ändert es seinen Plan.

3-3½ Jahre

- Seine Zeichnungen beinhalten nun Kreise, Rechtecke, Kreuze, Linien und Punkte, die auf verschiedene Art kombiniert werden.
- Punkte und Kreuze sind oft in Kreise eingeschlossen, Linien entspringen aus Kreisen wie bei einer typischen Sonne von Kindeshand.
- Hat das Kind einmal bemerkt, daß seine Zeichnung einem menschlichen Gesicht ähnelt, beginnt es dies absichtlich zu wiederholen. Aus der Grundfläche kommen Linien als Beine, zwei – vielleicht auch drei – winzige Punkte oder Kringel bezeichnen die Augen. Oft zeichnet das Kind zu viele Beine und ordnet Teile falsch an.
- Es ist wichtiger, die Teile im Bild unterzubringen, als sie an der richtigen Stelle anzuordnen.

3½-4 Jahre

- Vielleicht fehlen einige Teile, die gezeichneten sind aber am richtigen Platz. Es mag noch kein richtiger Körper sein, doch die Beine ragen nach unten heraus und die Arme nach der Seite.

4-5 Jahre

- Seine Zeichnungen werden sorgfältiger ausgearbeitet. Wenn ein neues Detail dazukommt, ist es groß und nicht unbedingt in der richtigen Anzahl vorhanden. So können Menschen drei enorme Finger haben, ein Haus kann zu viele Fenster haben.
- Das Kind malt eher Kreise als Punkte für die Augen und fügt Haare, Hals, Knie und Knöpfe hinzu.

5-6 Jahre

- Die Zeichnungen werden belebter, sind aber immer noch eher Ausdruck dessen, was das Kind sieht, als Abbilder der Realität. „Mein Haus“ mag vier Fenster und eine Tür haben, obwohl das Kind in einer Wohnung lebt.
- Vielleicht malt es ein Baby im Bauch der Mutter. Wenn ein Mann auf einem Hocker sitzt, zeichnet es den ganzen Hocker und den Mann schwebend darüber.

Umgang mit anderen Medien	Wie Sie helfen können
• Das Kind liebt es, Ton und Spielteig eher zu fühlen als zu benutzen. Es knetet ihn zwischen seinen Händen.	• Geben Sie ihm Papier und einen kurzen dicken Farbstift oder einige Farbklümpchen auf einem Tablett, die es mit den Fingern verteilen kann. • Lassen Sie es Spielteig fühlen. • Loben Sie seine Fortschritte.
• Es setzt sich nicht hin, um etwas Bestimmtes fertigzustellen, sondern ist zufrieden mit Rollen und Schneiden. 	• Es malt vielleicht immer noch am liebsten mit Händen und Fingern, beginnt jetzt aber auch Gefallen an einem dicken Pinsel zu finden. • Eine Farbe reicht ihm beim Zeichnen, Malen und Spielteigkneten vollkommen aus.
• Es beginnt, Sachen herzustellen, seine Pläne sind allerdings noch fließend. Das Tun ist wichtiger als das Fertigstellen.	• Es liebt, über eine Auswahl an Farben zu verfügen. • Es erwartet, daß Sie seine Werke ausstellen. Dies ist das beste Lob.
• Es kann kleine Stücke vom Spielteig abbrechen und wieder zusammenkneten oder auch rollen. • Es kann zwar schon eine Form benutzen, bleibt aber fasziniert allein vom Material und rollt, preßt und schneidet. • Wenn es mit einem neuen Material konfrontiert wird, etwa mit Ton, erforscht es dieses durch Drücken und Schneiden. 	• Es liebt neue Materialien/Methoden: Hantieren mit Ton, den Umgang mit kleinen Malpinseln, Abdrücke machen.
• Es formt aus Kugeln und Würsten Menschen. • Es drückt Kugeln flach und legt Würste auf den Teller. • Vielleicht möchte es das, was es angefertigt hat, aufbewahren.	• Das Kind stellt Spaghetti oder Haare aus Spielteig her. • Es zeichnet zwar mit Stiften genauer, als es mit dem Pinsel malt, braucht aber Übung in beiden Fertigkeiten. • Es beginnt, sein Gekritzel zu Buchstaben zu formen.
• Seine Modelle werden sorgfältiger ausgearbeitet. • Es formt eine Gruppe von Menschen und erforscht, was geschieht, wenn man Farben vermischt.	• Eine neue Technik kann es für längere Zeit fesseln. • Seine Zeichnungen werden sorgfältiger ausgearbeitet. • Stellen Sie seine Werke im ganzen Haus aus, nicht nur im Kinderzimmer. • Es schreibt vielleicht seinen Namen auf das Bild.
• Es beginnt, andere Materialien zum Modellieren zu verwenden und möchte seine Modelle aufbewahren. • Kurz vor dem 7. Geburtstag kann es Anweisungen zum Basteln einfachen Schmuckes folgen, kompliziertere Formen benutzen und Farben mischen.	• Neue Techniken können das Interesse eines Kindes, das nicht gerne malt, wecken. Die Anforderungen in der Schule lösen teilweise das Malen zu Hause ab. • Wenn sich Ihr Kind nicht gerne auf diese Weise ausdrückt, ist dies seine Sache. Ein Kind, das gerne malt, sollten Sie jedoch dazu ermuntern, seine Fähigkeiten zu verbessern.

Wie Kinder zeichnen lernen

Kleine Kinder zeichnen nicht, was sie sehen. Zeichen auf Papier zu bringen ist aber eine der bevorzugten Aktivitäten im Vorschulalter

Es spielt keine Rolle, ob Sie es jemals schaffen werden, ein Stück Holz sauber zu hobeln, aber es gibt doch einige Werkzeuge, deren Gebrauch jeder erlernen muß. Eßbesteck und Schreibgeräte stehen dabei ganz oben auf der Liste. Während es relativ wenig Geschick voraussetzt, mit Gabel oder Löffel zu essen, erfordert die präzise Handhabung eines Federhalters doch eine Menge Übung. Selbst wenn das Kind durch Zeichnen nichts anderes lernt, als einen Stift über Papier zu führen, wäre es immer noch ein wichtiger Anteil an seiner Entwicklung.

Kinder können beginnen, Zeichen auf Papier zu malen, sobald sie einen Stift halten können. Zu erkennen sind ihre Werke aber kaum vor dem 3. Lebensjahr. Frühes Zeichnen ist eine hervorragende Übung für das Handgelenk. Es vermittelt dem Kind die Erkenntnis, daß es selbst etwas bewerkstelligen kann. Wenn Sie sein Gekritzel an der Wand aufhängen, zeigen Sie ihm, daß es etwas Wichtiges angefertigt hat. Dagegen verschwinden so viele andere Spiele von ihm abends einfach im Schrank.

Geschwungene Linien und Punkte charakterisieren die ersten Zeichnungen des Kindes. Alles, was Sie tun müssen, ist, Papier und einige Farbstifte bereitzustellen und nicht zu weit wegzugehen.

Fragen Sie Ihr Kind manchmal, was es gemalt hat, aber drängen Sie es nicht, immer zu antworten. Es malt nichts Bestimmtes und wird durch die Unterbrechung vielleicht gestört.

Bögen und kleine Schnörkel
Kinder malen anfangs zwei Zeichentypen: große bogenförmige Striche und kleinere Schnörkel, die möglicherweise zum „Ausbalancieren“ des Bildes dienen. Kinder wollen nämlich meist die linke und die rechte Seite des Papiers etwa gleich voll haben. Mit etwas Ermunterung wird aus diesen Schnörkeln später einmal eine Schrift (s. S. 226–227).

Den Stift vom Papier nehmen
Die erste Veränderung, die man bei einem kleinen Kind, das zeichnet, beobachten kann, ist, daß es immer öfter den Stift zwischendurch einmal vom Papier hochnimmt. Anfangs wird ein durchgehendes schleifenförmiges Gebilde durch zwei oder drei geschwungene Systeme ersetzt, die sich teilweise überlagern. Allmählich wird der Stift aber immer häufiger hochgenommen, und kurze Linien, kleine Schleifen, Punkte und Kreuze erscheinen auf dem Papier.

In diesem Stadium setzt sich das Kind nicht hin, um etwas Bestimmtes zu zeichnen. Wenn Sie es fragen, was es gezeichnet hat, schaut es erst auf und erläutert dann, was es zu sehen meint. Am nächsten Tag könnten Sie auf die gleiche Frage zum selben Bild eine andere Antwort erhalten.

Einen bestimmten Gegenstand zeichnen
Erst mit etwa 3 Jahren beginnt das Kind, seine Zeichnungen zu planen. Allerdings wird es leicht abgelenkt. Wird aus einem Bild, das anfänglich wie ein Mann aussieht, eine Katze, ändert das Kind den ursprünglichen Plan. Es neigt dazu, immer einen Abschnitt für sich fertigzustellen, ohne dabei viel Wert auf Größe und Position zu legen. Sein „Gesicht“ mag nicht mehr sein als ein schnörkeliges Gebilde in einer Ecke eines großen, mißgeformten Kopfes.

Mit etwa 3½ Jahren kann das Kind große Kreise, Vierecke, Kreuze, Linien und Punkte in verschiedenen Variationen kombinieren. Punkte und Kreuze sind oft in Kreise eingeschlossen, und es mag sie als Menschen, Tiere oder sogar Häuser bezeichnen. Linien entspringen aus Kreisen, um die Sonne abzubilden oder auch einen Mann, der mit seinen vielen, aus dem Kreisboden sprießenden Beinen einer Qualle ähnelt.

Strichmännchen
Hat es einmal erkannt, daß seine Komposition wie ein menschliches Gesicht aussieht, beginnt es, dies absichtlich zu wiederholen. Linien kommen unten als Beine heraus, und es macht zwei – oder vielleicht auch drei – Punkte oder winzige Kreise als Augen. Anfangs zählt das Kind die Körperteile nicht. Wenn es Interesse daran hat, Beine zu malen, findet man auf der Zeichnung evtl. vier oder fünf von ihnen.

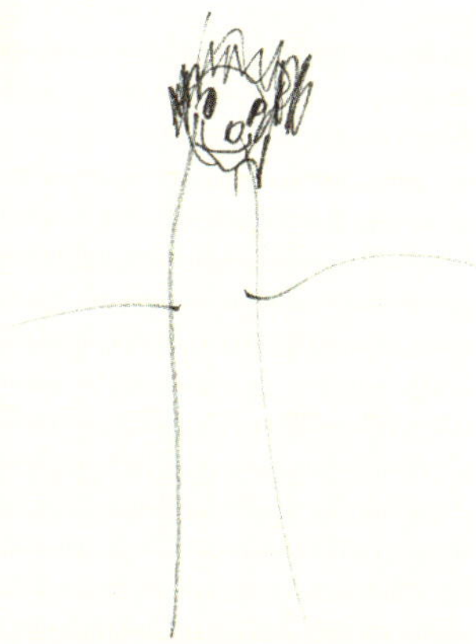

Auch die korrekte Anordnung der Körperteile ist nicht so wichtig. Arme entspringen aus Köpfen. Wenn es beginnt, dem Kopf einen Körper anzufügen, entspringen sie auf Hüfthöhe.

Zeichnungen werden erkannt

Im Alter von 4 Jahren sind die meisten bedeutenden Merkmale in einer Zeichnung enthalten und an der richtigen Stelle positioniert

Um den 4. Geburtstag herum kann man die Zeichnungen des Kindes immer besser erkennen. Weiterhin können Details wie Hals oder Füße fehlen, aber die grundlegenden Elemente sind vorhanden: Die Haare wachsen auf der Spitze des Kopfes, die Augen liegen oberhalb des Mundes, und die Beine kommen immer aus dem unteren Teil des Körpers. Arme können noch fehlen oder mit dem Körper auf Taillenhöhe verbunden sein.

Wer zählt?

Ihr Kind malt, was es interessiert. Hat es neue Schuhe bekommen, wird Schuhwerk in auffälliger Weise seine nächsten Zeichnungen zieren. Die Wichtigkeit neu hinzugekommener Elemente wird durch ihre relative Größe demonstriert. Finger sind riesig, Haarbänder größer als der Kopf. Es zählt nicht immer richtig, und deshalb können seine Figuren drei Finger an der einen und sechs Finger an der anderen Hand haben.

Zeichnen, was da sein sollte

Kinder zeichnen nicht, was sie sehen, sondern was sie denken, das vorhanden sein sollte. Wenn das Kind z. B. eine Katze von der Seite malt, muß sie immer noch vier Beine haben, auch wenn dies bedeutet, daß zwei unter den Bauch oder auf den Rücken des Tieres „ausweichen" müssen. Beim Zeichnen eines Elefanten sind Kinder sich nie ganz sicher, wo der Rüssel hin soll. Das Gesicht muß frontal stehen (wie alle Gesichter, auch wenn das Tier von der Seite gezeichnet wird), aber dies erschwert die Positionierung des Rüssels.

Was Kinder zeichnen

Da Kinder immer alles in ein Bild packen müssen, was da sein sollte, haben ihre Zeichnungen eine gewisse Ähnlichkeit. Eine Katze hat zwei spitze Ohren und jede Menge Schnurrhaare, weil dies eben eine Katze charakterisiert. Sonnen haben viele Strahlen, Häuser haben vier Fenster und eine Türe in der Mitte. Wenn Sie Ihr Kind eine Tasse zeichnen lassen, deren Henkel vom Kind weggedreht ist, erscheint er trotzdem auf dem Bild.

Häuser auf Hügeln

Kleine Kinder sind vollkommen auf den Teil der Zeichnung konzentriert, den sie gerade ausführen. Wenn sie z. B. einen Kamin auf ein schräges Dach setzen, neigen sie dazu, ihn senkrecht auf die Dachschräge zu stellen. Nahe beieinanderliegende Linien verlaufen meist parallel. Wenn das Kind die Mauern des Hauses nicht senkrecht zeichnet, richten sich Fensterrahmen und nahegelegene Bäume danach aus und nicht nach den Rändern des Blattes. Am deutlichsten fällt dies auf, wenn Sie Ihr Kind auffordern, ein Haus auf einem steilen Berg zu zeichnen.

Jungen und Mädchen

Die Bilder von Jungen sind durch stärkeres Ausnutzen auch der Bildränder gekennzeichnet. In Bildern von Mädchen ist das Hauptthema oft von der Mitte aus leicht nach links verschoben (vor allem, wenn es sich um eine Person handelt). Der Rest der Szene wird darum herum gruppiert. Bilder von Jungen haben oft zwei oder drei Brennpunkte – etwa drei Flugzeuge. Jungen zeichnen jede Menge aktive Details, während Mädchen die Bühne eher „ausschmücken".

Zeichnen, was es sieht

Zwischen dem 5. und 7. Lebensjahr werden in den Zeichnungen immer öfter Szenen abgebildet, die mehr als ein Element zeigen. Häuser werden in Gärten gesetzt, Autos auf Straßen und Flugzeuge in einen bewölkten Himmel. Noch immer sind sie aber eher Symbole dessen, was das Kind sieht, als Abbilder der Wirklichkeit. Blumen können so hoch wachsen wie das Haus, ein Hocker ist ein Kreis auf drei Beinen, und der Mann schwebt darüber. Das Alter, in dem ein Kind beginnt, zu zeichnen, was es sieht, variiert stark. Im Alter von etwa 9 Jahren jedenfalls stellen die Zeichnungen meist genauere Abbilder der Realität dar.

FRAGE UND ANTWORT

Kennen Sie kreative Aktivitäten für ein paar Jungen, die nie still sitzen?

Könnten Sie Flugzeuge aus Papier falten? Oder vielleicht Handschuhmarionetten basteln, indem Sie Haare und Augen auf alte Socken befestigen? Oder Gesichter auf Pappteller malen, die Teller mit der unteren Fläche auf einem Stock befestigen, und sie als Figuren in einer Geschichte benutzen? Eine andere Möglichkeit wäre, ein Auto, einen Zug oder ein Boot aus Pappkartons zu bauen. Ein Auto bräuchte zusätzlich vier Reifen und ein Sitzkissen, ein Spiellenkrad würde es vervollständigen. Malen Sie den Karton mit heller Plakatfarbe an. Als Räder befestigen Sie vier silberne Tortenplatten mit Reißnägeln. Sie können den Karton auch mit Küchenfolie überziehen und große Räder aus Karton schneiden.

Aus einem großen und einem kleineren Pappkarton können Sie ein Roboterkostüm basteln. Dabei muß der kleinere Karton über den Kopf, der größere über den Körper passen. Schneiden Sie ein Loch in der Größe des Gesichts in den kleineren Karton, damit das Kind heraussehen kann. Machen Sie Löcher für die beiden Arme und den Kopf in den größeren. Ziehen Sie Folie darüber, falten Sie sie an den Rändern um und befestigen Sie sie mit Klebeband. Bringen Sie Kronkorken, Flaschenkorken und Wählscheiben aus Karton an, und das Roboterspiel im Weltraum kann beginnen.

Die Auswahl der Materialien

Was man als Grundausstattung zum Malen, Zeichnen und Modellieren braucht

Ein Holz- oder Plastikbrett, einige Teigroller und Ausstechformen genügen Ihrem Kind als Spielteig-Ausrüstung. Der Teig ist schnell in Ihren Teppich eingetreten; achten Sie also darauf, daß Ihr Kind am Tisch arbeitet. Wenn es auf dem Boden spielt, kann ein großes Serviertablett mit Rand die Manscherei in Grenzen halten.

Einen Teil der Grundausstattung zum Malen und Modellieren können Sie selber herstellen, um die Kosten niedrig zu halten. Bedenken Sie auch, daß jüngere Kinder anfangs mit ein oder zwei Farben zufrieden sind. Wenn Sie mit den Primärfarben beginnen – Blau, Rot und Gelb –, können Sie Grün, Orange und Braun selbst mischen. Eine kleine Packung Farbstifte (acht oder zehn) ist genug. Wenn Sie einen großen Satz kaufen, werden vermutlich viele davon nicht benutzt.

Die Wahl der Stifte

Die besten Farbstifte für kleine Hände sind kurz und dick. Dünne brechen leicht ab, da Kinder viel zu stark aufdrücken. Wenn Ihr Kind dünne Linien malen möchte, sind Filzstifte besser geeignet. Achten Sie aber auf Wasserlöslichkeit. Bringen Sie Ihrem Kind bei, die Kappe wieder aufzustecken, sobald es den Stift nicht mehr braucht. Einige Kinder sind darin sehr gewissenhaft, dennoch sollten Sie sich am Ende der Malstunde davon überzeugen.

Farbe

Dick angerührtes Farbpulver ist für kleine Kinder am geeignetsten. Ältere Kinder können Wasserfarben verwenden. Farben können Sie auch selbst herstellen. Der einfachste Weg besteht darin, eine dünne „Soße" aus Mehl und Wasser mit Farbpulver oder Lebensmittelfarbe zu vermischen. Die fertige Farbe sollte von cremiger Konsistenz sein. Alternativ dazu können Sie eine Handvoll Seifenflocken (kein Reinigungsmittel) in Wasser lösen und Farbpulver oder Lebensmittelfarbe dazugeben.

Sie können Plakatfarbe in Pulverform oder gebrauchsfertig kaufen. Wasserfarben sind für kleine Kinder problematisch, weil sie sie zu naß verwenden.

Farbtiegel herstellen

Sie können die Kleckserei in Grenzen halten, wenn Sie Farben immer in auslaufsichere Gefäße geben. Diese können Sie in guten Spielwarenläden kaufen oder selbst aus leeren Spülmittelbehältern bzw. Wasserflaschen aus Kunststoff herstellen. Schneiden Sie das Oberteil der Flasche knapp unter der Schulter ab und entfernen Sie den Deckel. Schneiden Sie anschließend ein 10–15 cm langes Stück von der Flaschenbasis ab. Drehen Sie den Hals um, stellen Sie ihn in die Flaschenbasis und befestigen Sie ihn mit Kontaktkleber. Sie können diese Tiegel für Wasser oder Farbe verwenden.

Die Wahl der Pinsel

Es ist praktischer, für jede Farbe einen eigenen Pinsel zu haben. Kleinen Kindern reicht das Hantieren mit einer Farbe völlig aus, ältere brauchen aber zwei oder drei. Die Kleinsten kommen mit dicken Pinseln am besten zurecht, später stellen sie sich gerne der Herausforderung durch dünne Pinsel.

Andere Anwendungsformen
Make-up-Schwämmchen, zerknülltes Papier, Stofflumpen, abgeschnittene Stücke von Badeschwämmen, Baumwolltupfer und -bällchen, Finger, Hände und Füße – alles kann zum Auftragen von Farbe benutzt werden. Verwenden Sie Untertassen als „Palette“ (eine Packung Pappteller ist wirtschaftlich und spart das Abspülen) oder ein großes Serviertablett. Die Kinder tauchen die jeweiligen Applikatoren in die Farbe und übertragen diese auf Papier.

Papier
Malblöcke aus unterschiedlich gefärbtem Papier sind für künstlerische Betätigung bestens geeignet. Zum Malen können Sie Papierrollen speziell für Staffeleien kaufen. Oder Sie trennen Bögen von Papierrollen ab, benutzen die Rückseite von Tapetenresten oder Computerausdrucken (die allerdings schnell durchweicht sind, wenn Ihr Kind zuviel Farbe aufbringt). Zum Zeichnen eignen sich die Rückseiten großer Briefumschläge.

Die Herstellung eines Modells aus Pappmaché erfüllt Ihr Kind mit Stolz angesichts der eigenen Leistung. Lassen Sie das Modell an einem warmen Ort trocknen. Anschließend kann Ihr Kind es anmalen und verzieren.

MODELLIERMATERIALIEN

Fertige Modelliermasse kann teuer sein und leicht austrocknen, wenn Ihr Kind nicht sorgfältig damit umgeht. Auch haben Kinder einen großen Verbrauch. Die Masse kann einfach und billig selbst hergestellt werden.

• Salzteig machen
Mischen Sie gleiche Teile von Salz und Mehl mit etwas Speiseöl und ausreichend Wasser zu einem Teig. Kneten Sie ihn, bis er weich und dehnbar ist.

Dieser Teig kann im Backofen gehärtet werden, braucht aber anschließend noch einige Stunden, um völlig auszuhärten. Er kann bemalt und lackiert werden. Der Teig hält sich in einer Plastiktüte über Wochen, da ihn das Salz konserviert.

• Spielteig machen
Spielteig enthält weniger Salz als Salzteig. Er kann nicht getrocknet und bemalt werden. Mischen Sie ein Teil Salz mit drei Teilen Mehl und geben Sie Speiseöl und Wasser wie beim Salzteig dazu. Unterschiedliche Ölmengen und das Erwärmen der Mischung vor dem Kneten ergeben Variationen in der Konsistenz.

Zum Einfärben des Teigs können Sie Farbpulver oder Lebensmittelfarbe verwenden, einige Tropfen Duftessenz (Minze, Rosenwasser oder Vanille machen sich gut) verleihen ihm Wohlgeruch. In einer Plastiktüte hält er sich wegen des Salzanteils fast unbegrenzt.

• Pappmaché
Zerreißen Sie etwa 40 Seiten Zeitungspapier in kleine Stücke. Sammeln Sie diese in einem Eimer, geben Sie Wasser zu und lassen Sie sie für 24 Stunden vollsaugen. Gießen Sie den Überstand ab und drücken Sie überschüssiges Wasser aus.

Rühren Sie eine Tasse Tapetenkleister entsprechend den Angaben des Herstellers an (achten Sie darauf, daß keine Fungizide enthalten sind). Kneten Sie Kleister und Papier zu einer Masse von lehmartiger Konsistenz.

• Formen ummanteln
Rühren Sie eine kleine Schale Tapetenkleister an. Reißen Sie eine Zeitung in Streifen. Bestreichen Sie die Form – Ballons und Blumentöpfe sind anfangs am einfachsten – mit Fett. Tränken Sie die Papierstreifen mit Kleister und legen sie so auf die Form, daß sie leicht überlappen. Bedecken Sie die Form vollständig und lassen Sie diese Schicht trocknen. Tragen Sie eine zweite Schicht auf, lassen sie trocknen und tragen die nächste auf. Meist braucht man sechs oder sieben Schichten. Lassen Sie das Werk einige Tage lang an einem warmen Ort austrocknen. Zerstechen Sie den Ballon oder nehmen Sie den Blumentopf heraus. Das Modell kann jetzt bemalt werden.

Modelle aus Pappmaché sollten nicht in Wasser eingetaucht und auch nicht mit Wasser gefüllt werden.

Zeichnen und Malen

Einige Anregungen dafür, wie Sie mit Ihrem Kind auf unkonventionelle Weise zeichnen und malen können

Kinder lieben Malen und Zeichnen und auch die Gelegenheit, die Fortschritte ihrer Fertigkeiten vorführen zu können. Für anspruchsvollere Techniken brauchen sie aber Ihre Hilfe.

Spritzbilder

Das Kind taucht den Pinsel in nicht zu dicke Farbe, hält ihn über das Papier und klopft gegen ihn. Legt man vor dem Spritzen aus Karton ausgeschnittene Schablonen – zum Beispiel Mond, Sterne oder Tiere – auf das Papier, so ergeben sich interessante Effekte. Diese können später ausgemalt oder auch leer gelassen werden. Das Endprodukt eignet sich gut als Geschenkpapier.

Blätterdruck

Sammeln Sie einige Pflanzenblätter. Tragen Sie eine nicht zu dicke Farbschicht auf die Oberfläche eines Blattes auf und legen Sie es mit der bemalten Seite nach unten auf einen Bogen Papier. Legen Sie einen anderen Bogen darüber und pressen Sie leicht. Nehmen Sie das Blatt vorsichtig ab. Wenn es zu verschmiert ist, versuchen Sie es noch einmal.

Kartoffeldruck

Schneiden Sie eine Kartoffel in der Mitte durch und stechen Sie aus der Schnittfläche eine einfache Form – Stern, Herz, Blume – heraus. Tragen Sie Farbe auf und pressen Sie die Kartoffel auf ein Blatt Papier. Ein Druck mit dicker Farbe auf Seidenpapier ergibt ein schönes Geschenkpapier.

Blasmalerei

Rühren Sie eine dünne Mixtur aus Farbpulver und Wasser an und geben Sie einige Seifenflocken dazu. Gießen Sie die Mischung auf ein Tablett. Geben Sie Ihrem Kind einen Strohhalm und lassen es die Farbe verblasen. Zwei Farben, die miteinander vermischt eine dritte ergeben, etwa Blau und Gelb, bringen reizvolle Ergebnisse.

Wenn Sie ein bleibendes Ergebnis wünschen, legen Sie ein Blatt leeres Papier darauf und reiben leicht darüber.

Teigbilder

Rühren Sie einen dicken Mehlteig an (s. S. 86). Verkneten Sie ihn mit Lebensmittelfarbe und formen Sie ihn auf dickem Papier. Strukturieren Sie die Oberfläche mit einem Kamm oder einer Gabel.

Kratzbilder

Tragen Sie auf dickes Papier oder auf Karton schichtweise Wachsmalkreide auf. Beginnen Sie mit hellen Farbtönen und arbeiten sich bis zu einer dunklen Farbe wie Braun oder Schwarz durch. Ihr Kind kann dann mit einem stumpfen Bleistift Muster in die Schichten kratzen, die die unterschiedlichen Farben freilegen.

Faltbilder

Machen Sie einen Kniff in die Mitte eines Papierbogens. Lassen Sie Ihr Kind ein Muster auf die eine Seite des Kniffes malen, falten Sie den Bogen im Kniff und streichen Sie ihn glatt. Wenn Sie das Blatt öffnen, haben Sie ein symmetrisches Bild.

Sie können die Technik variieren, indem Sie verschiedene Töne dicker Farbe auf beide Seiten des Kniffes tropfen. Falten Sie das Papier und streichen Sie die Farbe glatt, vor allem die dickeren Stellen. Falten Sie es auseinander wie zuvor.

Hand- und Fingermalerei

Die einfachste Art zu „malen" besteht darin, einige Tropfen dicker Farbe auf ein großes Tablett zu tropfen. Lassen Sie Ihr Kind die Farbe mit Händen und Fingern zu interessanten Mustern und Formen verteilen. Wenn Sie ein bleibendes Ergebnis wünschen, machen Sie einen Abdruck. Ein älteres Kind wird „richtige" Malerei mit Fingerfarben bevorzugen.

Schraffieren

Legen Sie einige Münzen unter ein Blatt Papier und reiben Sie mit einem weichen Bleistift oder mit Wachsmalkreide darüber. Sie können Schraffierungen von allen Dingen herstellen, die eine geprägte rauhe Oberfläche haben, also von Baumrinde, strukturierten Blättern, Knöpfen, Kordsamt und anderen Arten von grobem Gewebe.

Schwammbilder

Zeigen Sie Ihrem Kind, wie man die Schwämmchen in die Farbe taucht, den Überschuß auf alter Zeitung abstreift und sie auf das Papier aufbringt. Leichte Berührung wirkt am besten. Die Ergebnisse sind besser, wenn Sie für jede Farbe ein eigenes Schwämmchen verwenden.

WAS IHR KIND LERNT

• Hand- und Fingermalerei
Dies ist etwas ganz anderes, als einen Buntstift oder Pinsel zu halten, und vermittelt eine wertvolle Tasterfahrung. Es ist auch eine herrliche Schmiererei, die Kinder lieben und brauchen.

• Blätter- und Kartoffeldruck
Eine gute Einführung zum Erkennen von Formen.

• Schraffieren
Schraffieren macht die Dimension unterschiedlicher Strukturen deutlich. Außerdem erfordert es präzise Handarbeit, einen kleinen Gegenstand nachzubilden.

• Spritzbilder und Blasmalerei
Sie machen Spaß, lehren das Kind aber auch, Bewegungen zu kontrollieren: Zu heftiges Spritzen erzeugt eine Kleckserei, und zu starkes Pusten bringt die Linien außer Kontrolle. Werden mehrere Farben verwendet, kann man sehen, wie sie sich vermischen.

• Faltbilder
Hier lernt Ihr Kind etwas über Symmetrie: daß die Abbildung auf der einen Seite ein Spiegelbild derer auf der anderen Seite darstellt. Sie haben auch einen gewissen Überraschungseffekt: Man weiß nie genau, wie das Kunstwerk aussieht, bevor man es auseinanderfaltet.

Teig und Ton

Die Beziehung Ihres Kindes zu und seine Freude an Teig und Ton ändert und entwickelt sich

Kleine Kinder lieben Spielteig über alles, und auch größere greifen ab und zu noch gerne darauf zurück. Ältere Kinder haben aber auch viel Freude an einer größeren Auswahl an Modellier-Materialien.

Rollen und Schneiden

2- und 3jährige möchten meist keine bestimmte Form aus Teig herstellen. Sie sind zufrieden damit, ihn zu kneten, zu rollen und zu schneiden. Sie können kleine Nudelhölzer in Spielwarenläden kaufen oder alternativ kurze Stücke von Besenstielen oder Vorhangstangen absägen. Denken Sie aber daran, die Kanten zu schleifen, bis sich keine Holzsplitter mehr lösen können. Benutzen Sie gewöhnliche Ausstechformen oder kaufen Sie kleine Versionen im Handel. Sie brauchen auch ein stabiles Plastikmesser und ein Brett.

Ein Kind, das Ausstechformen für Spielteig verwendet, kann dies auch mit Plätzchenteig. Besorgen Sie Korinthen oder Schokoladendrops als Augen für Tiergestalten. Ein 4jähriges Kind kann auch mehrere Formen mit Marmelade übereinanderkleben und nach dem Backen genießen.

Abdrücke nehmen

Ton eignet sich für Abdrücke besonders gut, Sie können aber auch Salzteig verwenden. Rollen Sie den Teig zu glatten runden Bällen etwa von der Größe eines Golfballs. Pressen Sie die Bälle gegen strukturierte Oberflächen wie Wände, Baumrinde oder Schuhsohlen. Die Muster können getrocknet werden. Sie können den Teig auch ausrollen und verschiedene Objekte als Muster hineindrücken.

Bleibende Objekte herstellen

Ein kleines Kind hat beim Modellieren in erster Linie Spaß am Umgang mit dem Material. Ältere Kinder stellen aber gerne etwas her, was sie aufbewahren können. Es gibt etliche unterschiedliche Materialien zum Modellieren: Gips, Fimo, verschiedene Arten von leicht trocknendem Ton (einige gebrauchsfertig, andere zum Anrühren), Salzteig und Papiermaché (s. S. 87).

Arbeiten mit Salzteig

Salzteig eignet sich hervorragend zur Herstellung vieler Dinge, die im Kaufladen benutzt werden können. Nehmen Sie kleine Formen für Kuchen oder stechen Sie drei kleine Rechtecke aus, die sich zu einem Sandwich zusammenlegen lassen. Sie können Lebensmittelfarbe zum Teig geben, beim Backen verblaßt sie etwas. Ihr Kind wird die Modelle nach dem Backen vielleicht lieber anmalen.

Arbeiten mit Gips

Sie können Trockengips zum Anrühren zusammen mit flexiblen Formen im Spielwarenhandel erwerben. Für Vorschulkinder sind diese Arbeiten ohne Hilfe zu schwierig, zusammen mit Erwachsenen oder älteren Geschwistern haben sie aber viel Freude daran. Kleinen Kindern imponiert vor allem das professionelle Aussehen der fertigen Figuren.

Arbeiten mit Papiermaché

Papiermaché kann wie Ton und Salzteig zum Herstellen von Figuren, Tieren, Puppenmöbeln und -nahrung verwendet werden. Zwar muß es einige Zeit trocknen, es muß aber nicht gebacken werden. So kann ein älteres Kind auch große Modelle herstellen. Für große Modelle beginnen Sie damit, das Papiermaché auf eine Ausgangsform aufzutragen. Soll diese Form später entfernt werden, benutzen Sie die auf Seite 87 beschriebene Technik. Andernfalls kann Ihr Kind auch einfach einen Pappkarton als Basis verwenden. Die Modelle können nach dem Austrocknen bemalt oder auch lackiert werden. Bedenken Sie aber, daß größere Modelle bis zu eine Woche lang zum vollständigen Austrocknen benötigen können.

Arbeiten mit Ton

Ton fühlt sich herrlich an. Arbeiten mit Ton ist aber eine recht schmierige Angelegenheit. Wenn Sie einen geeigneten Platz haben – Sie könnten im Sommer den Garten benutzen –, ist es eine wunderschöne Beschäftigung.

WAS IHR KIND LERNT

• Abdrücke nehmen
Dies vermittelt eine erste Vorstellung von Gegenteil, Spiegelbild und Negativ. Der Eindruck im Teig stellt das Gegenteil dessen dar, was es hineingedrückt hat. Aus prominenten Anteilen werden Vertiefungen, aus Tälern Hügel. Das Original und sein Abdruck passen ineinander wie Schlüssel und Schloss. Abdrücke nehmen eignet sich auch ideal für Kinder, die nicht wissen, was sie formen sollen, oder die mit Ihrem Modell nicht zufrieden sind.

• Bleibende Objekte herstellen
Dies erweckt ein Gefühl für die eigene Leistungsfähigkeit. In späteren Jahren kann das Kind auf seine frühen Werke zurückblicken. Modellieren verbessert das räumliche Vorstellungsvermögen, das das Kind benötigt, wenn es dreidimensionale Objekte herstellen will.

• Ton, Salzteig, Papiermaché
Alle Modellier-Materialien verhalten sich unterschiedlich. Ihr Kind lernt, seine Techniken an das jeweilige Ausgangsmaterial anzupassen. Modellieren fördert die Phantasie und ermöglicht wunderbare Berührungserfahrungen.

Aufstreuen und Aufkleben

Das Anfertigen von Collagen bietet eine gute und zudem lustige Möglichkeit, Ihr Kind mit einer Fülle von Materialien bekannt zu machen

Für Collagen können Sie fast jedes Material verwenden, sammeln Sie also, was anfällt. Nichts frustriert mehr, als zu wissen, daß man etwas weggeworfen hat, was das Meisterwerk des Kindes perfektioniert hätte.

MATERIAL FÜR COLLAGEN

• Papier und Pappe
Leere Toilettenpapier- und Küchentuchrollen; Eierschachteln; Reste von Seiden-, Krepp- oder Geschenkpapier; leere Rollen von Alufolie

• Haushaltsartikel
Alte Knöpfe und Schnürsenkel; Stoffreste; Wattebäuschchen; Wollreste

• Von draußen
Federn; Kieselsteine; Schneckenhäuser; Blätter

• Aus Ihrem Vorratsschrank
Linsen; Erbsen und andere getrocknete Hülsenfrüchte; Kakao; Mehl

• Was Sie kaufen können
Glitter; Papierklebepads; einige Pailletten

• Kleber und Kleister
Am einfachsten zu handhaben ist Klebstoff aus einer Flasche mit eingebautem Applikator. Das Kind kann ihn genau am richtigen Ort verteilen. Alternativ dazu können Sie Kleister aus einer Handvoll Mehl, aufgelöst in kaltem Wasser, anrühren. Geben Sie erst das Wasser in die Schüssel und fügen Sie das Mehl unter ständigem Rühren hinzu, bis eine dicke Paste entsteht. Mit einem mitteldicken Pinsel läßt sie sich am besten auftragen.

Einfaches Aufstreuen

Lassen Sie Ihr Kind Kleber oder leicht angefärbten Kleister gleichmäßig über ein Blatt Papier verteilen (auch andere Klebersorten sind verwendbar; bei transparenten Klebern ist es aber schwierig zu entscheiden, ob sie überall verteilt sind). Nun streut es einfach Dinge auf das klebrige Papier. Glitter, Kakao, Sand, Zucker, Linsen, Pailletten, Eierschalen, Reis oder Papierschnitzel eignen sich gut. Schwerere Dinge wie Linsen oder Erbsen erfordern eine dickere Kleberschicht.

Phantasievolles Aufstreuen

Umfahren Sie mit einem Bleistift verschiedene Formen auf Papier und tragen Sie im Inneren der Umrisse sorgfältig Klebstoff auf. Bestreuen Sie das Papier. Schütteln Sie alles überschüssige Material ab, sobald der Klebstoff trocken ist. Sie können auch nach ähnlichem Prinzip gefertigte Sets kaufen, die vorgezeichnete Bilder zum Auftragen von Klebstoff und Tütchen mit unterschiedlich gefärbtem Sand enthalten.

Phantasievolles Aufstreuen funktioniert auch umgekehrt. Verteilen Sie Kleister über das Papier und stellen Sie eine Tasse darauf. Streuen Sie Glitter oder Kakao über das Papier und entfernen Sie anschließend die Tasse. Der freie Platz kann bleiben, wie er ist, oder mit kleinen Papierschnitzeln gefüllt werden.

Kleben

Dinge an einer bestimmten Stelle mit Kleber zu befestigen, fällt Kindern schwerer als Aufstreuen. Das Problem ist, daß Kinder das, was sie kleben, meist ansehen möchten und deshalb den Kleber immer auf der Vorderseite auftragen. Sie können Abhilfe schaffen, indem Sie dem Kind vorschlagen, das Objekt erst mit der Vorderseite nach unten auf einen Papierrest zu kleben. Nach einiger Zeit wird der überschüssige Kleber dann auf die Vorderseite des Bildes, das es gerade beklebt, durchdringen.

Ein großes Bild

Malen Sie ein einfaches Bild auf ein großes Blatt Papier. Sollte Ihnen dies nicht so sehr liegen, können Sie auch Zeitung auf dem Tisch auslegen, Ihr Papier ausbreiten, ein Poster darüberlegen und die Konturen unter starkem Druck nachfahren. Der gut sichtbare Abdruck kann dann nachgezeichnet werden. Wählen Sie einfache Formen: ein Kaninchen, ein Auto oder einen Zug. Suchen Sie jetzt Ihre Materialien zusammen. Watte ist gut als Pelz, gewaschene und zerbröckelte Eierschalen geben eine gute Haut und Wolle eignet sich für Haare. Der Rest kann aus Stoff- und Papierstreifen erstellt werden. Tragen Sie abschnittweise Klebstoff auf. Ihr Kind kann die Dinge einzeln aufkleben oder kleine Areale bestreuen. Lassen Sie das Bild antrocknen und beginnen Sie mit dem nächsten Abschnitt.

WAS IHR KIND LERNT

• Aufstreuen
Ihr Kind lernt etwas über die Beschaffenheit unterschiedlicher Materialien: Einige (die leichteren) benötigen wenig, andere mehr Kleber; einige bleiben nach dem Aufstreuen liegen, andere rollen weg. Das Auftragen von Kleber innerhalb eines Umrisses verlangt eine gewisse Handfertigkeit.

• Aufkleben
Obwohl das genaue Aufkleben von Formen schwierig ist, haben Kinder viel Spaß daran. Aufkleben fördert die Koordination von Hand und Augen.

• Ein großes Bild
Kinder lieben es, fertige Bilder auszustellen, und je größer diese sind, desto besser. Das Anfertigen von Collagen regt das Kind zum Nachdenken über die Materialien an: Was ergibt die besten Schnurrhaare einer Katze?

Arbeiten mit selbstklebendem Papier

Selbstklebendes Papier erleichtert das Arbeiten, vor allem, wenn Sie vorgeschnittene Formen verwenden. Sie können Mosaiken oder Bilder basteln oder das selbstklebende Papier in andere Techniken integrieren. Gestalten in vorgezeichnete Bilder zu kleben ist für Vorschulkinder eine echte Herausforderung. Am einfachsten geht es, wenn Sie verschiedene Formen vorbereiten und Ihr Kind das Bild dann selbst fertigstellen lassen. Sie können auch eine Vorlage malen, an Hand derer es erkennen kann, wo beispielsweise Boote, Fische und Wellen angeordnet werden sollen.

KAPITEL 6

Menschen & Gegenstände

Anfänglich konzentriert sich die Aufmerksamkeit des Babys auf Menschen – und zwar auf jede Person, die sich mit ihm beschäftigt. Erst im Alter von etwa sechs Monaten baut es eine Beziehung zu bestimmten Bezugspersonen auf und fühlt sich bei Fremden unwohl. Es ist fasziniert von anderen Babys und Kindern. Wenn es zwei Jahre alt ist, quittiert es Ihr Weggehen mit starkem Unmut. Erst nach einer gewissen Zeit hat es gelernt, darauf zu vertrauen, daß Sie wieder zurückkommen werden.

Gegenstände sind am Anfang weniger interessant. Sobald sie sich jedoch anschieben lassen oder rasseln, wenn sie geschüttelt werden, lösen sie bei Ihrem Kind Begeisterung und aufgeregtes Strampeln aus.

Im Alter von drei Jahren kennt das Kind genau den Unterschied zwischen „dein“ und „mein“.

Meilensteine in der Beziehung zu Menschen

	Was Ihr Baby tut
Nach der Geburt	• Ein Baby fühlt sich ruhiger bei vertrauten Personen. • Es beobachtet intensiv Personen, die mit ihm reden und ahmt deren Gesichtsausdruck nach. • Es lächelt Personen direkt an und erwartet, daß diese im Gegenzug mit ihm „Konversation" betreiben (ab 8 Wochen). • Es richtet sein Beziehungsverhalten auf jeden (ab 8 Wochen).
16 *Wochen*	• Es interessiert sich für Menschen und erkennt vertraute Personen. • Es langweilt sich, wenn es allein gelassen wird. • Es windet sich aufgeregt, quietscht und lacht. • Es ist sich nicht bewußt, daß es nur *eine* „Mama" gibt, sondern denkt, daß es immer wieder eine neue Mama erblickt.
20 *Wochen*	• Es lächelt andere Babys an – und ganz besonders sein Spiegelbild. • Es liebt Menschen und erkennt alle vertrauten Personen. • Es richtet sein Verhalten gezielter auf bestimmte Personen. • Es ist plötzlichen Stimmungsschwankungen unterworfen. • Es lächelt mehr bekannte Personen an und läßt sich von diesen trösten.
30 *Wochen*	• Es baut bestimmte Beziehungen auf und verlangt möglicherweise immer nach der wichtigsten Bezugsperson. • Es ändert seine „Komm-her"-Signale wie etwa Lächeln in „Nähe-suchen-und-dort-bleiben"-Signale wie etwa sich festhalten. • Es beginnt, sich vor Fremden zu fürchten. • Es sucht Sie, wenn Sie sich verstecken, und vermißt Sie, wenn Sie nicht da sind.
1 *Jahr*	• Die Furcht vor Fremden und fremden Orten nimmt zu; es fürchtet sich davor, auch an vertrauten Orten allein gelassen zu werden, und ist so lange ängstlich, bis Sie wieder da sind (34. bis 38. Woche). • Es versucht, Ihnen zu gefallen, und benutzt Sie außer Haus als „sicheren Hafen" (34. bis 38. Woche). • Es unterbricht seine Tätigkeit, wenn Sie „nein" sagen, winkt und imitiert Ausdrücke und Tätigkeiten. • Es zupft an Ihrer Kleidung, um Aufmerksamkeit zu erregen. • Es reagiert auf Ihre Stimmung, kann Freude und Frustration ausdrücken und Eifersucht empfinden. • Es mag andere Kinder, spielt jedoch nicht mit ihnen. • Es ist voraussehend, streckt z. B. die Arme aus, wenn Sie ihm eine Jacke anziehen möchten.
2 *Jahre*	• Es ahmt bekannte Personen und deren Tätigkeiten gerne nach (ab 1½ Jahre). • Es ist sich nicht darüber klar, daß Schlagen oder Beißen Schmerzen verursacht; es denkt, daß dies andere nur zum Weinen bringt (ab 1½ Jahre). • Es fängt an, mit anderen Kindern zu spielen, kann sich jedoch nicht in andere versetzen, schnappt sich Spielzeug, schlägt und beißt; es genießt die Reaktionen auf seine Aktivitäten.
3 *Jahre*	• Es kann sich mit anderen vergleichen. • Es wacht eifersüchtig über sein Eigentum. • Es hat weniger Wutanfälle, streitet jedoch u. U. häufiger mit seinen Geschwistern. • Es gibt vor, jemand anderes zu sein. Es entwickelt gegenüber Personen in Geschichten Mitgefühl. • Es verhält sich immer noch so, als ob Sie die Welt mit seinen Augen sehen würden, und erzählt Ihnen Vorfälle aus dem Kindergarten so, als ob Sie dabeigewesen wären.
4 *Jahre*	• Es versteht, daß andere Personen unterschiedliche Gedanken, Erfahrungen und Gefühle haben, und bezieht diese Erkenntnis beim Umgang mit anderen mit ein.

Was Sie feststellen	**Was Sie tun können**
• Beobachten Sie seinen Mund, wenn Sie mit ihm sprechen. • Strecken Sie Ihre Zunge heraus und beobachten Sie, ob es dies nachahmt – haben Sie Geduld, das erfordert einige Zeit.	• Beobachten Sie, wie sich sein Mund bewegt, wenn Sie mit ihm reden. • Schneiden Sie Grimassen, die es nachahmen kann. 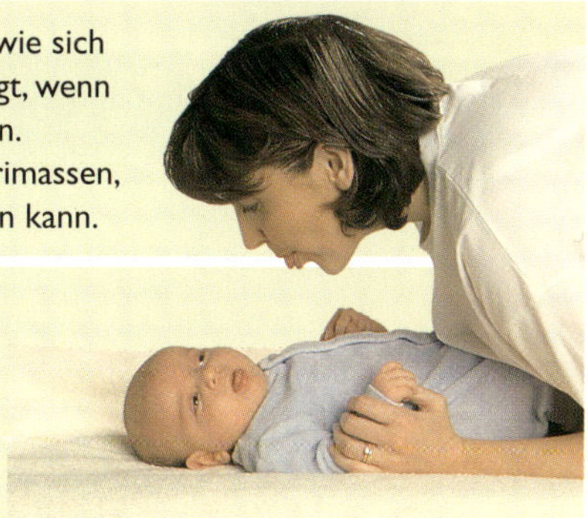
• Setzen Sie sich vor zwei Spiegel; das Baby wird von den vielen Spiegelbildern begeistert sein. • Warten Sie eine Weile, wenn Sie das Zimmer verlassen; es beruhigt sich, wenn seine Aufmerksamkeit auf etwas Neues gerichtet ist.	• Sprechen Sie oft mit ihm, geben Sie ihm Zeit zu antworten.
• Setzen Sie es in einen Einkaufswagen und beobachten Sie, wie es mit Fremden flirtet. • Wenn Sie sich nun vor zwei Spiegel setzen, fürchtet es sich möglicherweise vor den vielen Spiegelbildern.	• Behandeln Sie es gleichbleibend liebevoll; zu diesem Zeitpunkt wird dies besonders wichtig.
• Es wird plötzlich schüchtern und will nicht zur Oma gehen, wenn es sie ein paar Wochen nicht gesehen hat.	• Drängen Sie es nicht in die Arme Fremder. • Lassen Sie es nirgends, wo es sich unglücklich fühlt; dies ist der schlechteste Zeitpunkt für Eltern, ihr Kind zum ersten Mal bei einer neuen Bezugsperson zu lassen.
• Es hängt sich an Sie, wenn Sie gehen, ist untröstlich, wenn Sie weg sind (34. bis 38. Woche).	• Ein schlechter Zeitpunkt, um in Urlaub zu fahren. Wenn es nicht anders geht, sollten Sie viele persönliche Gegenstände mitnehmen. • Geben Sie Ihrem Kind einen „Tröster": einen Teddybären oder eine Decke, die man halten und umarmen kann und die Vertrauen gibt. • Zeigen Sie ihm Gegenstände.
• Es gleicht nun mehr einer richtigen kleinen Person und weniger einem Baby; Sie können aber nicht genau sagen, warum (ab 44. Woche). • Es liebt sie.	• Geben Sie ihm „Werkzeug", um Ihre Tätigkeiten nachzuahmen. • Gehen Sie bei Wutanfällen weg oder nehmen Sie das Kind fest in den Arm. Versöhnen Sie sich nach dem Anfall.
• Es folgt Ihnen mit seinem Spielstaubsauger (ab 1½ Jahre). • In der Mutter-Kind-Gruppe schlägt es um sich. • Es ist lieb bei der Tagesmutter und hebt sich seine Wutanfälle für Sie auf.	• Kramen Sie ein Album hervor und betrachten Sie gemeinsam Fotos. • Sprechen Sie über seine Freunde und Beziehungen: Es freut sich, wenn es von vielen gemocht wird.
• Es bezieht Ihren Blick nicht ein. • Es erklärt, wenn es weiß, daß Sie nicht anwesend waren.	• Finden Sie täglich Zeit zum Schmusen und Plaudern. • Lassen Sie es sich oft verkleiden.

Meilensteine beim Begreifen von Gegenständen

	Was Ihr Baby tut
Nach der Geburt	• Es unterscheidet nicht zwischen sich und dem Rest der Welt. • Es schaut Gegenständen, die es hinunterwirft, nicht nach.
20 *Wochen*	• Es beobachtet einen Gegenstand, der hinter einer Wand verschwindet, und sucht nach ihm auf der anderen Seite, wundert sich jedoch nicht, wenn es dort einen anderen Gegenstand findet. 
40 *Wochen*	• Es beobachtet einen hinuntergeworfenen Gegenstand, jedoch nur so lange, wie er wenigstens teilweise sichtbar bleibt. Wenn er vollständig aus dem Gesichtsfeld rollt, schaut es ihm nicht nach.
14 *Monate*	• Es bewegt einen Gegenstand beiseite, um einen anderen zu erreichen, der dahinter versteckt ist. • Es sucht nach Gegenständen dort, wo es sie zuletzt gesehen hat. 
18 *Monate*	• Es untersucht Gegenstände gezielter.
2 *Jahre*	• Es packt Päckchen aus, öffnet Schraubverschlüsse. • Es benennt Gegenstände und verwendet sie auf eine bestimmte Weise. • Es versteht die Bedeutung von „darin", „unter" und „auf".
3 *Jahre*	• Es beginnt zu verstehen, was „eins" und „viele" bedeutet. • Es zieht Vergleiche. • Es kennt einige Farben.
4 *Jahre*	• Es kann zählen und beginnt die Bedeutung von Zahlen zu verstehen. • Es kann drei oder vier Gegenstände ordnen.
6 *Jahre*	• Es denkt immer noch, daß in ein niedriges breites Glas weniger Flüssigkeit paßt als in ein hohes dünnes Glas. Das Kind glaubt, daß sieben in einer langen Reihe angeordnete Süßigkeiten mehr sind als sieben in einer kurzen Reihe.

Was Sie feststellen	Was Sie tun können
• Verstecken Sie etwas unter einem Tuch, nehmen Sie es fort und heben Sie dann das Tuch an. Das Baby ist zuerst nicht überrascht, später jedoch schon.	• Geben Sie ihm Gegenstände in die Hand. • Legen Sie es in eine Wippe, damit es die Welt besser beobachten kann.
• Bedecken Sie einen Teddybären mit einem Tuch und tauschen Sie ihn heimlich gegen ein Auto aus. Es wird nicht überrascht sein.	• Spielen Sie „Guck, guck". • Wenn es krabbeln kann, jagen Sie es um das Sofa.
• Es beobachtet nicht, was mit Gegenständen passiert, die Sie hinunterfallen lassen. • Es sucht nach Gegenständen dort, wo sie in der Regel aufbewahrt werden – auch wenn es sieht, daß Sie sie ganz woandershin stellen.	• Seien Sie nicht frustriert, wenn es Gegenstände vom Kinderstuhl schmeißt: Es braucht Übung. • Geben Sie ihm Spielzeug mit kleinen Türen und Verstecken.
• Es kann von seiner Tätigkeit aufsehen und sie danach fortsetzen. • Es verknüpft zwei Ideen zu einem Plan, z. B. den Ball wegwerfen und danach hinter ihm herlaufen.	• Wenn Sie etwas suchen, bitten Sie das Baby um Hilfe. • Geben Sie ihm einen kleinen Eimer, in den es Gegenstände einsammeln kann. Es betrachtet diese gerne an verschiedenen Orten, im und außerhalb des Eimers.
• Sein Verhalten wird stetiger; es scheint nicht mehr von einer Aktivität zur anderen zu springen. • Es agiert mehr und reagiert weniger.	• Bieten Sie Spielzeug an, aus dem etwas Neues entsteht: einfache Legespiele, Stifte, Sortierspiele. • Geben Sie ihm Bücher. Es wird gerne die Seiten umdrehen.
• Seine Aktivitäten werden zielgerichteter und ausdauernder.	• Geben Sie ihm Bücher, in denen vertraute Objekte abgebildet sind; deuten Sie darauf, benennen Sie sie und lassen Sie das Kind die Seiten umdrehen. • Lassen Sie es üben, Dinge in-, auf- oder untereinander zu plazieren. Ideal sind Stapelbecher.
 • Es fragt u. U. nach „zu vielen Süßigkeiten" und beschwert sich, daß die Schwester ein größeres Stück Kuchen bekommen hat.	• Geben Sie ihm Spiele, bei dem Gegenstände in folgerichtige Reihen zusammengesetzt werden: von klein zu groß, von eins bis zehn.
• Es zieht ständig Vergleiche zwischen dem, was es und was die anderen besitzen.	• Spielen Sie z. B. Bingo. 
• Es ordnet spontan Gegenstände nach Farben oder verlangt stur das grüne Bauklötzchen, mit dem sein Bruder gerade spielt. • Es besteht darauf, daß hohe Gläser am besten sind.	• Spielen Sie Spiele mit einfacher Logik, z. B. „Mensch ärgere dich nicht".

Liebe lernen

Babys lernen die Liebe so, wie sie alles andere entdecken – durch die Worte und Taten jener, die für sie sorgen

Bevor Ihr Baby nach Ihrem Gesicht greifen und es entdecken kann, kennt es Ihren Geruch und Ihre Stimme.

Sobald es lächeln kann, kennt es Sie als eine vertraute Person und wird Sie schneller anlächeln als andere.

Zwischen der Liebe, die Sie Ihrem neugeborenen Baby schenken, und der Liebe, die es für Sie empfindet, besteht ein großer Unterschied: Für Sie ist es wichtig, wer es ist, für Ihr Baby hingegen ist dies nicht von Bedeutung. Wenn es beispielsweise adoptiert und zu jemand anderem gebracht werden würde, lebte es sich in seinem neuem Zuhause ein, ohne einen „Blick zurückzuwerfen". Solange es jemanden hat, den es lieben kann, ist es ihm egal, wer diese Person ist.

Wie Eltern Bindungen aufbauen

In ein Baby verliebt man sich im Grunde genommen auch nicht sehr viel anders als in einen anderen Menschen – außer vielleicht, daß man dabei weniger Vorsicht walten läßt und das Sich-Verlieben in der Regel schneller passiert. Der wichtigste Unterschied ist jedoch, daß Sie von Anfang an wissen, daß Ihr Baby stets Ihr Herz brechen kann – und zwar für alle Zeit. Was immer auch Ihnen oder Ihrem Kind in Zukunft zustoßen wird, Ihre Beziehung bleibt Teil Ihrer beider Leben und sogar Ihrer täglichen Gedanken. Die Beständigkeit dieser Liebe wird mit dem Begriff Bindung gekennzeichnet.

Was bedeutet Bindung?

Der Ausdruck Bindung vermittelt den Eindruck, als ob die Eltern-Kind-Liebe vom ersten Augenblick an vorhanden wäre – gleichsam als Kontaktkleber von Geburt an. Vielleicht ein Viertel der Mütter und erheblich weniger Väter empfinden dies so, andere hingegen brauchen Wochen oder gar Monate, um ihre Liebe zu entwickeln. Die benötigte Zeit stellt jedoch keinen Gradmesser über die letztliche Tiefe dieses Gefühls dar. Wahrscheinlich hängt es mehr davon ab, wie vertraut das Kind bei der Geburt bereits aussieht. Vielleicht verliebt man sich einfacher in jemanden, der bereits Familienähnlichkeiten aufweist.

Wie Babys ihre Eltern erkennen

Babys erkennen ihre Eltern sehr schnell. Bereits Tage nach der Geburt zeigen sie mehr Interesse an den Brüsten ihrer Mutter als an denen anderer Frauen. Innerhalb einer Wochen kennen sie die Stimmen ihrer wichtigsten Bezugspersonen und wenden sich ihnen freudig zu. Bereits nach einigen Wochen kennen sie deren Gesichter und lächeln diese, sobald sie dazu fähig sind, prompt an.

Dieses Wissen basiert auf Vertrautheit. Ihr Baby kennt den Geruch der Körper, an denen es sich öfter ausruht, die Stimmen, die es oft nahe hört, und die Gesichter, zu denen es aufsieht.

Durch die Vertrautheit fühlt es sich sicher. Wenn Sie es allein lassen, vermißt es diese Sicherheit, jedoch – zumindest anfänglich – nicht Sie als Person. Um jemanden vermissen zu können, muß man sich an die Person erinnern können, wenn sie nicht anwesend ist – kleine Babys sind dazu nicht in der Lage. Sie erkennen einfach nur, daß eine Person vertraut ist. Für sie gilt: Aus den Augen, aus dem Sinn. So als ob Sie sich in Rauch auflösen würden, wenn Sie den Raum verlassen.

Was Babys über sich selbst denken

Am Anfang kann ein Baby nicht zwischen sich selbst und dem Rest der Welt unterscheiden. Im Mutterleib gibt es keine Veranlassung, anzunehmen, daß der ständige Herzschlag und das permanente Rauschen des Bluts nicht zu ihm gehören sollten oder daß die gedämpften Stimmen, die es ab und zu vernimmt, nicht seine eigene seien. Nach der Geburt verschwinden einige Teile seiner Welt und tauchen wieder auf, andere wiederum bleiben die ganze Zeit. Die Dinge, die es sieht, wenn es den Kopf nach rechts dreht, sind nicht konstant. Ein Baby ist etwa 6 Wochen alt, bevor es die sich verändernden Reize von den ständig vorhandenen unterscheiden kann und versteht, daß letztere ein Teil seiner selbst bzw. seines Körpers sind.

Was Babys über andere denken

Ein Neugeborenes hat nur eine kurze Aufmerksamkeitsspanne. Während es schaut, nimmt es wahr, aber sobald es den Kopf abwendet, hat es vergessen, was es angeschaut hat. Bis seine Aufmerksamkeitsspanne länger wird, bringt es die Tatsache, daß es Sie manchmal sieht und hört, zu anderen Zeiten jedoch nur hört, nicht zusammen. Es muß lernen zu verstehen, daß es immer dieselbe Person sieht, wenn es den Kopf in Richtung Ihrer Stimme dreht, und daß immer dieselbe Stimme ertönt, wenn Sie zu sprechen beginnen. Erst wenn es die Beständigkeit dieser Phänomene erkennt, versteht es, daß Sie als Person einmalig vorhanden sind.

Nicht immer einmalig

Obwohl jeder Mensch und Gegenstand tatsächlich einmalig ist, behandeln Babys ältere Kinder und Erwachsene nicht so. Erst wenn die Einmaligkeit an Bedeutung gewinnt, entwickeln sie Interesse. Die Häuser in einer neuen Siedlung sind einfach nur Schachteln, bis jemand einzieht, den Sie kennen. Menschen in einer Menge sind einfach nur Menschen, außer sie sind zufällig Ihre Freunde.

In den ersten Monaten nach der Geburt sind Sie für ein Baby zwar vertraut und von anderen Menschen zu unterscheiden, aber nicht einmalig. Ihr Baby weiß nicht, daß es Sie nur einmal gibt. Es ist deshalb auch überhaupt nicht erstaunt, wenn es Sie in zwei Spiegeln vielfach gespiegelt erblickt. Ab dem Alter von 5 Monaten ändert sich dieser Gesichtspunkt; es versteht Ihre Einmaligkeit und ist durch die Spiegelungen verstört.

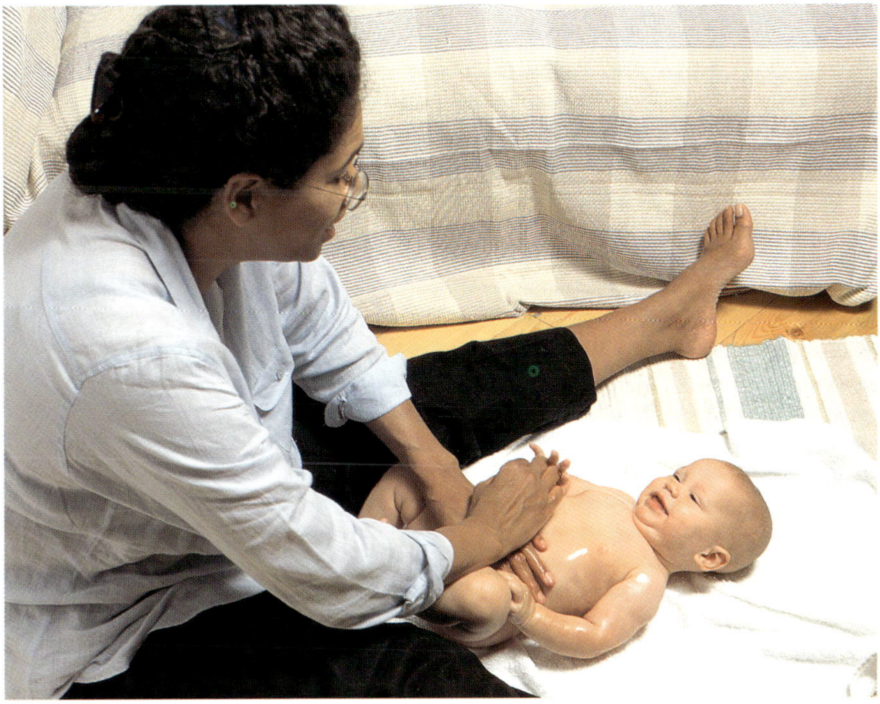

Massagen sind ein wundervoller Weg, um Ihrem Baby die Bedeutung einer liebevollen Berührung nahezubringen. Achten Sie darauf, daß das Zimmer warm ist und verwenden Sie reichlich Massageöl. Gehen Sie bei der Massage langsam und gleichmäßig vor. Achten Sie darauf, daß Sie an empfindlichen Körperstellen wie etwa der Wirbelsäule nicht zu großen Druck ausüben. Sie werden spüren, wie sich Ihr Baby unter Ihren Händen entspannt.

Heiter oder schwierig?

So können Sie Verhalten und Charakter Ihres Babys durch Wechselwirkung beeinflussen

Kein Baby ist rundherum schwierig oder immer heiter, doch einige Charakteristika treten eher zusammen auf. Ein lebhaftes Baby ist häufig weniger anschmiegsam, leichter zu irritieren und ruheloser als ein passives. Ein Kind, das sich schnell in eine Schlafroutine einfügt, hat auch regelmäßige Eß- und Verdauungsgewohnheiten. Solche Babys passen sich leicht Veränderungen an. Ein schwieriges Baby weist eher unregelmäßige Verhaltensmuster auf. Es entwickelt nur langsam regelmäßige Eß- und Schlafgewohnheiten, und eine Veränderung in der Routine irritiert und regt es auf.

Babys, die nur langsam in Schwung kommen, liegen zwischen diesen beiden Extremen und zeigen eine vorsichtige, aber positive Einstellung gegenüber Veränderungen. Solche Babys wehren sich nicht mit Händen und Füßen gegen Veränderungen, stürzen sich aber auch nicht kopfüber hinein.

Angeboren oder anerzogen?

Bis zu einem gewissen Grad sind Babys von Geburt an schwierig oder unkompliziert, doch die Unterschiede können nicht nur allein auf die genetische Ausstattung zurückgeführt werden. Unkomplizierte Babys können durch Schmerzen schwierig werden, und übervorsichtiges Verhalten gegenüber einem schwierigen Kind kann dessen despotische Tendenzen verstärken. Die Auswirkungen können langlebig sein. Mehr übellaunige Menschen litten in ihrer frühen Kindheit unter Krankheiten (wie etwa Ekzemen oder Mittelohrentzündungen), als daß dies lediglich durch Zufall bedingt sein könnte.

Schwierige Zeiten

Deutsche Studien zeigen, daß sogar die unkompliziertesten Babys schwierige Zeiten durchleben, und die fröhlichsten sind bisweilen auch die raffiniertesten. Alle Kinder werden schwieriger, wenn sich ihr Körper verändert und sie in die nächste Entwicklungsstufe kommen. Sobald die Veränderung vollzogen ist und die neuen Fertigkeiten durch Übung gefestigt sind, werden die Kinder wieder umgänglicher. Im Alter zwischen 5 und 12 Wochen durchleben die meisten Babys eine schwierige Phase, eine weitere im Alter zwischen 7 und 9 Monaten (diese Zeit wird häufig als „Zahnen" mißverstanden) und eine andere im Alter von etwa 2 Jahren.

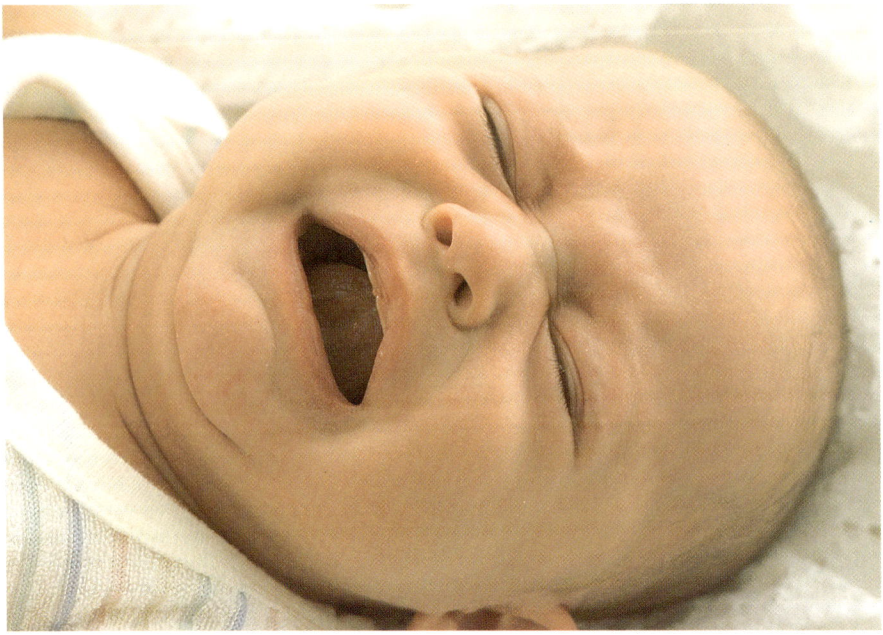

Studien haben gezeigt, daß beschnittene Jungen erwartungsgemäß anfänglich schwierig und fordernd waren, wenn die Beschneidung schmerzhaft war. Drei Monate später waren die Schmerzen sicherlich verschwunden, doch die Jungen blieben fordernd. Die Beobachtungen der Mütter ergaben, daß sie auf das Weinen ihrer Söhne schneller und prompter reagierten als Mütter nicht beschnittener Babys.

Ein heiteres Kind bleibt fröhlich, wenn man auf sein Lächeln antwortet. Es lernt schnell, daß ein Lächeln Sie dazu bringt, seinen Erfolgen Beifall zu spenden. Andererseits kann ein schwieriges Baby auch in seiner Problematik bestärkt werden, wenn man auf sein Weinen schnell reagiert, sich seinen Launen unterwirft und versucht, es nicht zu verärgern.

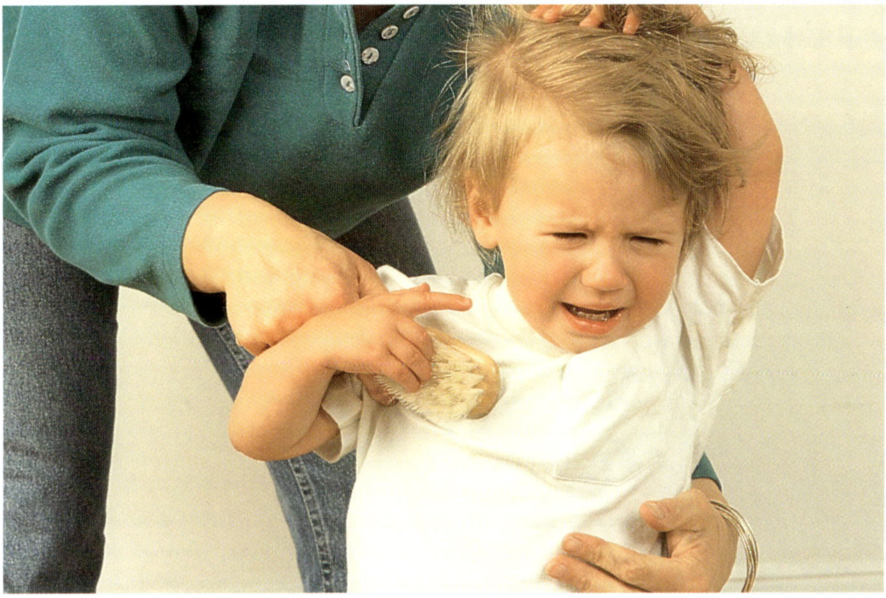

Ihr Baby beginnt Sie zu vermissen

Ab 5 Monaten weiß das Baby, daß Sie einmalig sind. Obwohl es versteht, daß es Sie nur einmal gibt, weiß es aber dennoch nicht, daß Sie auch existieren, wenn es Sie nicht sieht. Um dies zu lernen, muß die Aufmerksamkeitsspanne länger werden. Er muß fähig sein, wegzusehen und sich daran zu erinnern, was es gesehen hat, zurückzuschauen und zu überprüfen, daß sich nichts geändert hat. Diese Fähigkeit wird im Alter von 7 bis 9 Monaten entwickelt.

Sobald es weiß, daß Sie existieren, auch wenn Sie nicht bei ihm sind, kann es Sie vermissen. Das Baby kann sich sorgen, wenn Sie Vorbereitungen treffen, wegzugehen. Es beginnt zu klammern. Sobald es versteht, daß Menschen erscheinen und verschwinden, realisiert es auch, daß es einige Menschen kennt und andere nicht. Es beginnt sich vor Fremden zu fürchten. Sie können das Baby nicht mehr weiterreichen. Auf dem Arm eines Fremden schreit es, und da es sich Personen nicht lange merken kann, ist der „Fremde" möglicherweise jemand, den es schon viele Male zuvor gesehen hat.

Netze aufbauen

Innerhalb der ersten Wochen und Monate entstehen Beziehungsmuster. Das Baby signalisiert seine Bedürfnisse und seine Liebe durch Weinen, Anschmiegen, Lächeln und Reagieren auf die Person, die sich um es kümmert. Es schaut und gluckst, wenn diese mit ihm spricht, und windet sich, wenn es gekitzelt wird. Die jeweiligen Personen stimmen in dieses Verhalten ein, indem sie auf das Baby mit Zurücklächeln, Antworten auf sein Glucksen, Beruhigen und, wenn erwünscht, Liebkosen reagieren – kurz gesagt, indem sie das Kind seine Bedürfnisse ausdrücken und seine Unabhängigkeit entwickeln lassen.

FRAGE UND ANTWORT

Mein Sohn war immer ein anschmiegsames Baby und ist immer noch ein zärtliches Kind. Doch meine 6 Monate alte Tochter möchte niemals schmusen. Sind Jungen und Mädchen so unterschiedlich?

Nein, aber Kinder unterscheiden sich. Einige frühe Studien zeigten, daß männliche Babys fordernder als weibliche waren. Aber diese Forschungsergebnisse konnten teilweise nicht bestätigt werden. Es zeigte sich jedoch immer wieder, daß Mütter dazu neigen, Töchter eher durch Knuddeln und Söhne eher durch Ablenkung zu beruhigen. Viele Eltern stimmen mit den Forschern überein, daß Temperament und Charakter eines Kindes ansatzweise bereits kurz nach der Geburt vorhanden sind. Die spätere Entwicklung baut größtenteils auf dieser Basis auf. Kinder lernen, indem sie geliebte Personen nachahmen. Kinder aus Familien, in denen ein warmer und körperbetonter Umgang gepflegt wird, neigen dazu, diesem Beispiel früher oder später zu folgen.

Gegenstände begreifen

Wesentliche Grundvoraussetzung für das Begreifen von Gegenständen ist, zu verstehen, wo der Körper endet und die Welt beginnt

Seine ersten Erfahrungen sammelt das Baby im sich kaum verändernden Mutterleib. Hier wechseln lediglich Geräusche und je nach Kleidung der Mutter die Lichtverhältnisse, oder das Baby verspürt den Druckunterschied, wenn die Mutter ein Bad nimmt. Gravierendste Veränderungen für das Baby sind Bewegungen der Mutter. Die auf den Mutterleib beschränkte Welt wird durch nichts, was das Baby tut, verändert. Es besteht keinerlei Veranlassung, die Welt in Ich und Ihr, Hier und Dort, Gegenstände oder Lebewesen zu unterteilen. Mit der Geburt verändert sich dies.

Lernen, was wichtig ist

Anfangs sind Babys nicht auf Gegenstände eingestellt. Die Welt besteht aus einem lärmenden Wirrwarr verschiedener Reize – oder besser gesagt, könnte daraus bestehen, denn ein Neugeborenes nimmt davon vorerst wenig Notiz. Es konzentriert sich nur auf Menschen, ihnen gilt seine erste Aufmerksamkeit. Die Geräusche, auf die es sich einstimmt, sind menschliche Stimmen, die Anblicke sind menschliche Gesichter. Es nimmt Bewegungen wahr, und im allgemeinen bewegen sich eher Menschen als Gegenstände. Erst wenn es seine Bezugspersonen erkennt und der Welt entgegenlächelt, beginnt es, sich mit den Gegenständen um sich herum zu beschäftigen.

Beständigkeit begreifen

Als erstes lernt ein Kind über Gegenstände, daß sich ihre Form je nach Betrachtungsweise (Winkel, Licht, Entfernung) verändert. Das Bild, das sich im Augenhintergrund bildet, gleicht einer Fotografie. Seine Größe hängt vom Betrachtungsabstand, seine Helligkeit von der Lichtreflexion ab.

Was Sie „sehen“, ist nicht das Abbild des Gegenstands selbst, sondern eine Interpretation desselben: Farben ändern sich nicht, wenn Sie vom Garten in Kunstlicht gehen; Gegenstände werden nicht größer, weil Sie auf sie zugehen, und sie wechseln auch nicht ihr Aussehen, wenn Sie aufstehen und den Blickwinkel ändern, sondern Ihr Gehirn interpretiert lediglich das Abbild.

Man weiß noch nicht, wann ein Baby lernt, das, was es sieht, zu interpretieren. Unbekannt ist auch, wieviel dabei erlernt oder im Gehirn schon programmiert ist. Babys verfügen bereits im Alter von 2 oder 3 Monaten über die notwendigen Grundlagen, die sie jedoch in den folgenden Monaten verfeinern.

Identität begreifen

Jeder Gegenstand hat eine Identität. Häufig ignorieren wir ihre „Einmaligkeit“ und gehen mit ihnen so um, als ob sie austauschbar wären. Erwachsene handeln so aus Bequemlichkeit, kleine Babys aus Notwendigkeit.

Spielzeuge mit Schlössern und Schlüsseln helfen Ihrem Kind, die Permanenz eines Gegenstandes zu erforschen. Obwohl es ihn z. B. in einer Schachtel weggeschlossen hat, überprüft es mit einem Blick, ob er noch da ist.

Erst nach seinem 1. Geburtstag versteht ein Kind, daß etwas, das es nicht sieht, dennoch existiert, und sucht aktiv nach diesen Gegenstand.

Sie haben noch nicht gelernt, daß jede Person und jeder Gegenstand einmalig ist. Deshalb reagieren sie sogar auf ihre Lieben bei jedem neuen Kontakt so, als ob sie zwar vertraut, aber doch immer neu wären. Erst im Alter von etwa 6 Monaten beginnen sie zu realisieren, daß sie nur ein Kinderbettchen, einen Buggy und einen Autokindersitz haben.

Ein Baby beginnt dann zu verstehen, daß es eine Welt außerhalb von ihm gibt, wenn es die Endlichkeit seines Körpers begreift. Seine Hände sind an den Enden seiner Arme, und außerhalb dieser Grenze ist „nicht es“.

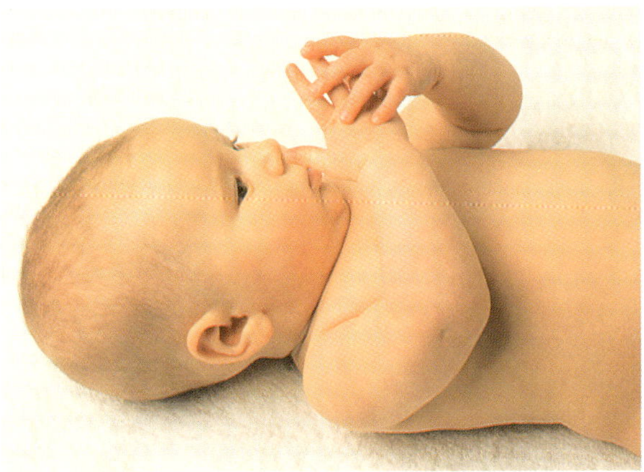

Dauerhaftigkeit begreifen

Und noch eine weitere Eigenschaft von Gegenständen muß das Baby begreifen: Sie existieren auch dann, wenn sie nicht gesehen werden. Dieses Wissen wird nur langsam erworben. In der ersten Phase – etwa im Alter von 7 Monaten – lernt ein Baby, daß Gegenstände aus dem Gesichtsfeld verschwinden und wieder erscheinen können. Es beobachtet Sie, wie Sie hinter einem Stuhl einen Zug imitieren, und wartet darauf, daß der „Zug“ an der anderen Seite wieder herauskommt. Obwohl es nicht so aussieht – das Baby realisiert nicht, daß der Zug, sprich Sie, hinter dem Stuhl weiter existiert. Es weiß nur, daß etwas wieder hervorkommen wird. Erst im 2. Lebensjahr wird es erwarten, daß genau das, was hinter dem Stuhl verschwand, an der anderen Seite wieder hervorkommen wird. Auch wenn es mit etwa 9 Monaten Gegenständen nachblickt, die es hinunterwirft, so schaut es ihnen dennoch nicht nach, wenn diese aus seinem Gesichtsfeld rollen. Selbst wenn es weiß, daß das Spielzeug, das hinter dem Stuhl verschwunden ist, dasselbe ist, das auch wieder hervorkommen sollte, so wird es den Gegenstand doch immer noch an der Stelle suchen, wo er normalerweise aufbewahrt wird – und nicht hinter dem Stuhl, wo es ihn das letzte Mal sah.

Gegenstände begreifen

Im 2. Lebensjahr kundschaftet ein Kind mehr aus. Es testet, wie Gegenstände in, unter, auf und hinter andere Gegenstände passen. Es bugsiert kleine Spielsachen in eine Tasche und nimmt sie wieder heraus. Dieser Vorgang wird öfter wiederholt. Es legt etwas hinter die Tür, öffnet die Tür, um einen Blick darauf zu werfen, und schließt die Tür wieder. Das Kind versucht, eine Plastikflasche auf die andere zu stellen – wenn das mißlingt, so versucht es Blechbüchsen aufeinander zu stellen. Es versteckt die Autoschlüssel in seinem Bobby-Car oder versucht einen großen Teddybären in eine enge Nische zu zwängen. Sowohl die Erfolge als auch die Mißerfolge helfen ihm beim Verstehen.

Verstecken und Suchen

Mit einfachen Variationen des Versteckspiels können Sie Ihrem Kind am besten helfen, das, was es über Gegenstände gelernt hat, zu vertiefen

Noch viele Jahre lang wird Ihr Kind es lieben, wenn Menschen und Gegenstände im Spiel verschwinden und wieder auftauchen. Je jünger ein Kind ist, desto mehr findet es Gefallen daran, dasselbe wieder und wieder zu tun. Sie müssen dieses „Spiel" nur Alter und aktuellen Interessen anpassen.

Guck, guck!

Dieses Spiel muß nicht erklärt werden! Sie ducken sich aus dem Gesichtsfeld und erscheinen dann wieder. Dabei können Sie sagen, was immer Sie wollen, doch auf jeden Fall irgend etwas, da dies unabdingbarer Bestandteil des Spiels ist.

Eine Schublade zum Spielen

Babys lieben leere Schränke und Schubladen. Außerdem spielen sie gerne am Boden. Sie können diese beiden Vorlieben kombinieren und dem Kind eine Schublade überlassen, die es nach eigenen Wünschen füllen kann. Mit einer niedrigen Schublade in der Küche – abseits vom Herd – und/oder im Wohnzimmer wird sich Ihr Kind freudig beschäftigen, während Sie die Hausarbeit verrichten.

Eine Höhle hinter dem Sofa

Für ein kleines Kind kann man am einfachsten eine Höhle einrichten, indem man das Sofa so weit von der Wand wegzieht, daß es dahinter Platz zum Spielen findet. Besonders schön ist es, wenn Sie in die Höhle schauen. Setzen Sie ein paar Teddys in die Höhle, die das Kind „besuchen". Als Alternative können Sie auch eine große Tischdecke, ein Bettuch oder eine Decke auf den Küchentisch legen.

Ping-Pong-Bad

Tischtennisbälle eignen sich hervorragend als Badespielzeug. Werfen Sie zwei oder drei in die Wanne und zeigen Sie ihrem Kind, wie man sie unter Wasser drückt und dann losläßt. Sie schießen geradewegs zur Wasseroberfläche. Am besten geben sie zuvor noch Schaumbad in die Wanne.

Bücher

Mit Büchern kann man hervorragend Verstecken spielen. Alles, was nicht auf der aufgeschlagenen Seite ist, ist versteckt. Ein Kind, das den Umgang mit Büchern gewohnt ist, kann schnell das Lieblingsbild aufschlagen. Wenn Sie die Seite aufschlagen, ist das Objekt zu sehen, wenn Sie um-

WAS IHR KIND LERNT

• Guck, guck!
Für dieses wunderbare Spiel sind kleine Babys immer sofort zu begeistern.

•Eine Schublade zum Spielen
Einfüllen, Ausleeren und Sortieren sind vormathematische Fähigkeiten.

• Eine Höhle hinter dem Sofa
Höhlen unterstützen Phantasiespiele des Kindes; eine Höhle ist niemals nur eine Höhle, sondern ein Boot, Zelt oder eine Burg, so wie die darin befindlichen Spielsachen nicht nur Teddybären und Puppen, sondern Abenteuergefährten Ihres Kindes sind.

WAS IHR KIND LERNT

• Ping-Pong-Bad
Schwimmen und untergehen lassen – und herausfinden, welche Gegenstände was tun – ist eine frühe „wissenschaftliche" Fertigkeit. Wasserspiele im allgemeinen verbessern das Verständnis des Kindes für die Beschaffenheit von Materialien und machen dazu noch höllischen Spaß (siehe Seite 140 f.).

• Bücher
Nach Gegenständen auf den Seiten zu suchen ist der erste Schritt zum Erkennen der Formen von Buchstaben und eine Vorstufe zum Lesen.

blättern, ist es versteckt. Kleine Klappen, hinter denen Dinge verborgen sind, bieten die gleiche Spannung, die man beim Hin- und Herblättern empfindet.

Bücher mit Klappen sind für kleinere Kinder geeignet, Vorschulkinder hingegen suchen lieber im Bild versteckte Gegenstände. Am einfachsten für das Kind ist, nach einer kleinen Figur zu suchen, die irgendwo im Bild versteckt ist. In komplizierteren Büchern sucht es nach einer bestimmten Person, die zwischen verschiedenen anderen abgebildet ist (siehe Seite 47).

Heiß und kalt

Wenn sich das Kind außerhalb des Zimmers aufhält, verstecken Sie einen kleinen Gegenstand, den es finden muß. Sobald es sich ihm nähert, rufen Sie „warm", wenn es sich entfernt, „kalt". Je näher es dem Gegenstand kommt, desto „wärmer" und schließlich „heiß" ist die Spur! Kommentieren Sie die Suche so lange, bis der Gegenstand gefunden ist.

Regenbogenspiel

Eine einfache Variation von „Erscheinen und Verschwinden" ist das Regenbogenspiel, das Sie mit einem größeren Kind an einem sonnigen Tag im Garten spielen können. Sie brauchen strahlenden Sonnenschein und einen feinen Wasserschleier aus dem Gartenschlauch. Sprühen Sie das Wasser hoch in die Luft und suchen Sie den Regenbogen. (Er erscheint immer an der der Sonne gegenüberliegenden Seite.)

Zündholzschachteln

Zündholzschachteln eignen sich für ältere Kinder hervorragend zum Sammeln und Aufbewahren kleiner Schätze – sei es als kurzzeitiger Käfig für Insekten, zum Aufbewahren kleiner Muscheln oder als geheime Vorratskammer für Süßigkeiten. Sie können älteren Kindern z. B. die Aufgabe stellen, fünf interessante Gegenstände in einer Schachtel zu sammeln, ein Bett für eine kleine Puppe aus der Schachtel zu basteln oder zwei Zündholzschachteln zusammenzukleben, um daraus eine Kommode für das Puppenhaus herzustellen. Wenn Sie einen Griff befestigen, wird daraus ein kleiner Koffer für einen Teddybären, der auf Reisen geht.

WAS IHR KIND LERNT

• Regenbogenspiel
Menschen und die meisten Gegenstände sind konstant und existieren auch, wenn man sie nicht sieht. Doch ein Regenbogen ist flüchtig: Er schimmert für wenige Sekunden und verschwindet dann. Jeder, der neu erscheint, ist ein anderer. Auf diese Weise versteht Ihr Kind, daß manche Gegenstände andere Eigenschaften aufweisen. Außerdem vermitteln Sie ihm eine Vorstellung über Licht und wie es funktioniert.

• Zündholzschachteln
Kinder lieben „Schätze". Sammeln, Aufbewahren und Sortieren wird für sie ständig wichtiger (siehe Seite 110 f.). Dadurch wird auch ihre Phantasie angeregt.

Lieben und Lernen

Sie können die Beziehungen Ihres Kindes zu Gegenständen und Menschen durch gemeinsame Aktivitäten verstärken

Weiche Spielsachen und Kuscheltiere können einem Kind viel über die Liebe vermitteln und die Grenze zwischen Gegenständen und Menschen verwischen: Für Ihr Kind ist der geliebte Teddy so real wie Bruder oder Schwester.

Ein Trösterchen

Nicht alle Kinder haben ein Trösterchen. Doch die, die eines besitzen, lernen anscheinend besser, mit ungewohnten Situationen umzugehen. Möglicherweise lernt ein Kind durch das lange Üben von „sich Mut durch Kuscheln geben", sich in einen Zustand zu versetzen, in dem es seine Ängste überwinden und die bevorstehende Aufgabe bewältigen kann. Kinder entwickeln erst im Alter von etwa 7–9 Monaten eine Beziehung zu Trösterchen. Einige nehmen dazu Daumen oder Schnuller, andere die Mutterbrust oder das Fläschchen. Wieder andere entwickeln eine Beziehung zu einem Gegenstand aus ihrem Bett, etwa einer Decke, einem Laken oder einem Teddy. Sie können Ihrem Kind dabei helfen, eine Beziehung zu einem Teddy aufzubauen, indem Sie diesen nachts immer in sein Bettchen stecken.

Streicheln

Vor dem 2. oder 3. Lebensjahr wird Ihr Kind weiche Spielsachen wahrscheinlich ignorieren. Doch es ist niemals zu früh, um „ei, ei" zu spielen. Nehmen Sie ein nicht zu großes Kuscheltier, schmiegen Sie es fest an sich und sagen dabei:„Oh, ei, ei." Ein 10 Monate altes Kind wird das bald nachahmen.

WAS IHR KIND LERNT

- **Streicheln**
  Durch Nachahmen von Gebärden lernt Ihr Kind, wie man Gefühle ausdrückt und diese kanalisiert.
- **„Als ich klein wie eine Nadel war"**
  Hier können Sie äußerst unterhaltsam eine vertraute Geschichte wiederholen und dabei die Phantasie Ihres Kindes anregen.
- **Papierpuppen, Eierschachteltiere, Stoffpuppen**
  Basteln vertieft und verstärkt Kreativität und Phantasie Ihres Kindes. Es bietet ihm zudem die Möglichkeit, etwas Bleibendes zu schaffen, das noch dazu von ihm geprägt wurde.

„Als ich klein wie eine Nadel war"

4jährige lieben Geschichten über die Zeit, als sie noch kleiner waren. Ich habe meinem Sohn Geschichten erzählt, die etwa so begannen: „Als du so klein wie eine Nadel warst, hab ich dich in einer Zündholzschachtel aufbewahrt und auf den Nachttisch gelegt, wenn ich Betten gemacht habe." Und mein Sohn entgegnete: „Als ich so klein wie eine Nadel war, hab' ich dann Kuchenkrümel zum Tee gegessen?" Ich antwortete: „Ja, genau, und die Milch hast du aus einem Flaschendeckel getrunken."

Papierpuppen

Schneiden Sie ein Papier (DIN A4) in der Mitte der Länge nach durch und falten Sie es wie eine Ziehharmonika mit etwa 3 cm breiten Abschnitten. Zeichnen Sie nun vorsichtig ein halbe Gestalt an die Falzkante des obersten Abschnitts – also je einen halben Kopf und Körper, einen Arm und ein Bein. Der Arm oder das Bein sollte sich bis zur anderen Kante erstrecken. Nun schneiden Sie die Figur entlang der Umrisse aus. Wenn Sie die Ziehharmonika auseinanderfalten, haben Sie eine ganze Reihe von Papierpuppen, die tanzen und spielen können.

Eierschachteltiere

Zerschneiden Sie die Eierschachtel in einzelne Teilstücke. Aus einer 10er-Schachtel können Sie 20, aus einer 6er-Schachtel 12 Tiere basteln. Kleben Sie Pfeifenputzer als Beine und Fühler an sowie Kartonohren, Filzfüße und Wollhaare. Die Wesen können so einfach oder aufwendig gebastelt werden, wie es der Phantasie Ihres Kindes entspricht.

Eine Stoffpuppe

Stoffpuppen sind wunderschöne Geschenke. An einem Regentag können Sie eine einfache und vielfältig verwendbare Puppe in wenigen Augenblicken basteln. Sie brauchen dazu ein etwa 10 x 10 cm (je nach Belieben auch kleineres oder größeres) Stück Stoff und etwas Wolle. Falten Sie das Stoffstück einmal in der Mitte und rollen Sie den Stoff jeweils von der Längskante aus zur Mitte, so daß sich zwei nebeneinander liegende Stoffrollen ergeben. Knicken Sie diese nun etwa bei einem Drittel der Länge ab und legen Sie die zwei Rollenpaare übereinander. Hals und Kopf entstehen, wenn Sie nun das obere Drittel der Doppellage mit einem Wollfaden, den Sie zwei- oder dreimal um den Stoff wickeln, abteilen. Es bleiben jeweils zwei kurze und zwei lange Stoffrollen.

Wickeln Sie nun einen weiteren Wollfaden um den Hals, führen Sie die beiden Fadenenden über Kreuz unter den kurzen Stoffrollen durch und weiter um die längeren Rollen – so bilden sich Brust und Bauch. Zupfen Sie nun die kürzeren Rollen etwas heraus, um die Arme zu formen. Binden Sie bei den kurzen und langen Rollen die Enden als Hände bzw. Füße ab. Sie können noch ein Gesicht zeichnen. Mädchenpuppen bleiben so, bei Jungen müssen die Beinrollen als Hosen auseinandergeschnitten werden.

Haustiere als Freunde

Im Leben von Kindern spielen Haustiere viele unterschiedliche Rollen. Ein vielgeliebtes Kind kann einem Haustier viel Liebe geben. Ein häufig einsames Kind kann das Gefühl brauchen, daß es noch von jemand anderem geliebt wird. Für viele Kinder, besonders für Einzelkinder, ist es in ihrem Leben wichtig, daß sie lernen, Liebe und Fürsorge zu geben. Dennoch sind Kinder vor dem Schulalter noch zu klein, um die alleinige Verantwortung für ein Haustier zu übernehmen. Eine 4jährige kann einem Hamster Futter und Wasser geben, muß jedoch immer wieder daran erinnert werden. Sie muß auch beaufsichtigt werden, wenn sie den Hamsterkäfig säubert. Wesentlich pflegeleichter ist ein Kätzchen, das erheblich selbständiger ist.

WAS IHR KIND LERNT

- Es lernt, daß es Tiere gibt, die kleiner und verletzlicher sind als es, und daß diese seine Liebe, Pflege und Schutz brauchen.
- Das Wissen, daß das Überleben eines Tieres möglicherweise von ihm abhängt, stärkt das Verantwortungsbewußtsein eines Kindes.
- Die Erlaubnis, sich um ein Haustier zu kümmern, ist ein Vertrauensbeweis, durch den Sie das Selbstbewußtsein Ihres Kindes enorm stärken können.
- Die Erkenntnisse über das Verhalten der Tiere – wann sie schlafen, was sie gerne essen, wie sie sauber gehalten werden – erweitert den Erfahrungshorizont.

Auflesen, Einsammeln und Finden

Aus vielen Gegenständen diejenigen aussortieren, die nicht dazu passen, ist hilfreich beim Verstehen der Welt

Ab dem Krabbelalter lieben Kinder, Dinge zu sammeln, zu arrangieren und aufzubewahren. Hierfür bieten sich zahlreiche geeignete Aktivitäten an.

Ein Tisch aus der Natur

Kleinkinder sammeln gerne Gegenstände in eine Tasche. Dabei ist vorrangig die Tätigkeit des Einsammelns von Bedeutung; was danach mit den Gegenständen passiert, interessiert sie weniger. Ein älteres Kind legt dagegen vielleicht lieber eine Sammlung an, die es auf einem Regalbrett oder einem Tisch in seinem Zimmer aufstellen kann. Dazu können Blätter, frische, getrocknete oder gepreßte Blumen, weiche Rindenstücke (siehe Seite 90–91), Tannenzapfen, Eicheln und Kastanien gehören, aber auch selbstgemalte Bilder. Beschriften Sie alles; vielleicht möchte das Kind die Etiketten verzieren oder gar selbst beschriften.

Schnecken beobachten

Schnecken bewegen sich auf Schleimspuren mit Hilfe von Scheinfüßchen (sog. Pseudopodien). Wenn man die Tiere auf einer durchsichtigen Unterlage, z. B. Plexiglas, kriechen läßt, kann man sie beobachten. Legen Sie das Plexiglas zwischen zwei Stühle, geben Sie die Schnecken darauf und beobachten Sie sie von unten. Oder Sie lassen die Schnecke an einer Fensterscheibe hinunterkriechen. Am besten kann man Schnecken nach Regen sammeln.

Wilde Beeren pflücken

Zwar findet man Brombeeren leichter als Heidelbeeren, jedoch sind die Büsche sehr stachelig. Geben Sie Ihrem Kind für die gesammelten Beeren einen kleinen Korb oder eine Schachtel. Zeigen Sie ihm, wie man die Beeren pflückt. Wenn Sie keine Wildfrüchte in der Umgebung haben, dann besuchen Sie doch einfach einmal eine Erdbeerplantage.

Wo ist was im Supermarkt?

Gestalten Sie Ihren Einkauf unterhaltsamer, indem Sie für Ihr Kind eine Liste anfertigen. Am einfachsten malen Sie die Dinge auf; Sie können aber auch Bilder aus Werbeprospekten ausschneiden und ▶

WAS IHR KIND LERNT

• Ein Tisch aus der Natur
Auf diese Weise bringt man die Natur zum Kind und vermittelt ihm erste naturwissenschaftliche Kenntnisse – etwas, was Stadtkinder oft vermissen.

• Schnecken beobachten
Damit wecken Sie das Interesse des Kindes an der Natur.

• Wilde Beeren pflücken
Das Kind lernt, wie Pflanzen wachsen, und verbessert seine Fähigkeit, Objekte einzuordnen. Ältere Kinder wiegen ihre Ernte gerne und bekommen so ein Gefühl für Maße und Gewichte.

▶ diese auf Papier kleben. Das Kind muß nach den abgebildeten Gegenständen suchen. Halten Sie ein paar Klebesterne bereit, die man an den Bildern der gefundenen Gegenstände anbringen kann.

Baustellen beobachten

Große Maschinen wirken aus der Nähe furchterregend, von der Ferne üben sie auf die meisten Kinder jedoch eine Faszination aus. Fotografieren Sie, wie die Baustelle vorbereitet und der Bau begonnen und weitergeführt wird. Kleben Sie diese Bilder auf Papier und zeigen Sie dem Kind, wie sie in der richtigen Reihenfolge angeordnet werden müssen. Oder kleben Sie die Fotografien in ein Album.

Buchstaben

Wählen Sie einen Buchstaben aus und suchen Sie nach Gegenständen, deren Name mit diesem Buchstaben beginnt, für B z. B. Baby, Bert, Barbara, für M Mama, Maria und Markus. Fordern Sie Ihr Kind auf, den Anfangsbuchstaben seines Namens auf Laden- und Straßenschildern sowie auf Büchsen im Supermarkt zu suchen.

Autokennzeichen

Entdeckt es ein Autokennzeichen, auf dem ein A oder eine 1, 2, 3 oder 4 ist? Erstellen Sie eine Liste von Autofabrikaten und streichen Sie die einzelnen Marken aus, sobald Ihr Kind sie gefunden hat.

Sammelobjekte

Die meisten 6jährigen besitzen Spielzeug zum Sammeln: Plastikfiguren oder Tierfamilien. Dem Druck, der durch TV-Werbung und Gleichaltrige aufgebaut wird, kann kaum widerstanden werden. Die im Laden um die Ecke erhältlichen Papierbildchen entsprechen zwar nicht immer dem Geschmack der Erwachsenen. Sie sind jedoch billig und bieten den Vorteil, daß die meisten Kinder so viel davon sammeln, um sie auf verschiedene Weise sortieren und einordnen zu können – und dies ist Sinn und Zweck von Papierbildchen.

WAS IHR KIND LERNT

• Wo ist was im Supermarkt?
Dadurch wird Ihr Einkauf nicht nur unterhaltsamer, sondern Sie schärfen auch die Beobachtungsgabe Ihres Kindes, wenn es nach den Gegenständen sucht. Zudem wird die Fähigkeit zu sortieren verbessert.

• Baustellen beobachten
Um Mathematik zu verstehen, muß ein Kind folgerichtige Abläufe nachvollziehen können. Plaziert man Gegenstände wie in einem Comic-Heft, hilft dies dem Kind zu verstehen, wie Wörter auf einer Seite angeordnet werden. Dies wiederum ist eine Grundvoraussetzung zum Lesenlernen.

• Buchstaben, Autokennzeichen
Dadurch wird die Beobachtungsgabe des Kindes geschärft und die Fähigkeit zum Sortieren verbessert.

• Sammelobjekte
Sortieren und Einordnen bilden die Basis für das mathematische Verständnis. Die Möglichkeit, über Gegenstände auf mehrere Weisen nachzudenken (was ein Kind tut, wenn es eine Karte zugleich als Tauschobjekt und als Mitglied einer bestimmten Gruppe ansieht), ist die Grundvoraussetzung für logisches Denken.

KAPITEL 7

Geistige Fähigkeiten entwickeln

Geistige Fähigkeiten wie Lernen, Sich-Erinnern, Nachdenken und Schlußfolgern bilden die Basis für die intelligente Interaktion mit der Umwelt. Im Schulunterricht werden intellektuelle Fähigkeiten trainiert, aber nicht angelegt und beileibe nicht immer sowie alle voll in Anspruch genommen. Ein Kind, das sich keine historischen Daten merken kann, ist möglicherweise in der Lage, alle Spielergebnisse und -termine seines Lieblings-Fußballvereins aufzusagen. Die Erklärung ist einfach: Geschichte findet es langweilig, für Fußball begeistert es sich. Kinder lernen gerne, und zwar ganz natürlich, wenn ihnen die Erwachsenen den richtigen Anreiz bieten. Ein lebhaftes Kartenspiel, im Garten zu toben oder das Lieblingslied zu singen bereiten eventuell besser auf die Schule vor als zu zählen oder das ABC zu lernen.

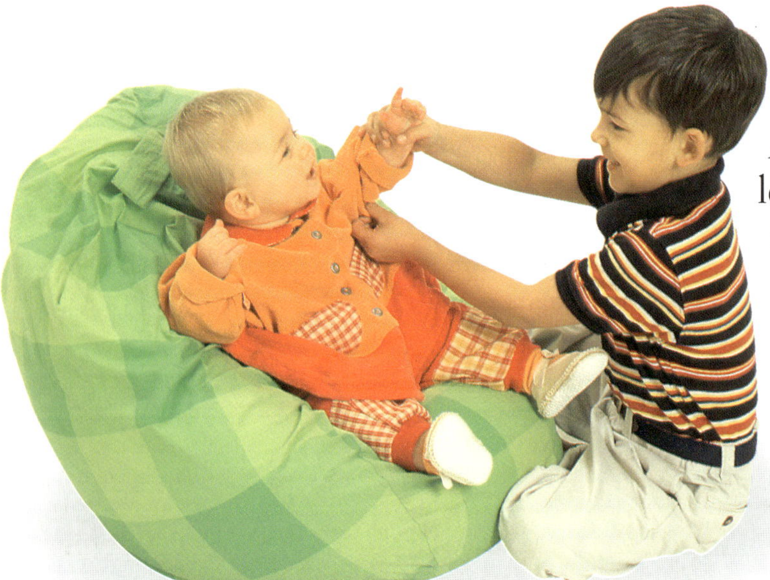

Babymini
babyGAP

Meilensteine der geistigen Entwicklung

	WIE SICH DAS GEDÄCHTNIS ENTWICKELT
6 *Wochen*	● Das Baby erkennt Personen anhand des Geruchs (ab dem 1. Tag), der Stimme (nach ein paar Tagen) und des Aussehens (ab Ende der 1. Woche). ● Es kann sich nicht an Personen erinnern, wenn sie nicht anwesend sind. ● Es lebt nur im Augenblick.
20 *Wochen*	● Das Baby beginnt, die Einmaligkeit bestimmter Dinge zu verstehen. ● Es vergißt Gegenstände, die hinuntergefallen sind, und vermißt Sie nicht, wenn Sie hinausgehen. ● Es „springt" von einer Aktivität zur nächsten.
42 *Wochen*	● Das Baby entwickelt Vorfreude und scheint sich an Vorfälle zu erinnern. Es versteht „nein". ● Es weiß, daß Sie auch dann existieren, wenn Sie den Raum verlassen. ● Es sucht nach heruntergefallenen Gegenständen. ● Es lugt um Ecken und liebt Guck-guck-Spiele.
1 *Jahr*	● Das Kind erinnert sich, wie man „Backe-backe-Kuchen" spielt, wo sein Lieblingsbild im Buch ist und versteht einfache Aufforderungen. ● Es zeigt auf Gegenstände und kann 1–2 benennen. ● Es kann aufsehen und danach seine Tätigkeit wieder aufnehmen. ● Es kann zwei Ideen zu einem Plan verarbeiten, als ob es einem Gedankengang folgen würde.
1½ *Jahre*	● Das Kind erwartet bestimmte Gegenstände an bestimmten Orten und bestimmte Ereignisse zu festgesetzten Zeiten. ● Es kann einige Wörter sprechen, versteht aber sehr viel mehr. ● Es vergißt nicht sofort und kann länger etwas zurückfordern, das Sie ihm wegnahmen. ● Es plant seine Tätigkeit und scheint zielgerichteter. ● Es protestiert, wenn es nicht „Selbermachen" darf.
2 *Jahre*	● Das Kind untersucht, beobachtet und erforscht. Es kann komplexe Aktivitäten im voraus planen. ● Sein Verhalten wird fließender. Es verbindet offensichtlich Einfälle. ● Es fügt Wörter zu einfachen Sätzen zusammen und kann einfachen Anweisungen folgen; es kann wiederholen, was es tun soll. ● Es ahmt Ihre Tätigkeiten nach.
4 *Jahre*	● Die Gedächtnisspanne des Kindes erweitert sich, das Kind agiert, als ob es einen durchgängigen Plan und einen Gedankengang hätte. ● Es verwendet Sätze, die aus mehr als zwei Wörtern bestehen. ● Es gibt Gründe an und löst Probleme. Es versteht Regeln. ● Es teilt Ihnen seine Gedanken mit.
5 *Jahre*	● Das Kind liefert und diskutiert Gründe. ● Seine Gedächtnisspanne dehnt sich weiter aus; es beginnt, Vergleiche zu ziehen. ● Es versteht, daß jeder seine eigenen Erfahrungen und Gedanken hat. ● Es kann darüber sprechen, was in der Vergangenheit passiert ist und braucht keine Anregung von außen, um sich daran zu erinnern.

LERNFÄHIGKEIT	**WIE IHR KIND DENKT**
• Das Baby lernt, Konstantes zu ignorieren, und kann sich so den Dingen zuwenden, die sich verändern. • Es lernt, daß ein Ereignis dem anderen folgt. • Es lernt, etwas zu verursachen. • Es imitiert Gesichtsausdrücke.	• Das Baby hat keine kontinuierlichen Gedanken und versteht nicht, daß etwas beständig existiert. • Es weiß nicht, daß Gegenstände existieren, wenn es sie nicht sieht: Es denkt, daß alles neu ist, was es sieht – sogar Menschen.
• Das Baby bündelt Aktivitäten: Es greift nach einem Spielzeug und steckt es in den Mund. • Es kann langsam zwei beabsichtigte Aktivitäten gleichzeitig ausführen, z. B. rufen und nach etwas greifen.	• Ihr Baby realisiert, daß es nur eine Mutter hat. • Es kann seine Rassel schütteln und gleichzeitig rufen (ab der 26. Woche). Bald kann es gleichzeitig eine Absicht verfolgen und eine Handlung ausführen.
• Das Baby hat gelernt, Gegenstände verschieden anzuwenden. • Es verbindet längere Verhaltenssequenzen. • Es beginnt, das Verhalten anderer nachzuahmen.	• Es beginnt zu verstehen, daß Menschen und Gegenstände auch dann existieren, wenn es sie nicht sieht. • Es koordiniert und plant. • Es schaut kurz auf, wenn etwas interessant erscheint, und kann danach seine unterbrochene Tätigkeit fortführen.
• Beobachtung/Nachahmung werden immer wichtiger. • Sein Verhalten ist sehr viel organisierter. Es kann Aktivitäten länger unterbrechen und wieder aufnehmen. • Es benutzt Gegenstände auf eine bestimmte, einmalige Weise. Es hämmert nicht mit einer Tasse und steckt keine Gegenstände mehr in den Mund.	• Ihr Kind ist nicht länger auf zwei Gedanken beschränkt und kann mehrere Tätigkeiten verbinden: Es erinnert sich z. B. daran, daß sein Laster in der Diele ist, geht hinaus und bringt ihn ins Wohnzimmer.
• Das Kind ist sich sehr viel bewußter, daß es handeln kann. • Es probiert und übt ständig. • Es kann einfachen Anweisungen folgen. • Es will Ihnen bewußt gefallen oder Sie ärgern.	• Das Kind agiert, als ob es sich daran erinnere, was zuvor passiert ist, und es weiß, was anschließend geschieht. • Es kann in Büchern blättern. • Es beobachtet und ahmt nach.
• Ihr Kind beginnt, eher die Handlungsabsichten als die Handlungen anderer nachzuahmen. • Es plant Aktivitäten, lernt jedoch immer noch am meisten durch Ausprobieren (trial and error).	• Die Sprache gewinnt an Bedeutung. • Das Kind beginnt, Begriffe wie „eins“ oder „mehr“ zu verstehen. • Es beginnt Gründe anzugeben. • Es zieht Vergleiche und versteht Regeln.
• Das Kind gibt Gründe an und löst Probleme, versteht und respektiert Regeln.	• Ihr Kind spricht fließend, stellt Fragen und versteht Antworten. • Es kann durch sprachliche Erklärungen lernen. • Es versteht die Bedeutung einfacher Zahlen; es gibt Gründe an und diskutiert diese. • Es zieht häufig Vergleiche.
• Ihr Kind verwendet die Sprache, um einen Plan auszuarbeiten. • Es gibt Gründe an und löst Probleme. • Es kann einige Gegenstände ordnen. • Es beginnt, logisch zu denken (nach dem 6. Geburtstag).	• Ihr Kind hört aufmerksam zu und versteht kompliziertere Regeln. • Es erklärt und will gern gefallen. • Es kann logisch denken (nach dem 7. Geburtstag). • Es realisiert, daß Gegenstände in verschiedenen Verpackungen gleich bleiben (nach dem 7. Geburtstag).

Meilensteine in der Beziehung zur Umwelt

	Was Ihr Kind kann
Nach der Geburt	• Das Baby begegnet der Umwelt mit bestimmten Reflexen. • Es kann Gedanken nur für einen Moment im Sinn behalten und besitzt kein Gefühl für Zeitdauer.
16 *Wochen*	• Ihr Baby erforscht sich selbst. Bis es den Unterschied zwischen „Ich" und dem „Rest der Welt" erkennt, ordnet es seiner Umgebung wenig Sinn zu; ab der 16. Woche versteht es den Unterschied.
32 *Wochen*	• Das Baby beginnt, die Welt zu erforschen. • Es kann einen Gedanken etwas länger behalten, sucht jedoch noch nicht nach heruntergefallenen Gegenständen. • Es hat kein Gefühl für Dauer. • Es beginnt, zwei Aktivitäten zu verbinden.
1 *Jahr*	• Das Kind kann nun Gedanken so lange behalten, daß es einen kleinen Plan für seine beabsichtigte Handlung schmieden kann. • Allmählich entwickelt sich die Erkenntnis, daß auch nicht sichtbare Gegenstände existieren.
1½ *Jahre*	• Das Kind beginnt zu experimentieren, behandelt Gegenstände auf unterschiedliche Weise und probiert aus, wie es Menschen und Gegenstände manipulieren kann. • Seine Vorstellung über die Welt wird abstrakter; wenn etwas in einer Situation funktioniert, probiert es dies auch in einer anderen aus.
2 *Jahre*	• Das Kind beginnt, Ideen miteinander zu verknüpfen. • Es kann eine Idee oder eine Aktivität zurückstellen, während es andere Tätigkeiten ausführt oder an etwas anderes denkt. • Die Sprache spielt nun eine größere Rolle.
4 *Jahre*	• Es ist ganz offensichtlich, daß das Kind denken kann. Es muß fähig sein, darüber nachzudenken, was es nicht sehen kann. Die Sprache liefert ihm dazu das nötige Rüstzeug. Es gibt vor, unterhält sich und gibt Gründe an. • Es kann nachahmen, was es am Vortag gesehen hat, wird jedoch immer noch hauptsächlich durch das beeinflußt, was es sehen kann. • Es denkt, daß es die Mitte der Welt ist und daß Gegenstände lebendig sind.
6 *Jahre*	• Das Kind weiß, daß andere Menschen Verstand besitzen und sein Verstand zu keinem Anderen gehört. • Es glaubt, was es fühlt ist wahr und seine Wahrnehmungen seien nicht logisch: Es denkt z.B., daß die Menge einer Flüssigkeit in einem Glas von dessen Form abhängt, oder daß es einen Bruder hat, der Bruder selbst jedoch keine Geschwister hat. • Es kann Gegenstände nach einfachen, doch häufig uneinsichtigen Kategorien ordnen.

Was Sie feststellen	Was Sie tun können
● Ihr Baby macht es sich gemütlich und forscht nicht aktiv.	● Legen Sie das Baby auf den Rücken, damit es seine Hände sehen kann. ● Ziehen Sie Gesichter, damit es sie nachmachen kann.
● Es schaut seine Hände an.	● Geben Sie ihm eine Rassel in die Hand oder befestigen Sie ein Glöckchen an seiner Faust, so daß es seine Hände besser findet. ● Geben Sie ihm Gegenstände zum Schlagen.
● Das Baby streckt seinen Arm aus, um etwas zu berühren und dann danach zu greifen. ● Es verwendet seinen Mund zum Erforschen. ● Es schiebt einen Gegenstand zur Seite, um einen anderen zu erreichen (mit 7 oder 8 Monaten).	● Geben Sie ihm Gegenstände zum Erforschen. ● Verbessern Sie seine Gedächtnisfähigkeit und lassen Sie es beim Hoppe-Hoppe-Reiter-Spiel auf etwas warten. ● Ordnen Sie bestimmten Gegenständen bestimmte Funktionen zu.
● Das Kind beginnt, Gegenstände angemessen zu behandeln: Es knuddelt Teddybären. ● Es weiß, daß ein Hammer lauteren Lärm verursacht als ein mit Schaumstoff überzogener Stock.	● Warten Sie, daß es zu kommunizieren beginnt, bevor Sie antworten. ● Spielen Sie Spiele, bei denen es versteckte Gegenstände finden muß. ● Schauen Sie mit ihm gemeinsam Bücher an.
● Ihr Kind ist immer beschäftigt. Es ahmt nach. ● Es schreit, um Aufmerksamkeit zu erregen, und sagt oder zeigt: „Nein!". ● Es versteckt und sucht Gegenstände.	● Geben Sie ihm Spielzeug, mit dem es Tätigkeiten imitieren kann. ● Sprechen Sie viel mit ihm.
● Das Kind holt sich Spielzeug aus dem Schrank. ● Es gibt einer Puppe einen Löffel voll imaginärem Essen. ● Es schaut auf, wenn Sie zu ihm sprechen, und setzt dann sein Spiel fort. ● Es kommuniziert mit Worten und Zeichen.	● Unterhalten Sie sich mit ihm, wenn es spielt und Sie arbeiten.
● Ihr Kind spricht über Dinge in der Vergangenheit und der Zukunft. ● Es gruppiert Gegenstände, jedoch bisweilen ohne formale Logik. ● Es gibt vor, liebt Geschichten, fragt nach und gibt Gründe an.	● Geben Sie ihm Legespiele und Bücher, die ihm beim Zuordnen helfen. ● Geben Sie ihm „Werkzeug" für Als-ob-Spiele. ● Sprechen Sie mit ihm darüber, was es tut.
● Ihr Kind liefert genügend Hintergrundinformationen, so daß es Erwachsene verstehen können. Es weiß, daß sie seine Gedanken nicht mit ihm teilen. ● Es streitet mit seinem Bruder um das hohe Glas. ● Es kann Dinge nach einfachen Kategorien ordnen. ● Es legt sich beim Spielen keine Strategie zurecht.	● Bieten Sie ihm die Gelegenheit, Gegenstände zusammenzubringen und zu sortieren, so etwa Tisch decken, Wäsche sortieren oder Socken in Paare ordnen.

Wie Kinder lernen

Mit diesen grundlegenden Prinzipien können Sie den Intellekt fördern

Die Lernfähigkeit basiert auf vielen Faktoren. Einige sind vor der Geburt angelegt, andere werden in den ersten Lebensmonaten und -jahren erworben.

Gewöhnung

Die Fähigkeit, „abzuschalten", wenn etwas ständig andauert, wird Gewöhnung genannt. Durch Gewöhnung sind Sie in der Lage, eine tickende Uhr oder Verkehrslärm zu überhören. Babys scheinen sich sogar an etwas zu gewöhnen, bevor sie geboren werden. Durch ein Geräusch, das Sie über einen an den Bauch gehaltenen Lautsprecher übertragen, können Sie ein Baby aufscheuchen. Wenn Sie dieses Geräusch in der Folge regelmäßig ertönen lassen, wird das Baby nicht mehr darauf reagieren. Dies zeigt, daß es lernen kann, ein regelmäßiges, voraussagbares Ereignis zu ignorieren. Wenn das Geräusch abgestellt wird, reagiert das Baby auf die nun folgende Stille.

Lernen, etwas vorauszusehen

Man lernt, vorherzusehen, daß etwas wahrscheinlich geschehen wird. Wenn Sie hören, daß sich Schritte nähern, dann erwarten Sie, daß Sie gleich jemanden sehen werden. Ein Baby in seinem Kinderwagen lernt, daß ein Gesicht nach einem bestimmten Stimulus – das Hören von Schritten – erscheinen wird, der jedoch ursächlich nicht mit dem dazugehörigen Kopf in Verbindung steht. Wenn sie das Klappern des Büchsenöffners hört, läuft eine Katze herbei, da sie gelernt hat, dieses Geräusch mit Futter zu verbinden. Es ist noch ungeklärt, in welchem Alter Babys beginnen, etwas vorauszusehen. Es gibt jedoch Hinweise darauf, daß sie diese Fähigkeit schon im Mutterleib erwerben.

Konsequenzen entdecken

Einem Menschen oder Tier beizubringen, auf neutrale Reize mit bestimmten Reflexhandlungen zu reagieren, bezeichnet man als klassische oder Pawlowsche Konditionierung (nach dem russischen Physiologen Iwan Petrowich Pawlow). Die sogen. operante Konditionierung hingegen bedeutet Lernen an den Konsequenzen, Lernen am Erfolg. Tests haben gezeigt, daß ein kleines Baby lernen kann, mit Armbewegungen ein Mobile zum Tanzen zu bringen. Es lernt auch, daß Sie es auf den Arm nehmen, wenn es weint, und daß Sie zurücklächeln, wenn es Sie anlächelt. Ein Baby kann lernen, Geschehnisse zu verursachen, ohne sich jedoch darüber klar zu sein, daß es sie auslöst.

Wenn Ihr Baby weint, nehmen Sie es auf den Arm. Dadurch lernt Ihr Baby, daß es in Ihrem Leben eine wichtige Rolle spielt, aber auch, daß es am besten zu weinen beginnt, wenn es auf den Arm genommen werden möchte.

Lernen, daß man lernen kann

Wichtig ist nicht so sehr das Lernen selbst, sondern zu erkennen, daß man lernen kann. Nicht etwas zu können spielt eine Rolle, sondern zu beabsichtigen, daß etwas geschieht. Ein Baby ist vielleicht fähig, einen Teddy zu stoßen und damit in Bewegung zu versetzen. Es weiß jedoch nicht, daß es diese Bewegung auslöst, oder hat auch nicht die Absicht, den Teddy zu bewegen. Es schubst ihn, wird aufgeregt und schubst noch einmal. Sobald es weiß, daß es etwas verursachen kann, wird es mit Absicht handeln und kann beginnen, seine Welt zu kontrollieren. Wenn es eine interessante Sache erspäht, kann es danach greifen. Wenn es sie untersuchen möchte, kann es sie in die Hand nehmen und zu den Lippen bringen. Obwohl Babys bereits im Alter von 6 Wochen Geschehnisse verursachen können, beginnen sie doch eher erst mit 12 Wochen, diese mit Absicht auszuführen.

Imitieren

Menschen lernen vieles durch Ausprobieren. Wenn man älter wird, lernt man wahrscheinlich das meiste durch Nachahmung oder durch Unterricht. Kleine Kinder können Gesichtsausdrücke bereits in den ersten Tagen nach der Geburt imitieren. Ab dem 2. Lebensjahr beginnen sie, die Bewegungen der Erwachsenen zu kopieren (z. B. Ihnen mit einem Spielzeug-Staubsauger folgen). Ab dem 3. Lebensjahr können sie Ihre Handlungsabsichten nachahmen. So wird Ihr Kind z. B. im Spiel seine Puppe füttern, indem es nachahmt, wie Sie den kleinen Bruder füttern.

Übung macht den Meister

Ob das Kind nun verschiedene Arten ausprobiert, wie es Ihre Aufmerksamkeit erregen oder die Treppe herunterspringen kann, ein Kind testet und probiert alles, was es lernt. Je jünger es ist, desto weniger kann es darauf zurückgreifen, was Sie sagen, und muß Sachen selbst ausprobieren. Dies ist einer der Gründe, warum Kinder alles immer und immer wieder tun. Spielen ist daher Lernen, das der jeweiligen Entwicklungsstufe des Kindes genau angepaßt ist.

Ein Kind, das beobachtet hat, wie Sie ein schlafendes Baby in sein Bettchen legen und zudecken, wird diese Tätigkeiten wiederholen, wenn es seine Puppe ins Bett bringt (siehe oben). Möglicherweise wiederholt es auch, was Sie üblicherweise sagen, wahrscheinlich sogar mit der gleichen Betonung.

Sobald es gelernt hat, daß Armbewegungen die Glocken der Rassel zum Klingeln bringen, beginnt Ihr Baby zu begreifen, daß es über seine Welt eine gewisse Kontrolle ausüben kann.

Konzentrationsvermögen und Gedächtnis

So reagiert Ihr Kind auf Ereignisse und Handlungen und lernt, sich daran zu erinnern

Wenn Sie eine Handvoll Süßigkeiten auf den Tisch werfen, sieht ein Erwachsener, ob es sechs oder sieben sind; um zu wissen, ob es 18 oder 19 sind, muß er die Süßigkeiten zählen. Erwachsene können sich eine siebenstellige Telefonnummer merken, nicht jedoch die längere Nummer auf einer Kreditkarte. Erwachsene haben ein Konzentrationsvermögen, mit dem etwa sieben Gegenstände erfaßt werden. Kleine Babys haben eine Konzentrationsspanne von eins, Krabbelkinder von drei, und noch mit 7 Jahren geht sie nicht über fünf hinaus.

WARUM BABYS FERIEN HASSEN

Babys brauchen Anhaltspunkte, um sich zu erinnern. Sie müssen eine Situation erneut erleben, bevor sie sich daran erinnern, was dort geschah. Darum hassen 6 bis 12 Monate alte Babys, in Urlaub zu fahren. Sie brauchen die Anhaltspunkte, die ihnen ein vertrautes Zimmer liefert, und eine gewisse Routine, um sich an etwas zu erinnern. Sobald ihnen diese Anhaltspunkte fehlen, werden sie unsicher. In einer neuen Umgebung müssen sie sich angestrengt auf alles konzentrieren, es bleibt ihnen nicht genug Zeit, die bereits aufgenommenen Informationen anzugleichen.

Wenn Sie mit einem Baby unter 1 Jahr in Urlaub fahren, sollten Sie deshalb möglichst viele vertraute Gegenstände mitnehmen – z. B. die Lieblingsdecke, einige Spielsachen und einen alten treuen Teddybären. Spielen Sie auch dieselben Spiele wie immer.

Wie ein geringes Konzentrationsvermögen das Denken beschränkt

Zu den Schwerpunkten des Konzentrationsvermögens gehört, einen Gedanken lange genug im Bewußtsein zu behalten, um ihn überdenken und mit anderen Ideen in Verbindung bringen zu können. Sich sieben Zahlen merken zu können, ermöglicht, das Konzentrationsvermögen gleichsam wie einen Notizblock zu verwenden und einen Vorgang ohne Hilfestellungen zu durchdenken. Mit einem für Kinder typischen Konzentrationsvermögen von fünf Zahlen spielen Hilfestellungen eine wichtigere Rolle. Für ein Kleinkind ist es unmöglich, Gedanken logisch zu sortieren oder aktuelle Einfälle mit anderen zu verbinden, die es vielleicht im Hinterkopf behalten hat. Kleinkinder können Probleme nicht logisch lösen, weil ihr Konzentrationsvermögen zu gering ist. Sie glauben eher, was sie sehen, auch wenn es keinen Sinn macht.

Wie ein geringes Konzentrationsvermögen die Sprache beschränkt

Kinder im Krabbelalter sprechen gezwungenermaßen in kurzen Sätzen. Ihre Konzentrationsfähigkeit ist nicht groß genug, um lange Sätze zu bilden. Kompliziertes drücken sie in kurzen Aussagen aus, mit denen sie umgehen können (siehe Seite 158–159). Wenn Ihr Kind älter wird, erhöht sich sein Konzentrationsvermögen. Doch bis es so weit ist, können Sie ihm helfen, indem Sie ihm vertraute Geschichten und Kinderreime vorlesen. Ist dem Kind etwas vertraut, kann es Informationen in größere Abschnitte „aufteilen" und so das übliche Konzentrationsvermögen vergrößern.

Sich an Ereignisse erinnern

Gewisse Ereignisse bleiben im Gedächtnis haften: Zeitgenossen von John F. Kennedy können sich immer noch daran erinnern, was sie zu dem Zeitpunkt taten, als der Präsident der USA erschossen wurde. Viele werden sich immer daran erinnern, womit sie gerade beschäftigt waren, als sie vom Tod von Prinzessin Diana hörten. Erwachsene erinnern

Wenn sich ein vertrautes Spielzeug immer im zweiten Fach des Schranks befindet, wird es Ihr Kind bald mit dem Schrank assoziieren. Wenn es sich eines Tages nicht dort befindet, ist es verwirrt.

sich besonders an kurz zurückliegende Ereignisse, so etwa, was sie heute zum Frühstück gegessen haben. Die meisten dieser „Ereignisse" verschwimmen zu einer allgemeinen Erinnerung an „frühstücken", wobei bestimmte Frühstücke wiederum als Ereignis im Gedächtnis haften bleiben werden.

Kleine Babys erinnern sich nicht an Ereignisse. Sie erkennen nur, daß sie zuvor etwas gesehen haben. Obwohl sie sich ab etwa 10 Monaten daran erinnern können, daß etwas an einem bestimmten Ort geschehen ist, kommt ihnen diese Erinnerung jedoch nur, wenn sie sich an diesem Ort befinden.

Gedächtnishilfen für Babys

Babys brauchen große, auffällige Anhaltspunkte, um sich zu erinnern. Sie möchten ihre Spiele genauso wie am Tag zuvor spielen. Sie möchten dasselbe Buch anschauen und immer wieder am längsten genau dasselbe Bild betrachten.

Helfen Sie ihm, sich zu erinnern, indem Sie bestimmte Spiele mit bestimmten Spielsachen spielen und Tätigkeiten am selben Ort auf dieselbe Weise ausführen. Worte, die Sie immer und immer wieder verwenden, werden mit bestimmten Aktionen und Ereignissen in Verbindung gebracht: „Hoch mit dir!", „Da hinein!", „Mmmh, Banane". Diese Vertrautheit hilft ihm, sich an das letzte Mal zu erinnern, als es diese Worte hörte, und somit ihre Bedeutung zu verstehen.

Wissen, daß…

Sie wissen, daß 2 + 2 = 4 ist und Nigeria in Afrika liegt. Sie wissen wahrscheinlich noch sehr viel mehr, könnten jedoch nicht sagen, wo sie es gelernt haben. Wörter sind Anhaltspunkte, die Sie benötigen, um sich an diese Fakten zu erinnern. Wenn Sie nach dem Namen der Hauptstadt von Bulgarien gefragt werden, fällt er Ihnen möglicherweise nicht ein; wenn Sie jedoch die zusätzliche Information erhalten, daß er mit „S" beginnt, können Sie sich vielleicht daran erinnern. Das Wissen eines Erwachsenen hängt sehr von der Sprache ab, über die Babys noch nicht verfügen. Deshalb ist es unwahrscheinlich, daß Babys solche Erinnerungen besitzen oder Kinder sich in dem gleichen Maße wie Erwachsene auf Erinnerungen stützen.

FRAGE UND ANTWORT

Ich habe schon alles ausprobiert, doch meine Tochter scheint nicht fähig zu sein, die Namen der Farben zu lernen. Ist sie möglicherweise farbenblind?

Möglich, aber unwahrscheinlich. Farbenblindheit wird durch ein geschlechtsbezogenes rezessives Gen vererbt, das sich auf dem X-Chromosom befindet. Da Mädchen zwei X-Chromosomen haben, müssen sie, um farbenblind zu sein, das Gen von beiden Elternteilen erben – Sie bräuchten also einen farbenblinden männlichen Verwandten, und der Vater des Mädchens müßte ebenfalls farbenblind sein, da jeder Mann, der das Gen besitzt, farbenblind ist (Männer haben nur ein X-Chromosom). Etwa jeder zehnte Junge ist farbenblind, jedoch nur etwa jedes 100. Mädchen. Ich schlage vor, daß Sie ihrer Tochter nicht alle Farben gleichzeitig, sondern nacheinander beibringen. Zeigen Sie ihr etwas Rotes und fragen Sie sie, ob sie etwas anderes in derselben Farbe bringen kann. Kann sie mit allen roten Bauklötzchen ein Haus bauen? Lassen Sie sie im Freien alle Blumen pflücken, die dieselbe Farbe haben. Fügen Sie erst den Namen hinzu, wenn Sie sicher sind, daß sie Rot erkennt.

Wie Kinder denken

Kinder und Erwachsene ordnen ihre Welt auf unterschiedliche Weise

Kinder sind nicht einfach kleine Erwachsene mit geringerem Wissen. Kleine Kinder und Erwachsene verarbeiten Informationen auf sehr unterschiedliche Weise. Aus den Informationen, die ein Kind sammelt, entwickelt es eine auf Vermutungen basierende Vorstellung von der ihm bekannten Welt. Wenn es über mehr Informationen verfügt, findet es heraus, daß eine Vermutung geändert werden muß. Es versucht deshalb, der Natur der Dinge noch einmal „wissenschaftlicher“ auf den Grund zu gehen, und ordnet seine bereits erworbenen Informationen nach den Erkenntnissen neu.

Wenn Ihr Baby zum ersten Mal nach einem Spielzeug greift, entwickelt es eine einfache Vorstellung davon: Der Gegenstand zählt zur Kategorie „Dinge, die ich berühren kann“. Anfangs unterscheiden sich solche Objekte von „Dingen, die in den Mund gesteckt werden“. Sobald das Baby jedoch anfängt, nach einer Flasche zu greifen und Spielzeug in den Mund zu stecken, ist diese Aufteilung der Welt nicht mehr haltbar – denn einige Gegenstände können angefaßt und in den Mund gesteckt werden. Das Baby muß die Eigenschaften von Gegenständen neu definieren. Ein Kind klassifiziert Objekte durch seine Handlungen. Auf diese Weise denkt es auch. Sobald sich diese Definition als zu einfach erweist, entwickelt es ein komplexeres Schema, mit dessen Hilfe es die Welt zu verstehen versucht.

Mit Hilfe von Gegenständen, die ineinander gesteckt werden können, kann ein Kind lernen, Reihen und Ordnungen zu bilden sowie die Zusammenhänge von Gruppen und Untergruppen begreifen.

Sensomotorisches Verstehen

Ein Baby gewinnt fast alle Informationen durch Sehen und Berühren. Eine Erfahrung resultiert aus einer Handlung. Es versucht zu verstehen, indem es die Erfahrung wiederholt, die gleiche Bewegung also nochmals ausführt. Anfangs beschränken sich die Bewegungen auf den Körper, doch ab etwa 3 Monaten erweitert das Baby seinen Entdeckungshorizont. Ab 8 Monaten beginnt es, Techniken aus ihrem Kontext heraus zu abstrahieren. Wenn eine Handlung in einem bestimmten Zusammenhang funktioniert hat, wendet es sie auch in einer anderen Situation an. Hinter dieser neuen Fertigkeit steht die Fähigkeit, Wissen über die Beschaffenheit von Dingen von der Situation, in der ihm dieses Wissen vermittelt wurde, zu trennen.

Zusammenhänge erkennen

Das Wissen vom Hintergrund zu trennen entspricht der Entwicklung eines Konzepts. Was haben zwei Löffel und zwei Socken gemeinsam? Die Zahl zwei! Ein rotes Licht und eine rote Blume? Die Farbe Rot! Ein grüner einstöckiger Bus und ein roter Doppeldecker? Bus! Die Fähigkeit, Zusammenhänge zu erkennen, bildet die Grundlage der Sprache und der Mathematik.

Unter und über, drinnen und draußen

In den Monaten nach dem 1. Geburtstag verbringen Kinder viel Zeit damit, Gegenstände zu untersuchen und deren Lage im Raum zu erforschen. Dabei entwickelt sich u. a. die Vorstellung der Begriffe „unter“, „über“, „innen“, „außen“, „oben“, „unten“. Indem Kinder kleine Spielsachen in größere stecken und sie wieder herausnehmen, begreifen sie, was verschiedene Gegenstände, die „innen“ sind, gemeinsam haben.

Spiele helfen Ihrem Kind, Zahlen zu verstehen. Wenn Sie die „2" auf dem Würfel mit der „2" auf dem Spielfeld in Zusammenhang bringen, begreift das Kind die Bedeutung der Zahl „2".

Farben erkennen
Kinder können Farben relativ spät richtig zuordnen. Farben zu lernen ist schwierig, weil es mehr als zwei gibt und sie auch noch gemischt werden können. Gegenstände befinden sich dagegen entweder drinnen oder draußen. Sogar Erwachsenen ist nicht immer klar, wo z. B. Blau aufhört und Grün beginnt.

Relative Werte verstehen
Einige Zusammenhänge sind schwieriger zu verstehen als andere. Ein roter Mantel und eine rote Blume sind beide rot, aber eine große Blume ist kleiner als ein kleiner Mantel, und eine hohe Blume ist niedriger als ein niedriger Baum. „Groß" und „klein", „niedrig" und „hoch", „dick" und „dünn" sind Eigenschaften, die relativ zu einer Norm vergeben werden. Wenn man sich diese Komplexität verdeutlicht, dann können Kinder im Vorschulalter solche Aufgabenstellungen bereits recht gut lösen.

Geordnete Reihen bilden
Vorschüler neigen dazu, anhand von Extremen zu klassifizieren. So ist ein Junge oder eine Spielgruppe böse oder lieb, und Ihr Kind haßt oder liebt ihn bzw. sie. Dazwischen gibt es nichts. Manchmal fügt ein Kind zwischen die Extreme einen Mittelwert ein; mit Reihen, die aus mehr als drei Objekten bestehen, kann es jedoch selten umgehen. Beim Sortieren kann es ihm helfen, wenn Sie die Reihe mit einer ihm bekannten vergleichen. Wenn Papa groß ist, Max mittelgroß und das Baby klein, dann kann es u. U. auch die der Größe von Papa, Max und Baby entsprechenden Kühe ordnen. Es kann jedoch wahrscheinlich nicht mit einer aus mehreren Objekten bestehenden Reihe umgehen. Die meisten Kinder sind etwa 7 Jahre alt, bevor sie fehlerlos Gegenstände einordnen können.

Zählen
Obwohl die meisten Kinder im Vorschulalter Zahlen mit Objekten verbinden können, so haben sie doch überwiegend nur ein geringes Verständnis für Beziehungen zwischen Zahlen größer als 3. Sie erkennen nicht, wenn es acht Busse gibt und neun Süßigkeiten, daß die Zahl der Süßigkeiten größer ist als die der Busse. Zudem versteht ein Kind nicht, daß eine Zahl wie etwa 6 aus drei Gruppen von 2 oder aus zwei Gruppen von 3 gebildet wird. Dieses Verständnis haben Kinder erst ab etwa 7 Jahren.

Kinder können oft zählen, bevor sie in die Schule kommen. Ihre Eltern glauben, daß sie die Bedeutung der Zahlen auch begreifen. Doch ihr Verständnis geht selten über die „3" hinaus.

Mit Spielen das Gedächtnis trainieren

Das Gedächtnis kann durch viele Aktivitäten gefördert werden

Wenn Sie mit Ihrem Kind Spiele spielen, die das Gedächtnis trainieren, vergessen Sie nie, daß man sich Handlungen besser als Wörter merken und an „Ausnahmen" eher als an die Regel erinnern kann.

Aktionsbücher

Ein Kind unter 2 Jahren erinnert sich an Handlungen. Wenn es das Butterbrot aus dem Buch „ißt" und den Saft aus dem Buch „trinkt", wird es sich das nächste Mal daran erinnern. Mit jeder Seite verbindet es unterschiedliche Handlungen. Diese sind wie Wörter – Zeichen, die es daran erinnern, was sich auf den Seiten befindet. Mit der Zeit wird Ihr Kind fähig sein, jede Aktion durch ein Wort zu ersetzen.

Warten

Wenn sich das Gedächtnis in der zweiten Hälfte des 1. Lebensjahres bessert, dann können Sie Gedächtnislücken mit Spielen überbrücken, bei denen das Kind auf den nächsten Teil der Handlung „warten" muß. Schaukeln Sie es auf Ihren Beinen, unterbrechen Sie und warten Sie darauf, daß es „bittet", weiterzumachen. Lenken Sie es während des Spielens ab, indem Sie seinen Namen rufen, und lassen Sie es dann die unterbrochene Tätigkeit wieder aufnehmen.

SPIELZEUG RICHTIG EINSETZEN

• Tiere

Im 1. Lebensjahr lernen Kinder durch ihre Handlungen. Spielsachen mit einer spezifischen Funktion – ein Pinguin, der sein Bäuchlein pickt, ein Teddy, der seine Wangen streichelt – veranlassen das Baby zu bestimmten Handlungen. Außerdem kann es sich so besser an das Spiel erinnern. Es spielt keine Rolle, was Sie tun oder welches Spielzeug Sie aussuchen. Sie müssen jedoch darauf achten, daß das Spielzeug jeden Tag das gleiche macht. Das Spiel darf sich nicht verändern.

• Einige Beispiele für Spielsachen

Kinder gewöhnen sich an ihre Umgebung. Deshalb erweckt ein Spielzeug, das nur einmal in der Woche zur Verfügung steht, größeres Interesse als etwas, das die Kinder jeden Tag haben können. Das Kind sollte alte und neue Spielsachen haben: gewohntes Spielzeug, wenn das Kind müde ist – etwas Neues, wenn es auf „Entdeckung" gehen möchte. Stellen Sie die restlichen Spielsachen in den Schrank. Ihr Kind erinnert sich leichter an die Sachen, mit denen es gestern gespielt hat, wenn es nicht zuviel Spielzeug hat.

Ausflüge, an die man sich erinnert

Wenn man ein Erlebnis mit jemandem teilt, ist es leichter für zwei Menschen, über diese Erfahrung zu sprechen. Ein Saft in einem Café oder ein Ausflug in den Zoo liefern genügend Stoff für Als-ob-Spiele und -Unterhaltungen. Erweitern Sie die Fähigkeiten Ihres Kindes, indem Sie es bitten, ihnen die Geschichte zu erzählen oder ein Bild davon zu malen.

Domino

Sie können auch Dominospiele für Erwachsene verwenden. Die für Kinder gestalteten Spielsteine sind jedoch häufig zusätzlich farblich markiert, was das Spiel für kleinere Kinder vereinfacht. Teilen Sie die

Dominosteine unter den Spielern auf. Jeder muß nun der Reihe nach einen Stein ablegen, wobei eine abgebildete Zahl mit einer, die bereits auf dem Tisch liegt, übereinstimmen muß. Wenn ein Spieler keinen geeigneten Stein hat, muß er aussetzen. Wer als erster alle Steine abgelegt hat, hat gewonnen.

Memory

Hierfür brauchen Sie nur eine Anzahl von Karten, bei denen jeweils ein Paar das gleiche Bild zeigt. Ein Packen mit 48 Karten besteht also aus 24 Paaren (verwenden Sie bei kleineren Kindern weniger Karten). Sie können entweder zwei Kartenspiele kaufen oder ein altes Kartenspiel selbst bemalen. Zu Beginn des Spiels liegen alle Karten mit dem Bild nach unten auf dem Tisch. Der Reihe nach dreht nun jeder Spieler zwei Karten um. Deckt er ein Paar auf, darf er es nehmen und noch einmal zwei Karten umdrehen; wenn nicht, muß er die Karten wieder umgekehrt zurücklegen, und der nächste Spieler ist dran. Wer die meisten Paare aufdeckt, hat gewonnen.

Vierjährige können sich bei diesem Spiel oft besser daran erinnern, wo eine Karte liegt, als Erwachsene. Deshalb gehört dieses Spiel zu den wenigen, bei denen Sie und Ihre Kinder auf gleicher Ebene stehen. Kleinere Kinder verfolgen jedoch keine Strategie und „verderben“ oft Ihr Spiel, weil sie zuerst die Karte aufdecken, deren Lage sie bereits kennen.

WAS IHR KIND LERNT

• Ausflüge, an die man sich erinnert
Einmalige Erlebnisse können leichter isoliert und „gespeichert“ werden als alltägliche; ein gemeinsames Erlebnis liefert Gesprächsstoff.

• Domino
Das Kind lernt spielerisch Zahlen und kann gleiche Zahlen zuordnen.

• Memory
Dieses Spiel trainiert nicht nur das Gedächtnis, sondern auch das räumliche Vorstellungsvermögen des Kindes.

Beispiele für Kinderreime

Das Gedächtnis basiert auf Handlungen. Deshalb sind Reimspiele, die Ihr Kind mit Ihnen oder einem älteren Kind spielt, ein gutes Training

Das Gedächtnis eines Kindes funktioniert am besten, wenn Sätze wiederholt und die Wörter durch Handlungen begleitet werden. Etwas Aufregung hilft auch beim Lernen: So vergrößern Spannung und Lachen die Wahrscheinlichkeit, daß sich Ihr Kind noch am nächsten Tag daran erinnert, was Sie gemacht haben. Verbinden Sie Reime mit Rhythmus, Melodien und Handlungen – mit diesen Zutaten kann man ein schwaches Gedächtnis stärken.

Simon sagt

Simon sagt, leg die Hände auf den Kopf;
Simon sagt, kitzle deinen Bauch;
Simon sagt, spring hoch in die Luft;
Simon sagt, lang an deine Zehen;
Hüpf herum.

Wenn Simon etwas sagt, muß das Kind die Anweisungen erfüllen, wenn nicht, soll es ruhig stehen bleiben.

Zeigt her eure Füßchen

Zeigt her eure Füßchen,
zeigt her eure Schuh'
und sehet den fleißigen Waschfrauen zu.
Sie waschen, sie waschen,
sie waschen den ganzen Tag.
Sie waschen,
sie waschen,
sie waschen den
ganzen Tag.
Sie wringen,
sie wringen,
sie wringen den ganzen Tag.
Sie wringen, sie wringen, sie wringen den ganzen Tag.

Zuerst die Füße und die Schuhe vorzeigen, dann imaginäre Wäsche waschen und diese auswringen.

Katzen können Mäuse fangen

Katzen können Mäuse fangen,
haben Krallen wie die Zangen,
schlüpfen durch die Bodenlöcher,
auch zuweilen auf die Dächer.
Mäuschen mit den Ringelschwänzchen,
machen auf dem Dach ein Tänzchen.
Leise, leise kommt die Katz',
hat sie all' mit einem Satz!

Die Finger Ihrer einen Hand tanzen als Mäuse auf dem Handrücken des Kindes (dem Dach). Ihre andere Hand ist die Katze, die sich anschleicht. Ihre Stimme wird immer bedrohlicher, während sich die Katze den Mäusen nähert. Schließlich fängt die Katze die Mäuse, indem Sie mit der Katzen-Hand die Finger der anderen und die Kinderhand ergreifen.

Die Räder am Bus

Die Räder am Bus, die drehn sich und drehn sich;
Sie drehn sich und drehn sich.
Die Räder am Bus, die drehn sich und drehn sich;
Den ganzen Tag.
Das Kind kreist mit den Armen.
Die Scheibenwischer wischen und wischen.
Es bewegt seine Arme wie Wischer hin und her.
Die Hupe am Bus macht tut, tut, tut.
Das Kind drückt auf eine imaginäre Hupe.

Kommt eine Maus

Kommt eine Maus,
die will ins Haus,
die kribbelt,
die krabbelt,
die beißt, beißt, beißt, beißt.

Zuerst die „Maus“ mit den Fingern den Arm hinaufkrabbeln lassen, dann unter dem linken und rechten Ohr kitzeln und zum Schluß die Nase des Kindes greifen. Dieses Spiel können auch ältere mit jüngeren Geschwistern spielen.

Backe, backe Kuchen

Backe, backe Kuchen
Backe, backe Kuchen,
der Bäcker hat gerufen:
Wer will guten Kuchen backen,
der muß haben sieben Sachen:
Eier und Schmalz,
Butter und Salz,
Milch und Mehl,
Safran macht den Kuchen gehl.
Schieb, schieb in' Ofen rein.

Klatschen Sie im Rhythmus und ermuntern Sie Ihr Kind, mitzuklatschen.

WAS IHR KIND LERNT

• Zuhören
Einige Spiele erfordern genaues Zuhören; wenn man z. B. bei „Simon sagt“ nicht an der richtigen Stelle agiert, muß man ausscheiden.

• Wortschatz
In vielen Reimspielen kommen seltene oder anders betonte Wörter vor. Reime sind wichtige Komponenten für spätere Lesefertigkeiten, weil die Kinder lernen, die Töne, aus denen Wörter bestehen, zu hören.

• Handlung
Handlungen werden selten vergessen. Obwohl Jahre vergehen, bis Eltern die Spiele ihrer Kindheit mit den eigenen Kindern spielen, können doch die meisten sofort „Das ist der Daumen…“ aufsagen.

• Vorfreude
Nach ein paar Spielen weiß Ihr Kind, wann es gekitzelt wird, und wird schon zu lachen beginnen, bevor Sie damit anfangen.

Das ist der Daumen

Das ist der Daumen,
der schüttelt die Pflaumen,
der hebt sie auf,
der bringt sie ins Haus,
und der Kleine, der Kleine,
hebt sie alle auf.

Zählen Sie zuerst die Finger, dann die Zehen des Kindes ab.

Kindern beim Lernen helfen

Kinder können lernen, was Sie sie lehren. Doch machmal lernen sie auch etwas, das nicht für sie geeignet ist

Kinder lernen auf die verschiedensten Weisen. Zuerst lernen sie, ein Ereignis auszulösen, später folgen Nachahmung und eigenständige Problemlösung sowie sprachliche Erklärungen. Sie lernen aber auch aus dem, was Sie sagen und tun.

Etwas geschehen lassen

Ein kleinen Baby kann ein Ereignis verursachen lassen, auch wenn es sich nicht einmal darüber bewußt ist, daß es dazu in der Lage ist. Sobald es sich streckt und strampelt, kann es durch das Strampeln etwas auslösen. Hängen Sie Quasten auf, die es mit wedelnden Armen boxen kann oder binden Sie ein mit einem Mobile verknüpftes Band an seinen Fuß, damit es das Mobile durch Strampeln in Bewegung setzen kann. Binden Sie eine kleine Glocke an sein Söckchen, die beim Strampeln klingelt und nicht ertönt, wenn das Baby ruhig liegt. Es wird bald begreifen, wodurch das Geräusch verursacht wird.

Gute-Nacht-Lieder

Jeder wacht nachts auf. An einem vertrauten Ort dreht man sich einfach auf die andere Seite und schläft wieder ein. Wenn Kinder in einer veränderten Umgebung aufwachen, überprüfen sie diese und werden wahrscheinlich dabei richtig wach. Wenn Sie Ihr Kind immer in den Schlaf singen, wird es dies in der Nacht vermissen und endgültig hellwach werden. Wie fühlt es sich nun, wenn es mitten in der Nacht aufwacht und nicht weiß, wie es wieder einschlafen kann? Sicher ist es nicht in der Lage, sich auf die andere Seite zu drehen und weiterzuschlafen. Deshalb weint es, damit Sie ihm ein Schlaflied vorsingen.

Alleine einschlafen

Beginnen Sie mit einem warmen Bad, beruhigen Sie das Kind dann mit zärtlichem Schmusen und einem Schlaflied. Bringen Sie es nun im Kinderzimmer zu Bett und wünschen Sie ihm eine gute Nacht. Sobald das Einschlafen mehr vom Kind selbst als von Ihnen abhängt, wird es lernen, alleine einzuschlafen. Wenn es weint, schauen Sie nach, ob alles in Ordnung ist und gehen dann wieder aus dem Kinderzimmer. Fall es immer noch weint, sollten Sie es einfach ausweinen lassen – denn wenn Sie jedesmal wieder zurückkommen, weiß es, daß es Sie mit Weinen immer wieder locken kann. Wenn das Kind hysterisch wird, gehen Sie hinein, beruhigen Sie es, und beginnen Sie die Prozedur von vorn. Nach zwei

Eine sich tagtäglich wiederholende Zeremonie beim Einschlafen mit vielen Anhaltspunkten, die dem Kind zeigen, daß nun Schlafenszeit ist, helfen ihm, zur Ruhe zu kommen. Ihre Nachtruhe wird ungestörter sein, wenn Sie beim Einschlafen nicht dabei bleiben.

Sie können zwar auch Spiel-Haushaltsgeräte kaufen, aber etwas kleinere echte Utensilien eignen sich genauso gut und vermitteln Ihrem Kind das Gefühl, richtig zu helfen.

oder drei Nächten hat das Kind gelernt, ohne Ihre Hilfe einzuschlafen, und sobald es dazu abends in der Lage ist, kann es dies auch in der Nacht.

Böse sein lohnt sich

Wenn man durch ein bestimmtes Verhalten etwas erreicht, dann wiederholt man dieses (grundlegendes Prinzip der operanten Konditionierung, siehe Seite 118–119). Wenn Ihr Kind schreit, weil seine Söckchen verdreht sind und Sie aufgrund dessen herbeieilen und die Söckchen richten, dann wird es immer nach Ihnen schreien, wenn seine Socken nicht richtig sitzen. Sitzt es jedoch am Tisch und malt, während Sie das Abendessen zubereiten, wird sein Wohlverhalten nicht mit Aufmerksamkeit belohnt. Kommt es mit seinem Puzzle nicht zurecht und weint so lange, bis Sie kommen und ihm helfen, so lernt es, daß ihm geholfen wird, sobald es sich aufregt. Soll ein Kind lieb oder böse sein, um Ihre Aufmerksamkeit zu erregen? Soll es ruhig spielen oder Theater machen, wenn Sie beschäftigt sind?

Was Sie Ihrem Kind eigentlich nicht beibringen wollten

Eva ist eine Verfechterin von gesundem Essen und bereitet alle Mahlzeiten von Laura frisch zu. Anna liebt Ordnung, weshalb sie Christa beigebracht hat, alle Spielsachen aufzuräumen, sobald sie nicht mehr mit ihnen spielt. Warum ist nun gerade Laura heikel und Christa schlampig? Weil es niemanden interessiert, wenn Laura ihre Socken auf dem Boden liegen läßt oder Christa ihr Gemüse nicht ißt.
Kinder möchten bei ihren Eltern im Mittelpunkt stehen. In lebhaften Familien ist es besser, daß man zumindest gerügt und geschimpft wird, als überhaupt nicht beachtet zu werden. Ein Kind wird immer Ihre Schwachstelle herausfinden, sein schlechtes Verhalten darauf beziehen und somit von Ihnen eine Reaktion erzwingen.

Krieg' ich das Staubtuch?

Kinder im Vorschulalter möchten „wie Papa sein". Sie lernen viel, indem sie Erwachsene beobachten und ihre Aktivitäten nachahmen. Staubwischen scheint für ein Kind eine langweilige Beschäftigung zu sein – aber nur, weil Erwachsene es unwillig tun. Kleine Kinder imitieren gerne die Bewegungen ihrer Bezugspersonen; später möchten sie auch die Absicht nachahmen und das Essen „wie Mama" zubereiten. Sie können sogar einen Plan entwickeln, wie sie am besten den Boden putzen.

Nachahmung muß nicht eintönig sein. Wenn es Ihrem Kind zu langweilig wird, Sie zu imitieren, kann es Tiere nachmachen: wie eine Schlange kriechen, wie eine Ente watscheln, wie ein Frosch hüpfen.

Zusammenhänge begreifen

Spiele und Aktivitäten helfen dem Kind, Dingen auf den Grund zu gehen

Obwohl Zusammenhänge schwierig zu begreifen sind und die meisten Kinder erst im Schulalter dazu in der Lage sind, können Sie trotzdem schon vorher Ihrem Kind helfen.

Ein Picknick mit Bären

Mit ein paar Handgriffen können Sie ein Picknick mit Bären oder ein Puppen-Kaffeekränzchen in einen Festschmaus verwandeln. Rollen Sie ein Stück Toastbrot so lange aus, bis es ganz dünn ist. Entfernen Sie dann die Rinde und bestreichen Sie es mit Frischkäse oder zermatschten Bananen. Rollen Sie das Ganze nun von der langen Seite her auf – mit etwa zwei oder drei Umdrehungen – und schneiden Sie kleine Schnecken ab. (Die Schnecken werden größer, wenn Sie das Brot an der Breitseite aufrollen. Wenn Sie das Brot mit etwas Klebrigem bestreichen, können Sie die großen Schnecken in zwei Hälften aufschneiden.) Oder Sie stechen aus einem Kuchen mit Förmchen kleine Törtchen aus. Geben Sie Rosinen und Mandarinenspalten dazu, und das Festmahl ist fertig. Legen Sie ein Tuch auf den Boden und lassen Sie Ihr Kind den „Tisch" decken.

WAS IHR KIND LERNT

- **Ein Picknick mit Bären**
  Kinder lieben Phantasiespiele.
- **Gleiches finden**
  Mit diesem Spiel trainieren Sie die Beobachtungsgabe des Kindes und helfen ihm beim Zuordnen.
- **Was paßt nicht dazu?**
  Um dieses Spiel zu beherrschen, muß Ihr Kind das Prinzip von Dingen verstehen: Was macht eine Tasse zur Tasse und unterscheidet sie von einem Glas?

Gleiches finden

Das Blatt stammt von einem Strauch im Garten. Findest du heraus, von welchem? So sieht das „S" in dem Wort Schlange aus. Meinst du, wir finden andere „s" auf den Straßenschildern? Schau, eine schwarze Katze! Finden wir eine andere? Hier haben wir deinen Mantel gekauft. Finden wir den gleichen Mantel noch einmal?

Was paßt nicht dazu?

Stellen Sie Ihrem Kind die Aufgabe, das, was nicht dazu paßt, auszusortieren. Das Spiel können Sie nach Belieben einfach oder schwierig gestalten. In der Geschirrspülmaschine sind fünf Tassen aber nur ein Glas; in der Obstschale sechs Äpfel, aber nur eine Banane; sechs Karten mit Buchstaben und eine mit einer Zahl.

Sortieren

Wenn Sie im Supermarkt die Einkäufe einpacken, sollten Sie eine Tasche mit Gegenständen füllen, die Ihr Kind einräumen kann. Achten Sie darauf, daß das Kind die richtigen Ablagen erreichen kann. Wo gehört das Gemüse hin? Und das Obst? Kann es die Büchsen und Pakete auseinandersortieren?

Lassen Sie Ihr Kind einen großen Wäschestapel sortieren: Unterhemden und Unterhosen, seine und Ihre T-Shirts, rote und blaue Socken müssen getrennt werden.

Ein gelber Tag

Heute ist ein gelber Tag. Zieh deinen gelben Pullover an, iß Rührei zum Frühstück, mal ein gelbes Bild und spiel mit gelber Knete. Pflück im Garten gelbe Blumen. Zum Mittagessen gibt es Käse-Pizza, danach Pfirsich mit Eiercreme. Zähl auf dem Weg zur Spielgruppe die gelben Autos, auf dem Heimweg gibt es einen Bananenmilchshake.

Was ißt du an einem blauen Tag?

Wer lebt wo?

Welche Tiere leben in der Luft, welche im Wasser? Welche klettern auf Bäume und kommen wieder herunter? Lassen Sie das Kind in der Größe eines Metalltabletts ein Bild mit Himmel, Bäumen, Gras und Wasser malen. Verankern Sie das Bild auf dem Tablett. Schneiden Sie einige Tiere aus – Vögel, Katzen, Fische – und befestigen Sie an jedem einen Magnet (gib es in Spielwaren- und Haushaltsläden). Soll der Fisch heute im Baum wohnen?

Rein und raus

Eine kleine Tasche füllen und wieder ausleeren; Stapelbecher ineinanderstecken; ein paar Süßigkeiten in der Büchse rasseln lassen. Eine Hosentasche oder eine Zündholzschachtel mit kleinen Schätzen füllen, und ein Teddybär paßt auf die Spielsachen im Schrank auf.

Unter und über, oben und unten

Wenn Ihr Kind unter dem Tisch eine Höhle hat, kann es seinen Bären dort Tee servieren, während Sie oben Kaffee trinken. Ißt ihr Kind in der Bären- oder Menschenwelt?

Auf niedrigen Mauern kann Ihr Kind balancieren. Kann es hinaufklettern oder müssen Sie es heben?

WAS IHR KIND LERNT

• Sortieren
Dadurch lernt das Kind, nach Kategorien zu ordnen, und versteht, daß einige Dinge zu mehr als einer Kategorie zählen können: Eine Socke kann rot sein und zugleich ihm gehören; eine Karotte gehört zum Gemüse und in den Kühlschrank.

Kinder helfen gerne mit. Ihnen bei der Hausarbeit zur Hand gehen verbessert ihr Verantwortungsgefühl.

• Ein gelber Tag
Dadurch lernt Ihr Kind die Farben.

• Wer lebt wo?
Hierbei lernt Ihr Kind nicht nur etwas über die Natur, sondern auch Kategorien zu bilden und Dinge in Gruppen einzuteilen.

• Rein und raus
Durch diese und zahllose weitere Aktivitäten kann Ihr Kind üben, wie zwei Gegenstände einmal den gleichen Raum einnehmen und ein anderes Mal wieder nicht.

• Unter und über, oben und unten
Damit begreift es Gegensätze.

KAPITEL 8

Räumliche Vorstellung entwickeln

Mit etwas Übung können Erwachsene ein Auto einparken, und Stadtbewohner müssen lernen, ihren fahrbaren Untersatz in engste Lücken zu quetschen. Von Ihrer Haustür aus können Sie sicher in die Richtung deuten, in der der nächste Laden liegt, aber auch in die Richtung entfernterer Orte, z. B. der nächsten Stadt, der Hauptstadt oder sogar der eines anderen Landes. Sie können Abkürzungen nehmen, sich den Heimweg merken und nach einer gezeichneten Anleitung ein Möbelstück zusammenbauen. Sie können ein Blumenbeet entwerfen, das Gepäck in den Kofferraum schichten und sich eine hübsche Garderobe zusammenstellen. Diesen Fähigkeiten liegt Ihr räumliches Vorstellungsvermögen zugrunde. Technik und Design basieren darauf sowie – wenn auch weniger offensichtlich – Mathematik. Bisweilen wird selbst Musik dazugezählt.

Meilensteine auf dem Weg zur räumlichen Vorstellung

	Was Ihr Kind kann
6 *Wochen*	• Das Baby weiß nicht, wo sein Körper endet und der Rest der Welt beginnt. • Es kann ein Geräusch lokalisieren, das vor, jedoch nicht hinter ihm ertönt; es dreht sich auf die richtige Seite, wenn es ein Geräusch hört, kann es jedoch nicht lokalisieren. • Es hat wahrscheinlich keine bildliche Vorstellung von der Welt; es schaut sich sicherlich nicht systematisch um.
20 *Wochen*	• Ihr Baby schaut sich systematischer um und prüft das ganze Bild kritisch. • Es kann Geräusche lokalisieren. • Es schaut hinuntergefallenen Gegenständen nicht nach. • Es nimmt Tiefe wahr, handelt jedoch nicht immer so, als ob es dies könnte.
26 *Wochen*	• Das Baby beginnt, heruntergefallene Gegenstände zu suchen.
18 *Monate*	• Ihr Kind kann das Bobbycar schieben, damit die Richtung wechseln und ein Spielfahrzeug durch eine Lücke steuern. • Es richtet seine Hand richtig aus, bevor es nach etwas greift. • Es kann etwas Verstecktes finden und ist beim Suchen in der Lage, seine eigene Position und Bewegung zu berücksichtigen.
2 *Jahre*	• Das Kind kann ein Spielzeug hinter sich herziehen.
3 *Jahre*	• Man kann die Zeichnungen des Kindes erkennen, es fehlen jedoch oft grundlegende Elemente, und die Relation der Größen stimmt nicht. • Es beschreibt Dinge so, als ob es selbst immer im Zentrum stände; es realisiert nicht, daß Sie einen anderen Blickwinkel haben. • Es sucht nicht systematisch nach Verlorenem, kann nicht nach einem Ort deuten, der außer Sicht ist.
4 *Jahre*	• Seine Zeichnungen weisen wenige diagonale Linien auf; Schornsteine sitzen eher schräg zum Seitenrand. • Es bezieht Ihre Perspektive ein, wenn es Ereignisse beschreibt.
5 *Jahre*	• Kinder rennen und springen zur Seite, kämpfen und schneiden den Weg ab, wenn sie Fangen spielen. • Schornsteine hängen immer noch schräg am Dach, doch im Bild gibt es mehr Diagonalen.
6-7 *Jahre*	• Jungen beginnen, Spiele raumgreifender zu gestalten als Mädchen. • Immer mehr Kinder, vor allem Jungen, zeichnen parallel zum Seitenrand. • Das Kind kann auf nicht sichtbare, aber benachbarte Orte deuten wie Nebenzimmer; es kann aber beispielsweise nicht im Wohnzimmer auf ein im ersten Stock gelegenes Zimmer deuten.

Was Sie feststellen	**Wie Sie helfen können**
• Babys schauen eher ihren Körper als entferntere Gegenstände an.	• Legen Sie Ihr Baby auf den Rücken, damit es seine Hände sehen kann.
• Es beginnt, Gegenstände anzuschauen und zu untersuchen.	• Beschäftigen Sie sich viel mit dem Baby; zeigen Sie ihm Spielzeug, sprechen Sie viel mit ihm, wenn Sie sich im Zimmer bewegen.
• Es beginnt, nach heruntergefallenen Gegenständen zu suchen.	• Heben Sie Gegenstände, die es hinunterwirft, auf. • Bieten Sie ihm Gegenstände an, mit denen es spielen kann.
• Kinder werden mobil. • Sie verstecken Gegenstände und finden sie wieder.	• Geben Sie ihrem Kind ein Spielfahrzeug für Kleinkinder und später ein Bobbycar. • Geben Sie ihm einfache Konstruktionsspiele und große, weiche Bauklötze. • Spielen Sie Versteckspiele.
• Ein Kind schleift häufig eine Bären hinter sich her.	• Kaufen Sie Spielzeug zum Nachziehen. • Helfen Sie ihm, wenn es mit Klötzchen und Konstruktionsspielen spielt. • Geben Sie ihm Stifte und Papier.
• Das Kind zeichnet einen Kopf und fügt ein paar Linien als Beine hinzu. • Es erzählt, was es durch das Fenster im Garten sieht, so, als ob Sie dies auch sehen könnten, selbst wenn Sie sich in einem anderen Zimmer aufhalten.	• Spielen Sie mehr räumliche Spiele: Zeichnen, Kneten, Puzzles und Bauklötzchen. • Jagen Sie es um die Möbel.
• Es kann Ihnen näher beschreiben, wo Sie hinschauen müssen.	• Lassen Sie es mehr mit Sand und Wasser, aber auch Fangen und andere Gruppenspiele spielen sowie Modelle und Gebäude bauen. • Lassen Sie es den Puppenwagen zum Park schieben oder großräumiger radfahren. • Ermuntern Sie es zu gehen.
• Zusammen mit anderen Kindern rennt es schnell herum.	• Lassen Sie es mit anderen Kindern spielen. • Ermuntern Sie es zu toben. • Hängen Sie seine Bilder auf.
• Seine Zeichnungen werden denen Erwachsener ähnlicher. • Danach gefragt, kann es in Richtung Nebenzimmer, Haustür und Garten deuten.	• Ermuntern Sie Kinder, kompliziertere Legespiele zu spielen und kleinere Bausteine zu verwenden. • Erlauben Sie Kindern, in größerer Entfernung an einem sicheren Platz zu spielen.

Spiele für Jungen und Mädchen

Jungen und Mädchen spielen auf verschiedene Weise; diese Unterschiede werden jedoch nicht unbedingt schon im Vorschulalter sichtbar

Wenn Sie auf einem Spielplatz 8- bis 10jährige Kinder beobachten, können Sie die unterschiedliche Spielweise von Mädchen und Jungen erkennen. Mädchen stehen in Grüppchen am Rand, unterhalten sich und spielen traditionelle Hüpfspiele wie Seilspringen oder Himmel und Hölle. Bälle werden an die Mauer geworfen, jedoch selten gekickt oder über weite Entfernungen geworfen. Mädchen jonglieren mit Bällen, spielen komplizierte Abklatschspiele und begleiten diese Spiele mit Liedern. Jungen hingegen halten sich in der Mitte des Platzes auf und rufen sich, sogar wenn sie nebeneinander stehen, kurze Anweisungen und Kommentare zu: „Hierher!“, „Blödsinn!“, „Ja!“ Sie gestalten ihre Spiele raumgreifender und rennen von einer Ecke des Spielplatzes zur anderen. Sie kicken den Ball, werfen ihn sich gegenseitig zu und versuchen, ihn nicht an einen Gegenspieler zu verlieren. Diese Spiele können von Sprechchören begleitet sein, aber nicht von Liedern.

Wann beginnen diese Unterschiede?

Obwohl es im Kindergarten oft so scheint, daß die Mädchen als erste am Basteltisch sind, während die Jungen zu den Fahrrädern und Klettergerüsten stürzen, bestehen im Spiel von Jungen und Mädchen keine nennenswerten Unterschiede, bis sie etwa 7 Jahre alt sind. Eltern, die sowohl Söhne als auch Töchter haben, mögen dem widersprechen, doch bis kleine Kinder von älteren Spielgefährten beeinflußt werden, agieren Jungen weniger wie „typische“ Jungen und Mädchen wie „typische“ Mädchen.

Sind die Unterschiede gravierend?

In der Öffentlichkeit unterscheiden sich Spiele für Mädchen und Jungen oft deutlich voneinander, doch zu Hause fallen die Unterschiede kaum auf, was darauf schließen läßt, daß der Druck der Gleichaltrigen eine Rolle spielt. Nichtsdestotrotz benötigt das durchschnittliche Mädchen für seine Spiele weniger Platz als der durchschnittliche Junge. Außerdem spricht das Mädchen mehr, wenn es mit sich selbst spielt.

Zeichnungen von Jungen und Mädchen

Die Zeichnungen von Jungen und Mädchen unterscheiden sich in Inhalt und Anordnung. Mädchen plazieren den wichtigsten Gegenstand in die Mitte des Bildes und ordnen die Details symmetrisch

Mädchen spielen in der Öffentlichkeit gerne Spiele, bei denen man in einem bestimmten Muster in die Hände klatschen und dazu Reime aufsagen muß. Sind ihre Freunde nicht dabei, mögen auch Jungen diese Spiele gern.

Obwohl es oft schwer ist, ältere Jungen zum Stillsitzen zu motivieren, können Jungen im Vorschulalter die Geduld aufbringen, einen Mechanismus zu erkunden oder ein Problem allein zu lösen. Dabei benötigt er nicht mehr Platz als ein Mädchen und spricht auch mit sich selbt.

drum herum, z. B. in der Mitte ein Haus, Blumen an der einen Seite, die Sonne oben rechts und Vögel links. Jungen nutzen wie in ihren Spielen dagegen das ganze Blatt. Da fliegen Flugzeuge, in allen Ecken sind Menschen, und der Mittelpunkt des Bildes kann aus einer Kombination verschiedener Elemente bestehen: einer Straßenszene, einer Eisenbahnlinie oder einer Straße, die sich über das ganze Blatt zieht.

Mit Puppen spielen

Heutzutage quellen die Regale über von Puppen für Jungen. Sie heißen jedoch nicht Puppen, sondern werden unter Eigennamen oder als „Figuren" verkauft. Die unterschiedliche Bezeichnung spiegelt auch die Spielweise wider. Puppen für Mädchen eignen sich dazu, angezogen, umsorgt, in Puppenwagen gelegt und herumgeschoben zu werden. Sie sitzen und spielen eine Rolle in Spielen, die das Zuhause oder die Schule behandeln. Sprechen ist das wichtigste Element beim Puppenspiel der Mädchen. Eine Geschichte wird erzählt oder eine Erfahrung noch einmal durchlebt.

Puppen für Jungen sind für „Action" entworfen. Sie kämpfen, fliegen in Flugzeugen, schießen. Wie die Jungen sprechen sie selten, sondern rufen, machen Schieß- und andere Kampfgeräusche.

Baukästen und Puzzles

Marktforschungen haben ergeben, daß Baukästen hauptsächlich für Jungen und Puzzles vor allem für Mädchen gekauft werden. Besonders bei kleinen Kindern gibt es hier große Überschneidungen. Doch wenn die Kinder ins Schulalter kommen, lieben Mädchen im allgemeinen Spiele, bei denen sie Gegenstände an vorgegebenen Stellen einfügen müssen, während Jungen frei bauen möchten. Jungen haben keine geschickteren Hände als Mädchen, sondern sie sehen eher besser, wie Teile zusammenpassen.

Was bedeuten diese Unterschiede?

Es gibt wenige geschlechtsspezifische Unterschiede, die immer wieder auftreten, und die meisten sind mit der Zeit kleiner geworden. Zu den bleibenden Unterschieden gehören die höhere körperliche Aggression bei Männern (und kleinen Jungen) sowie das unterschiedliche räumliche Vorstellungsvermögen – wobei auch diese Differenz immer kleiner wird. Das bessere Abschneiden der Mädchen in einigen Sprachfertigkeitstests, die z.B. ihre frühere Sprachentwicklung und die geringere Rate von Sprachproblemen (Stottern, Dyslexie) aufzeigten, hat sich nicht geändert. Das bedeutet jedoch nicht, daß diese Unterschiede biologisch oder genetisch festgelegt sein müssen. Vielleicht ist dem so, aber möglicherweise sind sie auch kulturell bedingt. Obwohl sich zwar das Leben von Frauen und Männern heute mehr gleicht als früher, unterscheidet sich die kulturelle Umgebung der Kinder immer noch deutlich, so wie auch Eltern Söhne und Töchter anders behandeln. Falls sich Unterschiede im räumlichen Vorstellungsvermögen durch Spiel ausbilden, dann sind sie dem Wandel der gesellschaftlichen Werte nicht unterworfen.

Wild und chaotisch

Warum Kinder mit Dreck spielen und toben müssen

Viele junge Tiere toben. Lassen Sie zwei Kätzchen zusammen, und sie werden sich jagen, raufen, sich kugeln, aufeinander losstürzen, sich gegenseitig anschleichen, ausweichen und blitzschnell wegrennen. Welpen gehen auf ihre Vorderpfoten runter, bellen sich gegenseitig eine Spieleinladung zu und stürmen dann zusammen schwanzwedelnd weg. Kätzchen reißen als Spielaufforderung ihre Münder weit auf, ebenso junge Affen und Babys. Sogar junge Ratten spielen „Burgkönig", springen auf einen Hügel und werden von den anderen heruntergestoßen. Wenn man Ratten, Kätzchen oder Welpen vom Toben abhält, dann brechen sie bei der ersten Gelegenheit in Aktivität aus. Wenn man sie nicht miteinander spielen läßt, wachsen sie zu unflexiblen Individuen heran.

Dampf ablassen

Kinder müssen Dampf ablassen, nicht zuletzt deshalb, weil sie beim Toben auch viel lernen. Sie gehen selten, wenn sie auch rennen können, und sitzen auch nicht still, wenn sie herumlaufen können. Eine Gruppe normaler, gesunder Kinder wird nach ein paar Stunden Autofahrt in überschwengliche Aktivität ausbrechen, wenn sie wieder „freigelassen" wird. Je länger dieses Austoben dauert, desto ausgelassener werden sie – und außerdem wirkt es ansteckend. Sie schubsen sich, schreien, rennen, kichern und rufen, bis Sie einschreiten und sie zur Ruhe bringen müssen. Ohne Intervention kann das Ganze in Tränen enden, doch bis dahin ist es ein riesiger Spaß.

Was lernen die Kinder?

Wenn man sich die anderen tobenden Mitglieder des Tierreichs anschaut, findet man einen Anhaltspunkt, was es mit der Ausgelassenheit der Kinder auf sich hat. Alle Tiere, die in komplexen sozialen Gruppen leben oder jagen und Fleisch fressen, spielen auf diese Weise; Tiere hingegen, die einzeln leben und Vegetarier sind (etwa Mäuse und Hamster), spielen kaum. Fleischfresser, die in Gruppen leben – z. B. Hunde –, sind besonders verspielt. Doch was haben Jagd und Sozialleben gemeinsam? Man muß bei beiden darauf achten, wie sich ein anderer bewegt, und vorhersagen können, wo und was er als nächstes tun wird.

Das Bad oder eine Schüssel mit Wasser auf dem Tisch reichen Ihrem Kind, um auszuprobieren, was schwimmt und was untergeht.

FRAGE UND ANTWORT

Mein Sohn liebt seinen Sandkasten und spielt stundenlang darin. Seitdem der Kasten auf der Terrasse ist, kann ich die Türen offen lassen und vom Wohnzimmer aus aufpassen. Doch was wird mein Sohn im Winter machen?

Wenn er seinen Sand so liebt, dann könnte es sich lohnen, sich eine Zimmersandkiste anzuschaffen. Diesen können Sie über Spielwarenläden, die Kindergärten beliefern, kaufen. Oder Sie halten Ausschau nach den tiefen Kästen, in denen Umzugsfirmen kleine Gegenstände transportieren, kaufen einen Plastikcontainer mit Deckel oder einen großen Hartschalenkoffer. Stellen Sie die Sandkiste auf eine große Plane, wenn Ihr Kind spielt, um den größten Dreck zu verhindern. Etwas wird immer daneben fallen, kann jedoch ziemlich einfach aufgesaugt werden. Da Sand schwer ist, möchten Sie die Kiste sicherlich nicht weit tragen müssen, um sie wegzuräumen. Vielleicht verkleiden Sie sie mit Kissen oder ähnlichem.

Von groß zu klein

Psychologen, die sich damit beschäftigen, wie Menschen lernen, Objekte zu verbinden, haben herausgefunden, daß es oft leichter fällt, von groß auf klein zu schließen als umgekehrt. Dies läßt vermuten, daß Jungen und Mädchen das räumliche Denken besser trainieren, wenn sie mit anderen Kindern herumrennen, als wenn sie sitzen und spielen.

Probieren geht über Studieren

Ob sie nun herumrennen, klettern oder springen – kleine Kinder finden heraus, wie man etwas macht, indem sie es immer wieder wiederholen. Dazu gehört auch, daß man sich dreckig und naß macht.

Wenn Kinder in Pfützen stapfen und Wasser von einer Tasse in die andere schütten, lernen sie spielerisch die Beschaffenheit von Wasser kennen. Warum schwimmen manche Gegenstände und andere nicht? Sind Sachen, die schwimmen, größer? Spielt die Form dabei eine Rolle? Warum saugen manche Gegenstände Wasser auf und andere nicht? Wie reflektiert das Wasser Licht? Wann fließt Wasser und wohin? Für Erwachsene sind die Antworten klar, doch Kinder müssen erst dahinterkommen.

Das bedeutet nicht, daß Kinder alle Probleme lösen, die sich durch ihr Spiel stellen, oder daß sie die richtigen Antworten herausfinden. Im Gegensatz zu denen der Erwachsenen sind ihre Antworten phantasievoller. Wasser „will" den Hügel hinunterfließen, weil es zum anderen Wasser kommen „will". Wasser macht die Füße nicht naß, weil man Gummistiefel anhat. Dies sind keine adäquaten Antworten, genügen ihrem Kind jedoch vorerst.

Sand ist eines der vielfältigsten Materialien, mit denen Ihr Kind experimentieren kann. Feinen Sand gibt es im Fachhandel.

Fest und flüssig

Sand ist ein interessantes Material, weil er wie eine Flüssigkeit fließen und wie etwas Festes aufgeschichtet werden kann. Kinder können ihn aus einer Gießkanne schütten oder mit Förmchen Kuchen backen. Sie können ihn mit Straßen durchziehen oder ihn von einem Hügel fließen lassen. Kinder im Vorschulalter glauben, was sie sehen. Doch oft täuscht das, was wir sehen. Wenn man nun annimmt, Kinder würden im Spiel die Prinzipien der Mathematik und Physik verstehen, würde man ihre Art des Denkens falsch interpretieren. Sie finden natürlich auch richtige Antworten durch Experimentieren heraus. Doch das Wichtigste bei diesen Spielen liegt in der Entdeckung dessen, wie man etwas herausfindet. Wenn man weiß, wie man Fragen stellt, wird man früher oder später die richtige Antwort finden.

Mit Wasser spielen

Die Erkundung von Wasser in verschiedenen Situationen

Die Anschaffung eines Wassertischs (eines Plastikbeckens, das mit Wasser gefüllt werden kann und auf einem Gestell steht) lohnt sich nur, wenn Sie dafür genügend Platz zur Verfügung haben. Wassertische können aber auch leicht improvisiert werden.

Am Waschbecken spielen

Ein kleines Kind kann man garantiert unterhalten, wenn man ihm einen Stuhl vor das Waschbecken stellt. Ein Waschbecken voller Wasser, ein Stuhl, auf dem man stehen kann, und ein paar Plastikbecher machen das Glück vollkommen. Achten Sie darauf, daß keine scharfen Messer oder andere Gegenstände in Reichweite liegen. Wenn der Boden nicht leicht gewischt werden kann, sollten Sie eine Plane und Zeitungspapier unterlegen. Zeitungspapier erweist sich auch auf wischbaren Böden als nützlich, da es verhindert, daß der Boden rutschig wird. Eine wasserdichte Schürze schützt zudem die Kleidung des Kindes. Geben Sie dem Kind nicht zu viele Spielsachen. Eine Gießkanne, ein paar Becher und ein Schwamm reichen.

Wasser marsch!

Das Spielen mit einem tropfenden Wasserhahn bringt andere Lernerfahrungen mit sich als das Spielen mit einer Wasserschüssel. Ein Becher, den man ins Wasser taucht, ist auf der Stelle voll. Wenn man ihn jedoch unter einen tropfenden Wasserhahn hält, füllt er sich nur langsam, und wenn man ihn dort läßt, läuft er über. Teil des Vergnügens bei solchen Spielen ist das Auffüllen und Ausleeren; daher spielen Kinder so gerne am Waschbecken in der Küche oder mit dem Wasserhahn im Garten. Einfache Küchenbecken sind ein ungenügender Ersatz, da Kinder dort oft nicht etwas auffüllen können; Doppelbecken eignen sich hierfür schon besser.

Im Badezimmer

Warum soll Ihr Kind nicht auch einmal nur zum Spielen ein Bad nehmen? Kinder brauchen etwas, das schwimmt, etwas, das man versenken kann, etwas zum Gießen und etwas, das man durchs Wasser schubsen kann. Vergessen Sie nicht Waschlappen und Schwamm, die sich vollsaugen und wieder ausgedrückt werden können. Achten Sie darauf, daß die Puppen, die mitbaden dürfen, unversehrt wieder aus dem Wasser kommen – Puppenhaare überstehen ein Bad nicht immer.

WASSERSPIELZEUG

- Eine Kanne mit einem Ausgießer, mit der man Wasser ausgießen und auch beobachten kann, wie es durch eine schmale Öffnung fließt.
- Ein Becher zum Schöpfen, den man mit einem Schlag füllen und wieder auskippen kann.
- Eine Schwimmente, die man im Wasser schubsen kann und die auf den Wellen und Strömungen, die das Kind verursacht, schaukelt.
- Ein Boot, das man schwimmen und vielleicht auch untergehen lassen kann.
- Ein Tischtennisball, den man unter Wasser drückt und an die Oberfläche schießen läßt.
- Ein Schwamm, der sich vollsaugt, den man tröpfeln lassen und ausdrücken kann.
- Ein Sieb, durch das man Wasser verschwinden sieht.

Den Tisch waschen

Kinder verstehen nicht den Unterschied zwischen Spiel und Arbeit. Soweit es sie betrifft, ist alles, was Spaß macht, keine Arbeit. Da Wasser immer Spaß bedeutet, werden damit verbundene Arbeiten gerne ausgeführt. Wenn Kinder „spielen“, regelmäßig den Küchentisch oder den Badezimmerboden zu wischen, werden sie dabei richtige Profis. Zeigen Sie ihnen, wie man das Putztuch auswringt und wie man systematisch den Boden wischt. Zwischendurch können Sie „Trockenübungen“ einführen und den Tisch mit einem Geschirrtuch abreiben lassen.

Eine Schüssel voller Blasen

Geben Sie Schaumbad oder Geschirrspülmittel in eine Schüssel und schlagen Sie das Ganze mit einem Schneebesen schaumig. Geben Sie Ihrem Kind ein Sieb, mit dem es die Schaumblasen abschöpfen kann, und schlagen Sie dann das Wasser erneut schaumig. Zeigen Sie dem Kind, wie es den Schaum auf eine Seite schieben und hinter einer Barriere sammeln kann. Geben Sie dann etwas Seife oder Öl dazu und beobachten Sie, wie die Blasen verschwinden.

Baby-Schwimmen

Babys haben im 1. Lebensjahr selten Angst vor Wasser und schwimmen glücklich unter Wasser, wenn Sie sich trauen, sie im Becken für einen Moment loszulasssen. Wenn sie jedoch nicht regel-

mäßig zum Baby-Schwimmen gehen, verliert sich dieses frühe Vertrauen häufig. Viele Kinder, die als Babys glücklich im Wasser planschten, sind als Kleinkinder wasserscheu. Häufig ist das Problem, daß das Gesicht naß wird – möglicherweise liegt es am Haarewaschen. Sie sollten ein ängstliches Kind niemals dazu zwingen, daß es sein Gesicht im Schwimmbecken ins Wasser taucht. Gewöhnen Sie es dagegen geduldig an ein nasses Gesicht, indem Sie es ermuntern, zu duschen und im seichten Wasser zu „schwimmen“. Füllen Sie die Badewanne nur einige Zentimeter hoch mit Wasser, lassen Sie das Kind darin auf dem Bauch liegen und mit den Beinen strampeln. Es kann dabei sogar seine Schwimmflügel tragen. Sobald es sich an die gelegentlichen Wasserspritzer im Gesicht gewöhnt hat, ermutigen Sie es, seinen Kopf kurz unter Wasser zu halten. Langsam können Sie dann in das Schwimmbecken wechseln. Halten Sie das Kind fest, und lassen Sie es auf den Stufen spielen, bis es etwas Vertrauen geschöpft hat.

WAS IHR KIND LERNT

- **Einfüllen und ausleeren**
Wie schnell oder langsam füllt sich ein Behälter auf oder leert sich wieder aus; wie läuft er über, welche Objekte eignen sich am besten zum Gießen, welche gar nicht?

- **Wie sich Wasser verändert**
Warum gibt es Schaum, warum verschwinden die Seifenblasen, warum fliegen Seifenblasen, wie schnell verteilt sich das Wasser auf dem Tisch?

- **Sich an Wasser gewöhnen**
Die Fähigkeit zu schwimmen verleiht einem Kind enormes Selbstvertrauen.

Bauen und Zusammenbauen

Achten Sie darauf, daß Ihrem Kind alle notwendigen Materialien zur Verfügung stehen, mit denen es seine Vorhaben realisieren kann

Sie benötigen keine großen Mengen an Baumaterialien, damit Ihr Kind seine Kreativität ausleben und sein räumliches Vorstellungsvermögen trainieren kann. Doch was Sie kaufen oder ausleihen, sollte mit Bedacht ausgewählt werden.

Große Bauten

In Kindergärten gibt es oft große Bausteine, mit denen Kinder Höhlen und Mauern bauen können. Nur wenige Familien können es sich leisten, so viele von diesen Bausteinen anzuschaffen, daß man damit richtige Bauten errichten kann. Sie können aber auch große Kartons, Corn-flakes-Schachteln oder Schaumstoffstücke (aus Polsterschaumstoff), verwenden. Wenn Sie Schaumstoff kaufen, bitten Sie am besten gleich im Laden darum, daß dieser in etwa 30 cm große Quadrate geschnitten wird.

Holzklötzchen und Stoffsteine

Billige Plastikbausteine lösen bei Kindern endlose Frustrationen aus, da man mit ihnen nur richtig bauen kann, wenn sie wirklich exakt geschnitten sind: Für ein Kleinkind ist es schon schwierig, einen Baustein auf den anderen zu setzen, wenn diese einigermaßen stabil aufeinander liegen. Weiche, mit Stoff überzogene Bausteine können gut geschichtet

DAS RICHTIGE SYSTEM

• Kleinkinder

Kleine Kinder können Gegenstände nicht exakt plazieren. Deshalb brauchen Sie ein Bausystem, bei dem man nicht so genau hantieren muß und/oder eines mit großen Teilen, die eher zusammengeschoben als -gesteckt werden.

• 2 bis 3 Jahre

In diesem Alter können Kinder mit mehr Teilen umgehen, die jedoch immer noch recht groß sein sollten. Sie mögen Bausysteme, mit denen man schnell baut.

• 4 bis 5 Jahre

Ein geübtes Kind kann jetzt mit viel kleineren Teilen und komplizierteren Systemen umgehen.

• 5 bis 7 Jahre

In diesem Alter haben Kinder oft ein Lieblingssystem. Sie können jetzt kleine Teile zusammenbauen, doch nur die geschicktesten können mit technischen Baukästen hantieren.

Bei ausreichendem Platz können Sie einen Sandkasten auf einer Terrasse einrichten. Stellen Sie einfach eine ziegelhohe Umrandung auf und fertigen Sie eine Abdeckung aus Plastik oder Holz an.

werden, weil sie größer als Holzklötzchen sind. Zudem können sie in der Hand zusammengedrückt werden und machen es dadurch auch den Kleinsten möglich, mit etwas Großem zu hantieren. Auch wenn sie ältere Kinder als babyhaft empfinden, so sind sie für die jüngsten doch von großem Wert.

Einen Sandkasten bauen

Hierfür benötigt man feinen Sand und eine Abdeckung. Die Abdeckung braucht man, um Katzen fernzuhalten. Wenn Sie Plastiksandkästen mit Deckel kaufen, sollten Sie darauf achten, daß diese rundum gut schließen. Preisgünstiger sind kleine Tonnen, in denen man den Sand und ein großes Stück Plastikplane etwa der Art, wie sie als Feuchtigkeitsschutz unter Fußböden verlegt wird, lagert. Legen sie die Plane auf den Boden und schütten Sie den Sand darauf. Zum Schluß kann man den Sand und die Plane wieder in die Mülltonne zurückgeben.

Ein Haus aus Schuhschachteln

Sie brauchen mindestens vier, besser jedoch sechs. Diese können in zwei Dreierreihen, die sich an den Schachtelböden berühren, aufgestellt werden und bilden so ein Haus mit sechs Zimmern und zwei Fronten. Heften Sie die Böden und die nebeneinanderliegenden Wände mit Heftklammern zusammen. Wenn Sie genügen Platz haben, können Sie ein dauerhaftes Haus basteln, indem Sie die Schachteln zusammenkleben und -klammern.

Mit selbstklebendem Auslegpapier können Sie die Böden in jedem Zimmer in einer anderen Farbe gestalten. Malen Sie die Wände an oder verwenden Sie Tapetenabfall bzw. Puppenhauspapier (preisgünstig in Bastelläden erhältlich). Basteln Sie Möbel und Kücheneinrichtungen aus Zündholz- oder kleinen Corn-flakes-Schachteln etc. Basteln Sie kleine Tische und kleine Tischdecken, die Sie mit der Wellenschere ausschneiden, damit der Stoff nicht ausfranst. Fertigen Sie Teppiche aus Mustern und Betten aus mit Stoff bezogenen Schächtelchen an.

SPIELZEUG FÜR SANDKÄSTEN

- Eine kleine Schaufel, mit der man Sand in den Eimer füllen und zu einem Hügel festklopfen kann.
- Eine Ersatzschaufel für „Besuchs"kinder.
- Eine große Schaufel für größere „Erdarbeiten".
- Ein Besen, mit dem man den Sand wieder in die Kiste kehren und die Oberfläche glätten kann.
- Ein Rechen, mit dem man Straßen ziehen kann.
- Ein oder zwei Eimer, um den Sand zu transportieren und Burgen zu bauen.
- Einige Sandförmchen, um Kuchen zu backen.
- Ein paar Plastikautos, die auf den Straßen fahren.
- Ein Spielzeug-Kipper, mit dem Sand transportiert werden kann.
- Ein Wasserrad; mit trockenem Sand dreht sich das Rad wie mit Wasser.
- Ein grobes Sieb; achten Sie darauf, daß der Sand durchgeht.

„Richtige" Puppenhäuser sind teuer und lohnen sich nicht, wenn Kinder nicht sehr oft damit spielen. Am besten probieren Sie vorher ein gebasteltes aus, bevor Sie die Anschaffung tätigen.

Spiel mir eine Melodie

Mit Musik bereichern Sie die ersten Lebensjahre Ihres Kindes

Um Musik machen zu können, muß Ihr Kind erst zuhören lernen (s. S. 50–53 und 168–169). Am einfachsten lernt es, auf den Rhythmus eines Liedes zu hören, wenn Sie es im Takt auf den Knien reiten lassen.

Ein Glockenspiel

Glockenspiele oder Xylophone sind die häufigsten ersten „Instrumente“ und eignen sich hervorragend zum musikalischen „Austoben“. Erwarten Sie jedoch nie, daß eine Melodie ertönt – nur wenige Kinder schaffen dies.

RICHTIGE MUSIKSTUNDEN

Viele Musiklehrer sind davon überzeugt, daß man Kindern am besten Musik verleidet, wenn man ihnen zu früh Musikstunden erteilt. Es gibt eigentlich keinen Grund, einem 2jährigen Geigenunterricht zu geben – außer Sie möchten unendlich viel Zeit und Anstrengungen investieren, und selbst dann muß der Wunsch vom Kind kommen. Die meisten Kinder unter 8 Jahren können mit Musikstunden nicht umgehen. Zumindest Blasinstrumente sollten erst in Angriff genommen werden, wenn die zweiten Vorderzähne hart genug sind.

Spiel mit mir!

Um der Musik zu lauschen bzw. selbst Musik zu machen, muß ein Kind Rhythmus und Ton verstehen. Es braucht sehr viel Fertigkeit, um eine Melodie zu spielen, der Rhythmus hingegen läßt sich leicht halten. Gemeinsam singen oder mit einer Büchse voller Reis im Takt zu Radiomusik rasseln bringt einem Kind die grundlegende Freude an der Musik nahe, nämlich etwas gemeinsam zu unternehmen.

Sandtanzen

Legen Sie ein Stück braunes Papier auf den Boden und bedecken Sie es mit grobkörnigem Sand. Das Kind rutscht über den Sand und verursacht dabei rhythmische Geräusche. Wenn Sie jetzt Musik mit geeignetem Takt auflegen, kann das Kind „mitmusizieren“.

Lieder singen

Kinder singen gerne. Im Alter unter 3 Jahren ist ihnen selten klar, daß Lieder aus Text und Melodie bestehen. Wenn sie gerne ihre eigene „Musik“ machen, lassen Sie sie einfach. Es bleibt später noch genug Zeit für eine richtige musikalische Bildung.

Rassel

Die einfachsten Rasseln sind Schachteln, Büchsen oder Gläser, in denen sich Reis, Steinchen oder getrocknete Bohnen befinden. Denken Sie daran, das Gefäß fest zu verschließen, besonders bei kleinen Kindern unter 3 Jahren. Füllen Sie das Gefäß nicht zu voll. Die besten Geräusche erzeugt man, wenn für die „Musik" genug Resonanzraum bleibt.

Klatschen

Kinder lieben jede Musik – Hauptsache, der Takt kann gut mitgeklatscht werden. Viele klassische Musikstücke haben einen sehr klaren Rhythmus – beste Beispiele hierfür sind der Bolero von Ravel und Beethovens Fünfte.

Tamburin, Triangel und Flöte

Wenn Ihre Familie häufig musiziert, dann möchten Sie vielleicht geeignete Schlaginstrumente kaufen. Rasseln, Tamburine, Triangel, Glocken oder eine einfache Kindertrommel sind recht preiswert. Auch eine Trillerpfeife ist ein einfaches Instrument, das im Takt gespielt werden kann.

Hoher und tiefer Ton

Dieses schwierige Spiel eignet sich nur für Kinder mit einem guten musikalischen Gehör. Setzen Sie sich mit Ihrem Kind auf eine Treppe und singen Sie zwei Töne. Wenn der zweite Ton höher ist, muß es eine Stufe hinaufsteigen, ist er tiefer, steigt es wieder hinunter. Denken Sie daran, daß kleine Kinder nur ein begrenztes Fassungsvermögen haben, und verwenden Sie am besten nur wenige Töne.

Eine Melodie schlagen

Sobald es Ihrem Kind Spaß macht, bei verschiedenen Liedern mitzurasseln, kann es vielleicht auch eine Melodie schlagen – so etwa „Alle meine Entchen". Erkennt es „Hänschen klein"?

Rhythmische Bewegung

Mit Tanzen kann man nicht nur hervorragend den Rhythmus, sondern auch die emotionale Färbung von Musik erspüren. Lassen Sie Ihr Kind so frei tanzen, wie es will – für Tanzstunden ist auch später noch Zeit.

WAS IHR KIND LERNT

- Die Fähigkeit zum Zuhören ist eine Schlüsselfertigkeit, auf der viele andere – wie etwa Lesen – aufbauen.
- Freude an der Musik bedeutet Lebensfreude.
- Einen Rhythmus halten können ist eine Voraussetzung für Turnen und Tanzen.
- Kinder machen gerne Musik; sie gibt ihnen die Möglichkeit, Gegenstände zu schütteln und lautstark gegeneinanderzuschlagen, und macht ganz allgemein Lärm.
- Durch Lieder, die sich reimen, werden der Wortschatz und die fürs Lesen wichtigen Fertigkeiten erweitert.

Draußen spielen

Spiele und Aktivitäten, die lebhafte Kinder im Freien unternehmen können

Das beste Spielzeug, das ein Kind im Garten finden kann, ist ein anderes Kind. Gärten schreien geradezu nach ausgelassenen Spielen. Laden Sie an einem sonnigen Tag die Kinder Ihrer Freunde ein oder gehen Sie mit Ihren eigenen in den Park. Mit Spielgefährten können sie viel besser Dampf ablassen.

Ein Planschbecken

Die Palette der Planschbecken reicht vom einfachen aufblasbaren Becken bis zu luxuriösen Pools mit eingebauter Rutsche. Denken Sie immer daran, daß Kinder niemals unbeaufsichtigt im Wasser spielen sollten – die Gefahr zu ertrinken ist immer vorhanden. Wenn es zu kalt ist, um im Wasser zu spielen, kann man Boote und Enten schwimmen lassen oder nach Blättern fischen.

Räder für den Garten

Da man im Garten in der Regel nur im Phantasiespiel fahren kann, spielt Geschwindigkeit keine Rolle – ein Bobbycar eignet sich ideal. Suchen Sie nach Vehikeln, die die Phantasie beflügeln – am besten Kettcars, Traktoren, Feuerwehrautos oder Bulldozer. Wenn Sie häufig Kinder zu Besuch haben, sollten Sie mehrere Fahrzeuge haben.

Balancieren

Ziehen Sie eine Kreidelinie auf dem Gartenweg oder über die Terrasse bzw. spannen Sie ein Seil über den Rasen. Das Kind soll nun der Linie exakt folgen und dabei mit den Füßen nicht abkommen.

Blumentopf-Rallye

Stellen Sie stabile Plastik- oder Tonblumentöpfe in einer Reihe auf. Das Kind soll darauf wie auf Trittsteinen balancieren. Wählen Sie nicht zu hohe Töpfe; die Aufgabe ist schwieriger, als Sie glauben.

Pferdchen reiten

Viele Kinder lieben Steckenpferde, „reiten“ mit ihnen in Haus und Garten herum und nehmen sie sogar mit in den Park, wo sie am Geländer festgebunden werden. Sie können Steckenpferde mit richtigen Pferdeköpfen und Rädern kaufen – diese sind jedoch relativ teuer. Im Grunde reicht ein Besen, dessen Borsten Sie mit einem Tuch verkleiden und mit Zügeln versehen. Oder Sie überlassen alles der Phantasie Ihres Kindes. Das Kind reitet auf dem Besenstiel, hält die Borsten in die Luft und zieht den Griff über den Boden.

Blätter aus dem Wasser fischen

Füllen Sie das Planschbecken wenige Zentimeter hoch mit Wasser und geben Sie einige Blätter oder Fische aus Papier oder Eisstielen ins Wasser. Lassen Sie das Kind die Fische mit einem Kescher herausfischen und anschließend wieder ins Wasser zurückwerfen. Wenn Sie in der Nähe eines Bachs wohnen, können Sie das Spiel „real" spielen.

IM BECKEN FISCHEN

Mit wenigem Zubehör können Sie viele Gegenstände basteln, die in Ihrem Becken schwimmen.
- Cocktailstäbchen: Sie können sie einfach schwimmen lassen oder kleine Segel und Korken daran befestigen.
- Korken: Wenn Sie darauf ein Segel befestigen, sollten Sie ein Gegengewicht anbringen, damit sie nicht kentern.
- Eisstiele oder kleine Zweige
- Gefaltetes Papier: Kleine Rechtecke bilden die Boote
- Große Blätter
- Untersetzer
- Folie von einzeln verpackten Keksen

Spiele mit Matsch

Kinder lieben Matsch. Sandkuchen sind schön und ein Eimer voll Wasser gut, machen jedoch niemals so viel Spaß wie richtige Matschkuchen. Matschkuchen kann man nicht jeden Tag backen, sondern nur ab und zu. Am besten eignet sich klebriger Matsch, den man besser aus schwerem Lehmboden als aus sandiger oder kalkiger Erde herstellt.

WAS IHR KIND LERNT

• Planschbecken
Bereiten Spaß und bilden eine Wasserstelle im Freien. Sie helfen Ihrem Kind, sich mit Wasser vertraut zu machen.

• Blumentopf-Rallye
Verbessert das Gleichgewichtsgefühl sowie die Fähigkeit, Handlungen zu planen und zu koordinieren.

• Blätter fischen
Verleiht dem Spiel Ihres Kindes einen Zweck und verbessert dessen Fähigkeit, Kescher und Blatt zu koordinieren. Es verdeutlicht den Unterschied zwischen schwimmenden Gegenständen und solchen, die untergehen.

• Spiele mit Matsch
Matsch ist vielfältig und schmutzig – nur wenige Spiele befriedigen den Tastsinn in dem Maße wie das Backen von Matschkuchen.

• Den Garten gießen
Diese von Erwachsenen ausgeführte Tätigkeit wird von Kindern gerne nachgeahmt; zudem lernen sie dabei etwas über Lebewesen und beginnen zu begreifen, daß Pflanzen ohne Wasser sterben.

Den Garten gießen

Mit einer kleinen Gießkanne, einem Wasserhahn und einem Garten oder Kübelpflanzen, die im Sommer unbedingt gegossen werden müssen, können Sie ein Kind lange entzücken. Kleinkinder neigen dazu, dieselben Pflanzen immer wieder zu gießen und müssen deshalb etwas überwacht und angeleitet werden. Größeren Kindern kann man beibringen, wie man richtig wässert. Sie müssen zwar immer noch nachschauen, aber Kinder geben in der Regel den Pflanzen, die Sie ihnen besonders zeigen, etwas mehr Wasser.

Spielzeug für den Garten

Beachten Sie die Tips auf Seite 216–217, wenn Sie Spielzeug für den Garten kaufen, und denken Sie an eine geeignete Unterlage, damit das Kind gegebenenfalls weich fällt. Rindenmulch ist in den meisten Gartengroßmärkten erhältlich. Eine dicke Lage schützt das Kind zwar nicht vor kleineren, jedoch vor schweren Verletzungen.

Drinnen spielen

Auch auf kleinstem Raum kann man toben

Kinder müssen Dampf ablassen, gestreßte Eltern brauchen Ruhe und Erholung. Beides kann man leider nicht miteinander verbinden. Idealerweise sollten Kinder ihre lauten Spiele auf den Garten und ihr Zimmer beschränken und ohne Zuhörer brüllen und schreien – aber genau das können sie nicht. Doch es wird sich immer ein Weg finden, wie man allen gerecht wird.

Kuchen backen

Auch wenn Sie nur selten backen, so lohnt es sich doch, ein Blech Kekse oder einen Schokoladenkuchen zuzubereiten, um damit Kinder an einem verregneten Nachmittag zu unterhalten (mit einem Rührgerät geht es einfacher). Das Kind kann Ihnen beim Abmessen der Zutaten helfen und, während Sie alles verrühren, schon die Kuchenform einfetten. Sie heizen den Backofen vor, während es den Teig in die Form füllt. Es leckt dann die Teigschüssel genüßlich aus, während der Kuchen backt. Danach werden die Hände gewaschen, und man setzt sich bei Tee und Kuchen gemütlich zum Plaudern zusammen.

Eine bestimmte Zeit für Spiele festsetzen

Setzen Sie für jeden Tag eine bestimmte Zeit für Schmutzspiele fest, z. B. von 11 bis 12 Uhr. In dieser Spanne darf Ihr Kind am Waschbecken oder mit Knete auf einer Plane am Boden spielen, malen oder sich mit der Zimmersandkiste vergnügen. Die Spielzeit beginnt Schlag 11 Uhr und hört genau um 12 Uhr auf. Auch wenn sich das sehr streng anhört – Kinder lieben Routine. Die festgesetzten Zeiten bergen den Vorteil, daß Bitten wie „Nur noch eine Minute!“ flachfallen, wenn Sie das Zimmer aufräumen möchten, bevor Sie nach draußen gehen.

Die Treppe hinunterspringen

Dieses Spiel ist ganz einfach: Man stapelt nur einige Kissen vor der letzten Stufe. Sie können auch Kissen vor dem Sofa auslegen, was sich jedoch als wenig vorteilhaft für die Möbel erweist.

Zucker tut's auch!

Wenn Sie sich nicht mit einer Sandkiste im Zimmer anfreunden können, was besonders in kleinen Wohnungen verständlich ist, dann können Sie ersatzweise eine Schüssel mit Zucker oder Reis bereitstellen. Auch wenn es Ihnen etwas stumpfsinnig erscheint – 2jährigen macht es Spaß, den Zucker einfach durch die Finger rieseln zu lassen. Wenn Sie einen Becher zum Ausschütten, einen Holzlöffel zum Umrühren und ein paar Tassen zum Füllen dazugeben, dann wird sich auch ein 3jähriges Kind prächtig amüsieren.

Eine Schmutzecke

Es hat keinen Zweck, eine Schmutzecke im Kinderzimmer einzurichten, während Sie im aufgeräumten Wohnzimmer oder in der blitzblanken Küche sitzen. Kinder möchten mit den Erwachsenen zusammen sein. An Tagen, an denen das Kind nicht draußen spielen kann, beschränken Sie die Unordnung einfach auf eine bestimmte Stelle. Diese sollte nicht nur mit einer großen Plane ausgestattet, sondern auch mit einer Umgrenzung vom Rest des Raums abgeteilt werden. Ein großes Planschbecken eignet sich gut als Zimmersandkasten und das Bad als Wasserspielplatz. Geknetet wird nur in der Küche und in einem gekachelten Badezimmer kann das Kind malen, während Sie ein Bad nehmen.

Den Boden polieren

Ideal, wenn Sie Parkett- oder Fliesenboden haben. Geben Sie etwas Politur auf den Boden und ziehen Sie den Kindern alte Socken an (vielleicht möchten Sie ja mitspielen?). Jetzt rutschen alle solange auf Staubtüchern auf dem Boden herum, bis alles glänzt.

„Auf Mutters Füßen tanzen!"

Das Kind stellt sich auf Ihre Füße, und Sie tanzen gemeinsam zur Musik. Das Spiel macht noch mehr Spaß, wenn man sich in Kissen oder einen Sessel fallen lassen kann.

Papierflieger

Falten Sie Papierblätter längs einmal in der Mitte. Falten Sie dann die beiden oberen Ecken von der Spitze aus nach unten, damit eine Nase entsteht. Beschweren Sie diese mit etwas Klebstoff, um die Flugeigenschaften zu verbessern. Knicken Sie nun die Flügel im rechten Winkel ab. Wessen Flieger wird weiter fliegen? Lassen Sie sie aus einem Fenster fliegen und die Kinder versuchen, sie im Garten aufzufangen.

WAS IHR KIND LERNT

- **Eine bestimmte Zeit für Spiele festsetzen; eine Schmutzecke**
  Dies erleichtert Ihr Leben und beschränkt nicht die natürliche Begeisterung des Kindes. Kinder lieben Routine, sie verleiht ihnen Sicherheit.
- **Zucker tut's auch!**
  Reis oder Zucker können wie Sand ausgeschüttet, gesiebt und zu Mustern geformt werden.
- **Kuchen backen**
  Hier begreifen Kinder, daß sich Zutaten ändern können, wenn sie erhitzt werden. Zudem schaffen sie etwas, was noch dazu zusammen verzehrt werden kann!
- **Auf Mutters Füßen tanzen**
  Macht Spaß und hilft Ihrem Kind, auf Musik zu reagieren: Mußt du schneller oder langsamer tanzen? Gelingt es Ihnen, die Füße gleichzeitig zu heben?
- **Papierflieger**
  Verbessert die Geschicklichkeit und bietet die Möglichkeit, Ratespiele zu spielen.

KAPITEL 9

Sprache nutzen lernen

Menschen können auch ohne Sprache kommunizieren, aber durch Wörter können Informationen leichter übermittelt und Gedanken klarer gefaßt werden. In den ersten Lebensjahren spielt die Körpersprache eine wichtigere Rolle. So breiten Sie Ihre Arme voller Glück weit aus oder sacken traurig in sich zusammen. Sie bemerken nicht einmal, daß Sie viele dieser Gesten lesen. Doch jeder kann die deutlicheren Zeichen verstehen, wie etwa Umarmungen und Küsse. Kinder beginnen schon in den ersten Lebenswochen mit diesen Gesten, sie sind sich darüber aber wahrscheinlich nicht bewußt. Mit etwa 7 oder 8 Monaten fangen sie an, mit Zeichen Handlungsabsichten zu vermitteln.

Meilensteine der Kommunikation

	Was Ihr Kind kann
4 *Wochen*	● Ein Baby zeigt im Schlaf ein Lächeln oder die Andeutung eines Lächelns. Dies bedeutete, daß es von leichtem in tiefen Schlaf fällt oder umgekehrt. ● Es verzieht sein Gesicht, wenn es weint.
12 *Wochen*	● Das Baby ahmt nach, wenn Sie Gesichter ziehen. Wenn Sie sprechen, bewegt es die Lippen. Es weint, wenn Sie es nicht antworten lassen. ● Es beginnt zu lächeln, grinst jedoch noch nicht über das ganze Gesicht, sondern zieht nur die Lippen zurück (ab 7 Wochen). ● Es beginnt, Wut durch zorniges Weinen auszudrücken (ab 7 Wochen). ● Sein Lächeln wird häufiger und drückt deutlich Freude aus. Im Alter von 8 Wochen bringen eine hohe Stimme und ein nickender Kopf ein Baby zum Lächeln, im Alter von 12 Wochen auch ein Kopf, der sich nicht bewegt. Das Lächeln zieht sich nun über das ganze Gesicht.
6 *Monate*	● Ihr Baby beobachtet Sie, interagiert häufig, strampelt, wedelt mit den Armen und reagiert auf Ihre Fragen mit Brabbeln und Gurren. ● Es zeigt seine Freude über Ihr Dasein, besteht jedoch hartnäckig auf seine Antwort; es langweilt sich bald, wenn Sie nicht innehalten und es antworten lassen. ● Es drückt Vorsicht aus. ● Es lacht laut heraus, schnaubt, flüstert, brummt und schreit. ● Es beginnt, Sie anzuschauen, um herauszufinden, ob Sie antworten.
9 *Monate*	● Ihr Baby zeigt Ärger, Freude (ab 7 Monaten) und Furcht. ● Es beginnt, Zeichen zu geben – streckt seine Arme in die Luft, um hochgehoben zu werden, oder schlägt mit dem Löffel auf den Tisch, um so nach dem Abendessen zu verlangen. ● Es folgt Ihrem Blick und schaut dorthin, wohin auch Sie schauen.
12 *Monate*	● Ihr Kind verfügt über mehr Zeichen und beginnt zu deuten. ● Es führt Sie zu Gegenständen hin, die es braucht. ● Es zupft am Rock, um hochgehoben zu werden.
18 *Monate*	● Das Kind zeigt Begeisterung, Furcht, Ärger und Gereiztheit.
2 *Jahre*	● Ein Kind drückt Scham, Trotz und Verletztheit aus. ● Es bildet Sätze, indem es Handzeichen mit Wörtern kombiniert. Es streckt seinen Arm aus, um „Schau her" zu sagen, deutet und sagt „Katze".
3 *Jahre*	● Ihr Kind drückt Stolz, Liebe und Schuldbewußtsein aus. ● Es versteht die Gefühle anderer und reagiert auf traurige Gefühle seiner Lieben.
5 *Jahre*	● Ein Kind ahmt Ihre Haltung und Ihren Tonfall nach.

Was Sie feststellen	Wie Sie helfen können
• Beachten Sie, wie das Baby Ihnen antwortet; lächeln Sie zurück, sprechen Sie mit ihm, warten Sie auf Antwort.	• Antworten Sie immer auf die Signale des Babys.
• Beobachten Sie, was Ihr Baby macht, wenn Sie es fragen oder Gesichter schneiden. • Probieren Sie aus, was es am meisten zum Lächeln bringt – sprechen, mit dem Kopf wackeln oder den Kopf ruhig halten?	• Reden Sie mit ihm, lassen Sie es antworten. • Tauschen Sie Gesichtsausdrücke aus. • Bringen Sie es zum Lachen. • Antworten Sie immer, wenn es versucht, auf Sie zu reagieren.
• Achten Sie auf seine Interaktionen mit Ihnen. • Reagieren Sie sensibel auf die Gefühle, die es ausdrückt.	• Seien Sie sensibel gegenüber seinen Bedürfnissen. • Lachen Sie, wenn es unmutig schnaubt, zeigen Sie ihm, daß für Sie Kommunikation positiv ist.
• Beachten Sie Zeichen, durch die es Ihnen seine Wünsche mitteilt.	• Folgen Sie dem Blick des Babys und schauen Sie den Gegenstand an, über den Sie mit ihm sprechen.
• Beobachten Sie seine Signale.	• Verlangen Sie von ihm Zeichen.
• Beobachten Sie, wie es bei Interaktionen Gesicht und Körper einsetzt.	• Drücken Sie in Worten aus, was das Kind mit Zeichen und Gesichtsausdruck zeigt.
• Beobachten Sie das Kind in verschiedenen Situationen.	• Reagieren und antworten Sie stetig.
• Erkennen Sie, was das Kind zeigt.	• Sprechen Sie über Gefühle.
• Beobachten Sie, daß ein Kind Ihre Worte und Gesten verwendet.	• Spielen Sie Spiele zur Förderung von Nachahmung.

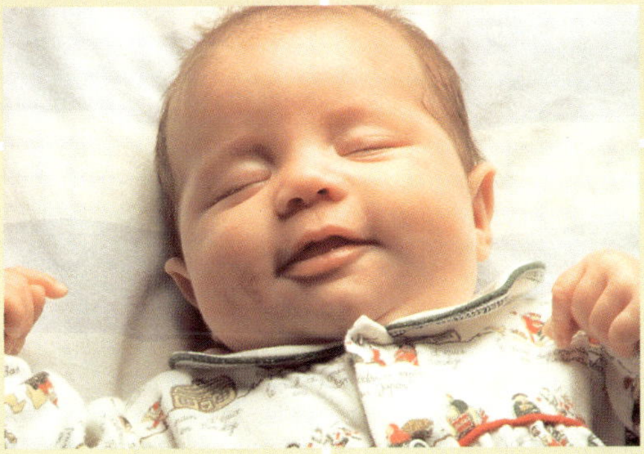

Meilensteine beim Sprechenlernen

	Was Ihr Baby kann
16 *Wochen*	● Ihr Baby bewegt sich zu Ihrer Stimme hin. Es dreht sich zu Ihnen, wenn Sie sprechen, und erkennt Ihre Stimme (ab Ende der 1. Woche). ● Es verfügt über keine Sprache, lernt jedoch bereits die Grundlagen. ● Es bewegt leicht den Mund, um auf Ihre Fragen zu antworten (ab 4 Wochen). ● Es stößt Gurrlaute aus (ab 8 Wochen). ● Es kann Sprachlaute unterscheiden.
32 *Wochen*	● Der Verstand des Babys ist nun so weit entwickelt, daß es Laute bilden kann. Es beginnt mit Vokalen und artikuliert nach und nach alle Laute der Sprache.
40 *Wochen*	● Das Baby beginnt eine Vorliebe für die Laute zu zeigen, die es in der Sprache hört, die um es herum gesprochen wird. ● Sein Brabbeln zeigt langsam die Intonation von Sprache. ● Es sagt „Wörter" wie „Papa" oder „Mama". Obwohl es gelegentlich dabei zu Ihnen blickt, sagt es dies auch in anderen Zusammenhängen. Es ist kein richtiges Wort – es will damit nicht die Information „Ich schaue Papa an" übermitteln.
14 *Monate*	● Das Baby produziert jetzt die Laute, die sich in der Sprache, die es hört, finden. Sein Brabbeln nimmt den Sprachrhythmus an. ● Es sagt sein erstes Wort (irgendwann nach 8 Monaten). Die ersten Wörter beziehen sich im allgemeinen auf Objekte: Beliebt sind Katzen, Hunde, aber auch Laute, die mit Essen assoziiert werden.
21 *Monate*	● Kinder fügen ihrem Wortschatz neue Wörter hinzu; in manchen Wochen viele, in anderen wieder keine. Die meisten Kinder können nun 50 bis 200 Wörter.
2 *Jahre*	● Das Kind fängt an, Wörter zu einfachen Zweiwort-Sätzen zusammenzufügen. ● Es beginnt, „ich", „mir" und „du" zu verwenden. ● Es kann sprachlichen Anweisungen folgen und einfachen Geschichten zuhören.
3 *Jahre*	● Das durchschnittlich entwickelte Kind kennt 800 Wörter, spricht jedoch immer noch in kurzen Sätzen. Komplizierte Sachverhalte drückt es in zwei oder drei Sätzen aus. ● Es verwendet eine Wortfolge, um eine Bedeutung zu vermitteln. ● Es fängt an, Endungen und Veränderungen an Wörtern zu verwenden, die die Grammatik und Bedeutung verändern, wobei es mit der Bildung des Plurals beginnt.
5 *Jahre*	● Die meisten Kinder haben sich die wichtigsten Grammatikregeln der Sprache(n) angeeignet, die sie mit 4 ½ Jahren hören.

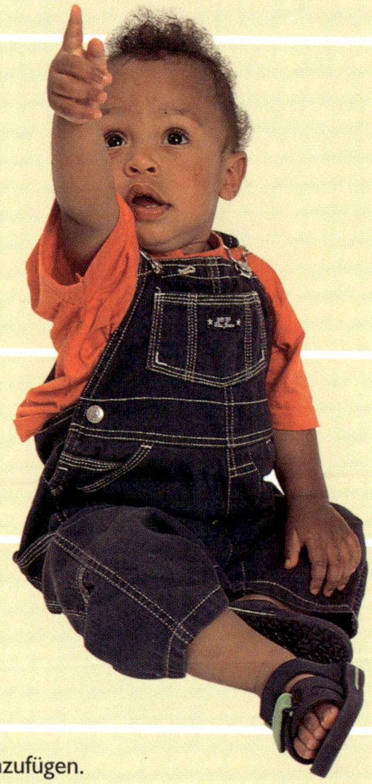

Was Sie feststellen	Wie Sie helfen können
● Sie erkennen, daß das Baby auf das, was Sie sagen, antwortet.	● Interagieren Sie. ● Sprechen Sie. Es ist egal, daß es nichts versteht – es muß Sprache hören.
● Das Baby lauscht auf seine eigenen Geräusche.	● Ermuntern Sie das Baby zu brabbeln, indem Sie ihm erwidern.
● Seine Laute hören sich an, als ob es versucht, Ihnen etwas zu erzählen.	● Erwidern Sie dem Baby; ermuntern Sie es, Laute zu produzieren, und antworten Sie z.B. auf „Ughugh“ mit „Du möchtest gerne hochgehoben werden?“.
● Seine Laute hören sich nun definitiv so an, als ob es versucht, Ihnen etwas zu erzählen. Eltern hören immer diese ersten Wörter!	● Reagieren Sie auf das Brabbeln, als ob es zu Ihnen spräche, antworten Sie. Bestärken Sie erste Wörter mit Übersetzungen: „Pss“ – „Genau, eine MIEZEKATZE.“
● Hören Sie zu, sprechen Sie mit dem Kind und ermuntern Sie es zu sprechen.	● Zeigen Sie ihm Bilderbücher. Deuten Sie auf Dinge, benennen Sie sie. Lassen Sie es immer wissen, daß Sie es verstehen.
● Hören Sie zu, stellen Sie und antworten Sie auf Fragen.	● Erweitern Sie seine Sätze, damit es weiß, daß Sie verstehen.
● Sprechen Sie miteinander; stellen Sie Fragen und verwenden Sie verschiedene Wortarten.	● Sprechen Sie oft mit ihm und lesen Sie vor.
● Sprechen Sie über Vergangenheit, Gegenwart und Zukunft. ● Erwarten Sie sprachliche Fertigkeiten.	● Ermuntern Sie das Kind, verschiedene Zeitformen zu verwenden, indem Sie Handlungen diskutieren, die Sie in der Vergangenheit ausgeführt haben und in der Zukunft ausführen werden.

Gespräche führen

Wichtig ist, daß Sie und Ihr Baby richtige Gespräche führen – denn wenn es nicht mitmachen darf, langweilt es sich schnell

Ganz automatisch spricht man mit einem Baby, auch wenn man weiß, daß es nicht versteht, was man ihm sagt. Psychologen, die Eltern mit ihren kleinen Babys beobachteten, berichten, daß sie sich in die Nähe des Kindes begeben, wenn sie sprechen, ihm in die Augen schauen und ihren Kopf während des Sprechens auf und ab bewegen. Sie bieten so dem Kind gerade das richtige Bild, da es besser bewegte als statische Gegenstände erblicken und diese auch nur im Abstand von 25–30 Zentimetern scharf sehen kann. Sie sagen mit hoher Stimme „Hallo“ und versuchen den Blick des Babys einzufangen. Sie warten lange genug, bis das Baby ebenfalls „Hallo“ entgegnen kann, und führen dann die Unterhaltung weiter fort. „Wie geht's dir heute morgen?“; Pause für die Antwort; „Hast du gut geschlafen?“; Pause für die Antwort; „Aha, du hast gut geschlafen.“

Ihr Baby sagt nichts

Zuerst kann Ihr Baby nicht kontrollieren, was Sie zu ihm sagen. Es „erzählt“ Ihnen nicht, was oder wie Sie etwas sagen sollen; dies scheint automatisch zu kommen. Irgendwann in den ersten Lebenswochen fangen Babys an zu antworten und zeigen Interesse an dem, was Erwachsene sagen. Sie agieren so, als ob sie verstehen würden – sie verstehen aber nicht. Sie begreifen nur, daß Sie ein Freund sind.

Sprechen und Antworten

Es ist egal, was Sie einem kleinen Baby sagen, es ist nur wichtig, daß Sie etwas sagen. Innerhalb von einer oder zwei Wochen fängt ein Baby nicht nur an zu antworten, sondern besteht auch auf seinem Beitrag. Zuerst antwortet es mit leichten Mundbewegungen. Später setzt es alle seine sich entwickelnden Fähigkeiten ein. Noch später nehmen Wörter den Platz von Handzeichen, Gesichtsausdrücken und Lauten ein. Im Moment zählt jedoch nicht die Bedeutung, sondern nur der Dialog.

Es funktioniert nur miteinander

Ein Gespräch ist eine gegenseitige Interaktion. Wenn Ihr Baby daran nicht teilhaben darf, gerät der Dialog zu einem Monolog, und es langweilt sich schnell. Gespräche folgen bestimmten Regeln. Die Zuhörer sollten den Sprecher anschauen und von Zeit zu Zeit mit ihm Blickkontakt aufnehmen. Sie sollten zeigen, wenn Sie sprechen wollen (indem Sie wegschauen und dann wieder Blickkontakt aufnehmen). Im Gegenzug erwartet man von den Sprechern, daß sie signalisieren, wenn sie aufhören möchten (ansonsten nehmen sie mit dem Zuhörer keinen Blickkontakt auf). Gespräche erfordern einen bestimmten räumlichen Abstand

Obwohl Ihr Baby nicht sprechen kann, kann es sich durch Gesten verständigen. Zuerst dreht es seinen Kopf weg, wenn es etwas nicht mag; später schubst es dann den Löffel auf die Seite.

Sie können mit Ihrem Baby über alle möglichen Dinge sprechen. Wichtig ist nicht, was Sie sagen, sondern daß Sie sich mit ihm unterhalten.

der Akteure: Enge Freunde und Familienmitglieder drängen sich zusammen, Eltern und kleine Kinder stecken am engsten die Köpfe zusammen.

Ich bin dran

Ein Baby, das bei einem Gespräch nie teilhaben durfte, würde von niemand anderem Notiz nehmen. Wenn Sie zu einem Baby ohne Pause sprechen, schaut es weg und verliert das Interesse. Wenn Sie nicht ein einziges Mal innehalten, beginnt es zu weinen. Das gleiche gilt für Lächeln und Lachen: Ein Lächeln, das einer Pause folgt, wirkt beruhigend, ein kurzes Lachen vermittelt ein gutes Gefühl. Doch immerwährendes Lächeln oder Lachen wirkt unheimlich. Babys reagieren auf ähnliche Weise. Wenn Sie immer weiterlächeln, fängt es zu weinen an.

Teil für Teil zusammenfügen

Im Alter von etwa 6 oder 7 Monaten wissen Kinder, daß bei Dialogen Laute verwendet werden, und untermalen in der Regel ihre Interaktionen mit Erwachsenen durch Laute. Wenn sie 7 bis 9 Monate alt sind, begreifen sie, daß die Interaktionen Informationen vermitteln, und beginnen Zeichen zu geben (siehe Seite 158–159).

Wörter und Aktionen

Wörter, die einfach gesprochen werden, sind keine Sprache, sondern Laute, die so ähnlich klingen wie Ihnen bekannte Wörter. Wenn ein 6 Monate altes Baby „Dada" sagt, sind Sie entzückt. Das Kind weiß aber nicht, was Dada bedeutet, es weiß nur, daß Sie sich freuen, wenn es Dada sagt. Richtige Wörter stehen im Kontext von Gesprächen und vermitteln eine exakte Bedeutung. „Psss" wird immer dann gesagt, wenn die Katze in der Nähe ist, „Wauwau", wenn das Baby den Hund erblickt. Wenn es diese Wörter sagt, erwartet es von Ihnen, daß Sie antworten und verstehen, was es meint.

Beim Sprechen deutet das Baby häufig und schaut immer auf das, worüber Sie beide gerade sprechen. Im Alter von etwa 6 oder 7 Monaten blicken Kinder in die Richtung, in die Sie deuten, und schauen auf den Gegenstand, auf den Sie zeigen. Manche Kinder „begraben" Wörter geradezu unter Gebrabbel, andere wiederum deuten auf das Objekt, über das sie sprechen wollen, und sagen das neue Wort.

Ihr Baby streckt die Zunge heraus, lächelt, wedelt mit den Armen, brabbelt, gurrt und schnaubt. Diese Gesten bilden die Grundlage, um Gespräche führen zu können.

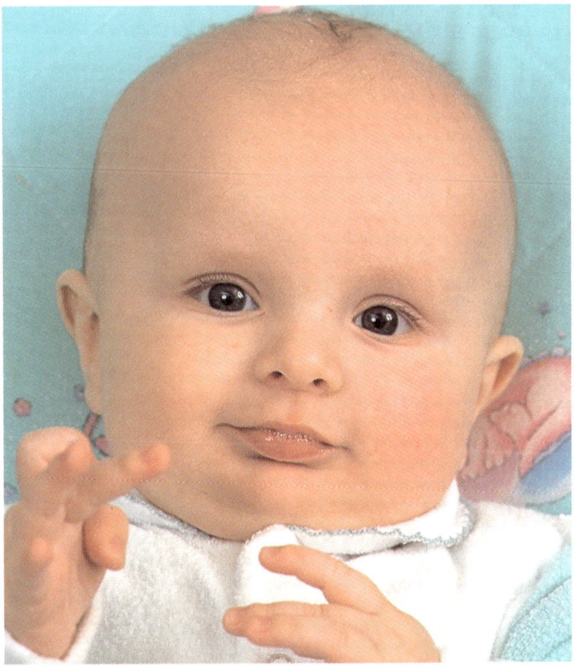

Die frühe Sprache

Noch bevor ein Baby sprechen kann, „unterhält" es sich mit Eltern und Geschwistern mittels Zeichen, Blicken und Gesten

Eine Unterhaltung besteht nicht nur daraus, Wörter mit Bedeutungen zu verwenden. Ein Baby, das nicht sprechen kann, unterhält sich mittels Zeichen.

Das erste Zeichen

Wenige Eltern vergessen das erste Wort ihres Kindes, doch viele registrieren nicht sein erstes Zeichen. Plötzlich wird ihnen klar, daß der Popo des Kindes schon auf und ab hüpft, bevor sie es auf den Knien reiten lassen, oder daß es seine Arme hebt, wenn sie es gerade hochheben möchten. Ab etwa 8 Monaten verfügen Kinder über 1–2, mit 11 Monaten bereits über viel mehr Zeichen.

Das erste Wort

Babys beginnen in der Regel mit Namen, und zwar meistens mit Namen von Bezugspersonen, und einem Wort, das sie für Katze und Hund oder Tasse, Flasche und Essen verwenden. Diese Wörter können den richtigen Wörtern ähneln, aber auch undeutlich sein. Viele Kinder benennen Tiere nach den Lauten, die diese von sich geben, oder benennen Essen durch Eßgeräusche. Welche Sprache auch immer ein Baby um sich herum hört, es bezeichnet einen Hund in etwa als „Wauwau" und Essen als „hamham". Versuchen Sie nicht, es zu korrigieren, denn das richtige Wort wird es schon noch lernen. Im Moment braucht es vor allem Bestärkung und das Wissen, daß Sie es verstehen. Sagen Sie „hamham Abendessen" oder „Wauwau, ein Hund". Dadurch wird das Gespräch aufrechterhalten und das Kind belohnt, wenn Sie ihm zeigen, daß Sie es verstanden haben und ihm das richtige Wort vorsagen.

WANN WIRD'S KRITISCH?

Wenn Sie sich darüber sorgen, daß Ihr Baby noch nicht spricht, sollten Sie bei ihm einen Hörtest durchführen lassen, vor allem, wenn es bereits mehrmals an einer Ohrenentzündung erkrankt war. Da gutes Hören schlecht definiert werden kann – Ihr Kind kann bestimmte Tonbereiche nicht hören, andere aber schon –, ist es oft schwierig, das Problem zu identifizieren. Kinder mit Dyslexie (organisch oder psychisch bedingte Störung der Lesefähigkeit) fangen oft erst spät mit dem Sprechen an. Sollten in Ihrer Familie Dyslexie-Fälle bereits bekannt sein, achten Sie darauf, daß eine verzögerte Artikulation, aber ein gutes Verständnis für die Bedeutung der Wörter frühe Symptome einer Dyslexie sind.

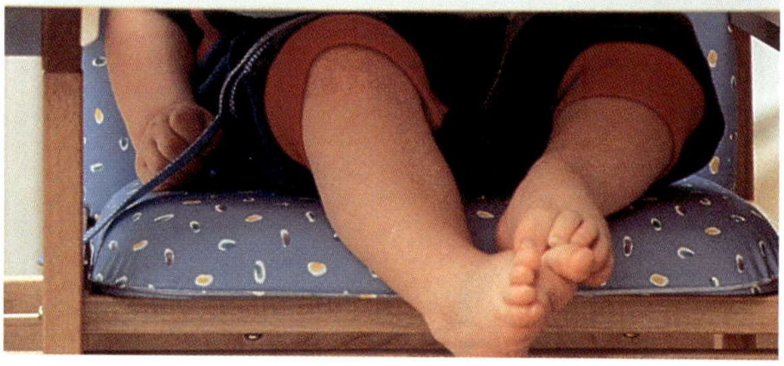

Zu seinem 1. Geburtstag verfügt das Baby über ein Repertoire von Gesten. Sie bedeuten: „Heb mich hoch!", „Auf Wiedersehen!", „Schau mal her!" und „Nein".

Neue Wörter lernen

Mit 14 Monaten verfügt ein durchschnittlich entwickeltes Kind nur über 4 oder 5 Wörter, mit 2 Jahren hingegen bereits über 200. Sobald Kinder viele Wörter verwenden, lernen sie jeden Monat 30 bis 50 neue hinzu – bei den wenigsten ist dieser Fortschritt jedoch stetig. Sie sagen vielleicht zehn neue Wörter an einem Morgen und stagnieren dann eine ganze Woche oder noch länger.

Wörter aufschnappen

Da Kinder ihre ersten Wörter aufschnappen, indem sie auf die Betonung hören, nennen viele Kinder einen Elefanten „Fant" und eine Giraffe „Raffe". Aber auch, wenn sie „Fant" sagen, erwarten sie von Ihnen, daß Sie das Wort korrekt aussprechen, und sagen vielleicht sogar noch einmal besonders nachdrücklich „Fant", wenn Sie auch von „Fanten" sprechen. Nur wenn Sie Elefant richtig aussprechen, ist es mit Ihrem Sprechen wirklich zufrieden.

Wörter verstehen und sagen

Die meisten Kinder verstehen ungleich mehr Wörter, als sie aussprechen können. Sie sind in der Lage, präzisen Anweisungen zu folgen, obwohl sie erst wenige Wörter sprechen können. Andere hingegen lernen ein neues Wort und verstehen fast gleichzeitig seine Bedeutung. Kinder lernen neue Wörter unterschiedlich schnell. Die Klarheit ihres ersten Sprechens hängt von ihrer Fähigkeit ab, Wörter deutlich artikulieren zu können. Wissenschaftler, die untersuchten, wieviele Wörter Kinder verstehen, bevor sie sprechen können, haben herausgefunden, daß diese im Alter von 13 Monaten auf die Objekte blicken, die ihre Eltern benennen. Auch Erwachsene neigen dazu, auf das, über was sie gerade sprechen, zu blicken. Kinder schauen also auf den Gegenstand, dem Sie ihre Aufmerksamkeit widmen. Sie ziehen den Schluß, daß das Geräusch, das Sie dabei verursachen, sich auf das, was sie sehen, bezieht.

Kinder, die gerade sprechen lernen, können noch nicht zwischen Auto, Lastwagen, Trecker oder Feuerwehrauto unterscheiden und benutzen ein oder zwei Grundworte für alle Fahrzeuge.

Über Pudel lernen

Sobald das Kind das Wort Hund gelernt hat, können Sie ihm beibringen, daß einige Hunde Pudel sind. Wenn es den Zusammenhang begreift und Sie einen neuen Namen verwenden, zieht es den Schluß, daß sich der Name auf eine Untergruppe bezieht. Es wird ausprobieren, was zur Gruppe „Pudel" gehört, indem es alle lockigen Hunde Pudel nennt und schaut, ob es recht hat.

Wörter, die sich auf das beziehen, was das Kind als eine Klasse von Objekten erkennt, sind immer am leichtesten zu erlernen. Dagegen ist es viel schwieriger, die Bedeutung von „drei" oder „gelb" zu lernen, da die Konzepte von Zahl und Farbe abstrakter sind (siehe Seite 234-235).

Papa ist der Briefträger

Kinder legen die Bedeutung von Wörtern oft zu weit aus, wenn sie anfangen, sie zu verwenden. Schließlich ist es eine schwere Aufgabe, eine Sprache ganz von vorne zu lernen. Man hat ausgerechnet, daß ein durchschnittlich entwickeltes Kind zwischen 1½ und 2½ Jahren täglich etwa 13 neue Wörter lernt. So überrascht es nicht, daß bisweilen die Bedeutungen durcheinandergeraten. Kinder verwenden ein Wort auch, wenn sie es noch nicht verstanden haben. Sie schnappen es auf und erforschen dann die genaue Bedeutung. So sind anfänglich alle Männer „Papa". Erst später unterscheiden sie auch sprachlich zwischen Briefträger, Busfahrer und dem richtigen „Papa". Dies geschieht, weil das Kind sich merkt, was es hört. Wenn es den Briefträger „Papa" nennt und Sie dann sagen: „Das ist der Briefträger", so merkt es sich, daß „Papa" verkehrt ist, obwohl es sich nicht das Wort Briefträger merkt. Es muß nun einer neuen Erkenntnis („Der Mann, der die Briefe bringt") einen Namen geben. Nachdem es noch ein paar Mal das Wort dem Mann zugeordnet hat, wird es richtig verwendet.

Vom Wort zum Satz

Die meisten Kinder können viele einzelne Wörter sprechen, bevor sie beginnen, sie zu Sätzen zusammenzufügen

Der frühe Wortschatz der meisten Kinder besteht aus vielen einzelnen Wörtern, zumeist Substantiven. Aber nicht alle Kinder lernen auf diese Weise. Bei wenigen bestehen die ersten Wörter aus Phrasen wie etwa „Hör auf!", „Magst du?", die so schnell gesagt werden, daß sie sich wie ein einzelnes Wort anhören. Solche Kinder benennen weniger die sie umgebenden Objekte, sondern verwenden ihre ersten Wörter in sozialen Interaktionen, um dadurch Aufmerksamkeit zu erlangen oder ihre Handlung zu beschreiben.

Kombinationen von Wörtern und Zeichen

So, wie die ersten „Wörter" tatsächlich Zeichen sind, sind auch die ersten Sätze Kombinationen von Zeichen und Wörtern. Wenn das Kind auf den Hund deutet, sagt es „Wauwau". Die Bedeutung ist klar: „Schau, da ist ein Hund!" Wenn es seine Hände ausstreckt und „Keks" sagt, dann bedeutet dies: „Gib mir einen Keks!" Es gebraucht auch einzeln verwendete Wörter wie Sätze: Es sagt z. B. „Auto", und nachdem Sie Antwort gegeben haben, „fahren".

Sätze aus zwei Wörtern

Die meisten Kinder haben sich etwa 200 Wörter angeeignet, bevor sie im Alter von etwa 21 Monaten beginnen, in Sätzen zu sprechen. Dabei ist die Anzahl der Wörter wichtiger als das Alter. Wenn sie einmal damit begonnen haben, machen sie rasante Fortschritte. Es ist nicht ungewöhnlich, wenn ein Kind 100 neue Sätze aus zwei Wörtern in einem Monat lernt. Mit den verwendeten Kombinationen drücken sie Besitzverhältnisse („Mama Mantel"), Handlungen („Auto fahren"), Standorte („Da Stuhl"), Aufforderungen („Gib Keks"), Namen bzw. Betonungen („Dieses Haus") und Fragen („Was ist?") aus.

Sprechen im Telegrammstil

Welche Sprache auch immer Kinder lernen, ihre ersten Sätze entbehren der grammatischen Elemente, durch die die Bedeutung abgestimmt wird, z. B. Plural oder Zeiten bei den Verben, aber auch Präpositionen wie „in" oder „auf", Besitzanzeigen (Genetiv, von) oder Artikel (ein/e, der, die, das). Durch diese Auslassungen sprechen sie im Telegrammstil.

Gehörte Grammatik verwenden

Forschungsergebnisse lassen vermuten, daß Kinder weltweit die Grammatik ihrer Sprache in der gleichen Reihenfolge erlernen. Zuerst lernen sie das Präsens, durch das aktuelle Vorgänge beschrieben werden. Es folgen die Präpositionen „in" und „auf", dann der Plural und die unregelmäßigen Vergangenheitsformen wie etwa „ging". Anschließend lernen sie Besitzanzeigen (Genitiv, von), Artikel (ein/e, der, die, das) und danach die anderen Grammatikregeln.

Fehler machen

Wenn Kinder die ersten Grammatikregeln lernen, eignen sie sich oft die unregelmäßigen Formen zuerst an. So lernen sie zuerst „ging" und dann erst

Die ersten Wörter eines Kindes beziehen sich zum Großteil auf vertraute Gegenstände (Buch, Bär, Tasse, Bettchen). Denn die meisten Kinder verwenden Wörter eher, um Objekte in ihrer Umgebung zu benennen, als ihre Handlungen zu beschreiben bzw. als Mittel für die Interaktion.

„tanzte". Sobald sie jedoch die regelmäßige Vergangenheit (-te) gelernt haben, werden sie sie auch dann verwenden, wenn sie fehl am Platz ist, sagen etwa gehte oder rennte. Desgleichen wenden sie den Plural oft verkehrt an. Wenn Sie diese Fehler hören, können Sie aber dennoch sicher sein, daß Ihr Kind die Regeln gelernt hat.

Der Wortschatz wächst

Bevor das Kind in die Schule kommt, vergrößert sich der Wortschatz eines Kindes stetig. Mit 30 Monaten verfügt es über etwa 450 Wörter, mit 3 Jahren über etwa 900, und mit 5 Jahren hat es diese Anzahl noch einmal mehr als verdoppelt. Mit 6 Jahren umfaßt der Wortschatz der meisten Kinder etwa 2500 Wörter. Wenn man dazu noch die Eigennamen rechnet, wird die Gesamtzahl sogar noch größer.

Mit 3½ Jahren ist ein Kind in der Lage, Hilfsverben zu benutzen – „Ich habe gesehen" –, komplexe Verneinungen wie etwa „Das ist kein Eis" auszudrücken und Fragen zu stellen, die mit „was", „warum" und „welches" beginnen. Ab etwa 5 kann es mit solch komplizierten Aussagen umgehen, wie z. B. „Ich werde gehen, obwohl ich nicht mag" oder „Das war es nicht, oder?". Zudem läßt es sich nicht durch solche komplizierten Aussagen wie „Thomas wußte, daß Nicole das Rennen gewinnen würde" und „Der Mann, der dem Jungen die Katze zeigte", verwirren.

Kinder haben in einer fremdsprachigen Umgebung keine Schwierigkeiten. Sie verfügen über eine andere linguistische Welt als Erwachsene, können sich ohne Wörter besser verständlich machen, und eignen sich zudem schnell eine Sprache an, die ihre Fertigkeiten ergänzt.

ZWEISPRACHIGKEIT

Wenn Kinder in ein anderes Land ziehen, lernen sie die Sprache, die sie um sich herum hören, fast mühelos. Sie lernen sie aber nicht nur schnell, sondern können sie auch wie die Einheimischen sprechen. Für Erwachsene ist das Erlernen einer neuen Sprache Schwerarbeit, und nur wenige sprechen sie jemals wie ein Einheimischer. Es bleibt immer ein leichter Akzent, so wie viele Erwachsene eine leichte Färbung des Dialekts aufweisen, den sie in der Kindheit gesprochen haben, auch wenn sie schon seit Jahren nicht mehr in der entsprechenden Gegend leben. Kinder können Sprachen besonders gut lernen, bevor sie in die Pubertät kommen, danach wird es für sie schwieriger.

Kinder, die um sich herum mehr als eine Sprache hören, lernen beide Sprachen. Anscheinend finden sie das nicht im mindesten verwirrend und können schnell zwischen beiden „umschalten". Studienergebnisse lassen vermuten, daß zweisprachig aufwachsende Kinder zwar in den ersten Jahren eine leichte Verzögerung im Spracherwerb aufweisen, doch ab dem Zeitpunkt, in dem sie in die Schule kommen, behrrschen sie beide Sprachen genauso gut wie einsprachig aufwachsende Kinder.

Mit Eltern und Gleichaltrigen sprechen

Ein Kind redet mit seinen Eltern oder sonstigen Erwachsenen anders als mit seinen Freunden

Ein Kind erwartet von einem Erwachsenen, daß er versteht, was es sagt. Wenn die zwei sich gut kennen, kann das Kind in der Regel vermitteln, was es meint. Sie ergänzen und führen den Satz des Kindes fort, weil Sie den Kontext erkennen können. Häufig haben die Wörter, die Kinder benutzen, viele Bedeutungen. „Moritz Garten" kann bedeuten:
Moritz geht hinaus, um im Garten zu spielen.
Moritz will hinausgehen, um im Garten zu spielen.
Moritz hat im Garten gespielt.
Moritz hat ein Bild vom Garten gemalt.
Das ist der Garten von Moritz.
Sie sind nicht nur in der Lage, die richtige Bedeutung auszuwählen, sondern lassen das Kind auch wissen, daß Sie verstehen, was es zu sagen versucht. Kinder wissen, was sie sagen möchten, und schauen überrascht, wenn Sie ihre Wörter nur wiederholen, anstatt ihren Telegrammstil zu den Sätzen zu erweitern, die sie sagen wollen. So erwartet Ihr Kind von Ihnen, daß Sie „Genau! Moritz hat im Garten gespielt" sagen.

Wissen, was man sagen will, aber es nicht sagen
Kleine Kinder erwarten von Ihnen auch, daß Sie aussprechen, was sie korrekt sagen wollen. Wenn ein Kind beispielsweise „Bume" statt „Blume" sagt, dann erwartet es, daß Sie das Wort richtig aussprechen. Wenn ein Kind „Da Bume" sagt, dann antworten Sie: „Genau, da ist eine Blume."

Bisweilen ist es schwierig, herauszufinden, was ein Kind meint. Beispielsweise sagt es „Fis". Verwirrt antworten Sie „Fis". An dieser Stelle wird Sie das Kind wahrscheinlich mit „Fis" korrigieren. Wenn Sie nun begreifen, daß es versucht, „Fisch" zu sagen, und „Fisch" aussprechen, wird es lächeln, da Sie das Wort korrekt ausgesprochen haben, wird jedoch weiter „Fis" sagen.

Warum kann es das nicht sagen?
Kinder können keine langen Sätze bilden, weil sie nicht über das dazu erforderliche Gedächtnis verfügen. Wenn sie also einen komplizierten Gedanken mitteilen wollen, müssen sie diesen in kleine „Häppchen" teilen. Anstatt „Moritz und Papa fahren mit dem Auto in die Stadt" zu sagen, teilt Ihr Kind mit: „Moritz Stadt. Papa Auto. Stadt fahren."

Wenn ein Kind zuhört, muß es nicht ordnen und alles in einen Satz packen. Es ist von der Wortfolge abhängig, durch die es Subjekt und Objekt des Satzes erkennen kann. So versteht es: „Der Hund folgte Thomas nach Hause." Wenn Sie ihm aber sagen: „Thomas wurde von dem Hund nach Hause verfolgt", dann ignoriert es „wurde" und „von" und denkt, daß Thomas dem Hund nach Hause folgte.

Kinder sprechen immer leichter über Themen, die Teil ihrer gemeinsamen Erfahrung sind, z. B. Geschichten aus dem Fernsehen. Wenn sie alle dieselben Geschichten anschauen, kennen alle die Regeln, und die Handlung muß nicht erklärt werden.

Mit 2½ Jahren können Kinder beim gemeinsamen Spiel schon gut interagieren. Sie führen den Großteil ihrer Gespräche dann, wenn sie eine gemeinsame Handlung ausführen oder zumindest in physischer Nähe zueinander sind, obwohl sie nicht immer prüfen, ob der Zuhörer sie anschaut.

DIE SPRACHE GEHÖRLOSER KINDER

Alle Kinder beginnen mittels Zeichen zu kommunizieren. Kinder, die hören, wechseln dann über zu Wörtern und verwenden in geringerem Maß Zeichen. Gehörlose Kinder, denen die Zeichensprache beigebracht wird, lernen Sprache in ähnlicher Geschwindigkeit wie sprechende Kinder, oft sogar noch schneller. Die meisten gehörlosen Kinder zeigen ihre ersten Wörter im Alter von 9 Monaten und stellen mit etwa 17 Monaten Zeichen zu Sätzen zusammen. Der Wortschatz kann schnell wachsen. Dieser Vorsprung gegenüber hörenden Kindern hält sich jedoch nicht lange und ist bei 2jährigen verschwunden.

Wie Kinder mit Eltern sprechen

Mütter, aber auch Väter, sprechen zu Kleinkindern in einer ganz besonderen Sprache. Diese besteht typischerweise aus kurzen, richtig gebildeten, sehr einfachen Sätzen, die langsam und deutlich ausgesprochen werden. Dabei beziehen sich alle Wörter auf etwas Konkretes und werden oft wiederholt. So sagen Sie z.B.: „Schau das Auto an. Das ist ein großes Auto." Eltern blicken dabei auf die Objekte, die sie erwähnen, und sprechen selten über nicht vorhandene Dinge.

Babysprache

Für Kinder ist es oft einfacher, wenn sie zwei Laute wiederholen, als nur einen Laut auszusprechen. So bilden sie anfänglich Doppellaute wie „Wauwau" für Hund. Etwas später kann der zweite Laut durch einen anderen ersetzt werden, und aus „Wauwau" wird z. B. „Wauzi". Kinder wissen das richtige Wort und verwenden es, wenn sie dazu in der Lage sind. Da Kinder problemlos mit einer zweiten Sprache umgehen können, bringen sie auch unterschiedliche Wörter keineswegs aus der Fassung.

Sprache unter Kindern

Wenn man die Grenzen des Kindes bezüglich Verstehen und Sprache berücksichtigt, dann erstaunt es nicht, daß es Kindern unter 2 Jahren schwerfällt, sich zu unterhalten. Was sie sagen, ist nur denen klar, die wissen, was ein Kind sagen möchte.

Um effektiv kommunizieren zu können, müssen Kinder die Aufmerksamkeit der Zuhörer erregen, feinfühlig begreifen, ob diese sie verstehen, und das, was sie sagen, so anpassen, daß man sie verstehen kann. Dabei helfen Gesten, Gesichtsausdruck und Handlungen. Die meisten Wörter, die ein Kind sagt, rufen eine Antwort hervor, und sobald es dazu in der Lage ist, verändert es sein Sprechen, um sicherzugehen, daß der Zuhörer versteht. Wenn der Zuhörer nicht antwortet, wiederholt es die Botschaft und vereinfacht sie möglicherweise. Diese Fertigkeiten werden mit der Zeit immer besser. Mit 4 Jahren bittet ein Kind, das etwas nicht versteht, um eine Erklärung.

Interaktive Spiele für Babys

Erweitern Sie die Fähigkeit Ihres Kindes, Gespräche zu führen, indem Sie daran teilhaben

Kinder lernen die Muster und Intonationen einer Sprache durch Hören. Wenn sie dem Radio zuhören, lernen sie zwar weder die Bedeutung ihnen noch unbekannter Wörter, noch, wie man mit jemandem spricht, aber Sprachmuster und -rhythmus. Wenn sie später die grundlegenden Elemente der Sprache verstanden haben, können Radio und Kassetten zur Erweiterung des Wortschatzes verwendet und durch sie die Freude am Klang der Wörter verstärkt werden.

„Kunststücke"

Babys, die mit dem Sprechen beginnen, brauchen ein „Kunststück", eine Handlung, die sie als Antwort auf eine Frage ausführen, etwas, mit dem man angeben kann. Durch „Kunststücke" fühlen sie sich gescheit und kompetent.

Wie groß bist du? Es streckt die Arme hoch über den Kopf.
Mach Winke-winke. Wedelt mit der Hand.
Mach ein Luftbussi. Wirft eine Kußhand.
Gib Oma ein Küßchen. Gibt ein Küßchen.
Wie tanzt Gaby? Dreht sich im Kreis.

WAS IHR KIND LERNT

• Wo ist?
Wenn Kinder Objekte suchen müssen, verfügen sie über eine Möglichkeit, zu „sagen", daß sie verstehen. Sie können dies überprüfen, ohne daß Sie Wörter aussprechen müssen, die sie noch nicht artikulieren können.

• Igelausflug
Durch die Handlungen kann man sich den Reim merken. Der Reim hilft dem Kind, kleine Laute zu isolieren. Dies fördert das Zuhören, Sprechen und später das Lesen.

• Bauchkitzeln
Kitzeln ist immer interaktiv, denn man kann sich nicht selbst kitzeln.

Wo ist?

Wo ist Susis Bauch?
Wo ist Susis Arm?
Wo ist dein Knie?
Kannst du an deine Nase greifen?
Wo ist Mamas Ellenbogen?
Komm, wir suchen die Schuhe.
Welches ist das kleine Ferkel?
Zeigst du mir die Kuh?

Passen Sie die Fragen den Fertigkeiten des Kindes an und beachten Sie, daß die meisten Kinder viel mehr Wörter verstehen als sagen können.

Igelausflug

Die Igel machen sonntags früh
Hände verschränken, mit den Fingern wackeln!
eine Segelbootpartie.
Die Hände bilden ein kleines Schiffchen.
Und die Kleinen jauchzen froh,
Arme hochstrecken!
weil das Schiff, das schaukelt so!
Schiffe schaukeln lassen!
Gebt schön acht, sagt Mama Igel,
Zeigefinger mahnend hochstrecken!
Denn ihr habt ja keine Flügel,
Keine durch Kopfschütteln, Flügel mit wedelnden Händen andeuten!
und wenn ihr ins Wasser fallt,
Auf die Oberschenkel klatschen!
brrrr, dann ist das Wasser kalt!
Sich schütteln und mit den Armen umfassen!

Bauchkitzeln

Babys zwischen 6 und 18 Monaten lieben es, wenn sie gekitzelt werden. Deshalb kann man sie mit diesem Spiel dazu ermuntern, nach mehr zu „fragen“ oder ihre Vorfreude durch kleine Zeichen zu zeigen, auf die Sie reagieren.

Iß den Apfel

Kleine Babys sagen vielleicht noch nicht „Hund“ oder „Apfel“, „Treppe“, „Saft“, wenn sie dergleichen auf einem Bild sehen, können jedoch durchaus zeigen, was das Bild aussagt, indem sie die dazugehörige Handlung ausführen.
Streichle den Hasen.
Iß den Apfel.
Tätschel den Hund.
Trink den Saft.

Bücher anschauen

In den ersten Büchern sollten gute, deutliche Bilder von vertrauten Objekten zu sehen sein. Tiere sind immer beliebt, in diesem Alter jedoch auch Haushaltsgegenstände wie etwa Betten und Tassen und Objekte, die das Kind beim Spazierengehen sieht, z. B. Kräne, Traktoren und Autos. Zeigen Sie auf jedes Bild und sagen Sie den Namen deutlich.

Fallenlassen

Das alte Spiel, Spielzeug vom Kinderstuhl herunterfallen zu lassen, wird schnell zu einem koketten Spiel der Willenskraft und des sozialen Austauschs. Das Kind wirft hinunter und schaut Sie an. Sie schauen zurück. Es streckt seine Hand aus. Sie fragen: „Soll ich es aufheben?“ Es streckt seine Hand erneut aus, macht ein Geräusch. Sie geben nach, heben das Spielzeug auf, geben es zurück. Das Kind grinst, schaut Sie an, wirft hinunter usw.

WAS IHR KIND LERNT

- **Iß den Apfel**
Fördert die Worterkennung, vergrößert den Wortschatz und verbessert das Verständnis.

- **Bücher anschauen**
Bücher sind von unschätzbarem Wert, um dem Baby die vielen Gesichter der Welt zu zeigen. Zudem werden Fertigkeiten in fast allen Bereichen der Entwicklung gefördert, wenn vielfältige Bücher zur Verfügung stehen (siehe Seite 172 und Seite 228–231).

- **Fallenlassen**
Babys lieben die Wiederholung; dieses Spiel bietet eine wunderbare soziale Interaktion.

Puppen und Bären

Um alle Spiele spielen zu können, die einem Kind Spaß machen, sind nie genügend Freunde da; Puppen und Bären können einspringen

Kuscheltiere und Puppen sind nicht einfach nur Freunde und Spielkameraden, denn obwohl sie nicht antworten können, bieten sie Ihrem Kind hervorragend Gelegenheit, das Sprechen zu üben. Außerdem sind sie ein ausgezeichnetes Publikum, um seine verbalen Fertigkeiten auszuprobieren.

Zum Trinken gehen

Sie brauchen ein paar Bauernhoftiere, etwas Gras (z. B. ein Stück grünen Filz) und einen Teich. Dieser kann aus einem mit Folie umwickelten Stück Karton bestehen oder einfach ein Schminkspiegel sein. Zeigen Sie dem Kind, wie jedes Tier zum Teich geht, um zu trinken.

Freunde

Mit Puppen und Bären kann man reden. Sogar noch bevor ein Kind viele Wörter spricht, kann es einen Löffel an die Bärenschnauze halten und „Iß!“ sagen. Manche Kinder brauchen keine Puppe, um sprechen zu üben. Sie wiederholen abends im Bett die Sprechformen und -muster, indem sie fröhlich beide Seiten einer Unterhaltung übernehmen oder einfach die Vielfalt der Laute ausprobieren. Andere wiederum tun dies nie. Für sie können Puppen- und Bärenfreunde Ansprechpartner sein, wenn alle anderen beschäftigt sind.

Tiere mit besonderen Fähigkeiten

Im folgenden finden Sie Beispiele, wie Sie Spielsachen bestimmte Eigenschaften verleihen können.

Ein Bär, der das Gemüse ißt.
Eine Puppe, die nie Eiscreme will.
Ein Frosch, der hüpft.
Autos, die „brumm“ machen.
Ein Esel, der „I-ahh“ sagt und ausschlägt.
Ein Hund, der die Schüssel ausleckt.
Ein Bär, der sich Bücher anschaut.

Je mehr Handlungen auf diese Weise dem Kind vorgeführt werden, desto mehr „Handlungswörter“ lernt es – überfordern Sie es jedoch nicht. Fangen Sie erst mit wenigen Handlungen an, und wiederholen Sie diese bei Interesse. Machen Sie stets das Gleiche: Bär und Puppe sitzen immer bei bestimm-

WAS IHR KIND LERNT

• Zum Trinken gehen
Hilft Ihrem Kind, auf den ersten Blick ähnlich aussehende Tiere zu sortieren, z. B. Kühe, Schafe und Pferde. Sobald es die Tiere benennen kann, führen Sie auch die entsprechenden Geräusche vor.

• Tiere mit besonderen Fähigkeiten
Dies hilft Ihrem Kind, die Bedeutung von Handlungen zu verstehen. Nach einiger Zeit ermöglicht ihm die Imitation dieser Handlungen, etwas zu „sagen“.

ten Mahlzeiten am Tisch. Der Teddy bekommt immer sein Gemüse. Die Puppe lehnt immer die angebotene Eiscreme höflich ab.

Ausstattung für die Spielzeugfreunde

Klein- und Vorschulkinder lieben es nachzuahmen. Wenn Sie z.B. eine Handlung imitieren, bei der Sie sprechen, plappern sie dabei. Man braucht also Löffel und Teller, um den Bären richtig zu füttern. In der Babywanne kann man die Puppe baden. In einem Bettchen können beide abends hingelegt werden. Ein Plastiklöffel und -teller, ein altes Fläschchen und der Stuhl, den das Kind benutzte, bevor es sitzen konnte, eignen sich zur Wiederverwendung in einer Puppenfamilie. Basteln Sie aus einer Schuhschachtel ein Puppenbett und aus einem Verpackungskarton eines für den Bären.

Puppenklinik

Wichtigste Utensilien sind hier die vielen Betten – fragen Sie am besten im Schuhgeschäft nach leeren Schuhschachteln! Fertigen Sie Verbände aus weißen Bettuchstoff an. Bandagieren Sie ein paar Arme und Beine und basteln Sie für jeden „Patienten" ein Patientenblatt aus Karton und Klammern. Ein Doktorkoffer macht die Klinik perfekt. Oder Sie basteln ein Thermometer aus einem Stift, den Sie mit selbstklebendem Papier umwickeln. Kaufen Sie eine Spielzeuguhr und zeigen Sie dem Kind, wie man den Puls fühlt.

Puppen für Jungen

Die meisten Jungen sprechen wenig mit ihren Puppen – ihr Puppenspiel besteht nicht aus Worten, sondern aus Bewegung und Aktion. Aber Jungen reden beim Spielen. Sie schnattern, wenn sie verschiedene Gebäude bauen, sich verkleiden, klettern, springen, sich Geschichten anhören.

Babypuppen

Babypuppen geben Anlaß zu vielen Gesprächen, da Kinder im Puppenspiel nachahmen, wie sich Eltern um Babys kümmern – und dazu gehören immer Gespräche! Ob die Puppe nun im Kinderwagen, Buggy oder in der Schule ist, das Kind spricht wahrscheinlich immer mit ihr.

Anziehpuppen

Die meisten Mädchen besitzen irgendwann eine, zwei oder drei Puppen. Eltern lehnen sie zwar häufig ab, doch diese Puppen stimulieren in der Regel soziales und verbales Spielen.

WAS IHR KIND LERNT

Puppen und Bären fördern vielerlei Fähigkeiten:

• Gespräch
Ein Kind übt, was es hört, und wiederholt Gespräche mit seinen Kuscheltieren und Puppen.

• Handlungen
In der Regel werden vor allem fürsorgende Handlungen mit Kuscheltieren nachgespielt – Füttern, Anziehen, Baden, Schlafenlegen. Das Kind ahmt zugleich Ihre Handlungen und Ihre Wörter nach, vergrößert dabei seinen Wortschatz und lernt, wie man einen Dialog führt.

• Geschicklichkeit
Den Arm der Puppe zu verbinden, Anziehpuppen Schuhe, Hosen, ein Kleid oder eine Jacke anzuziehen, erfordert exakte Handbewegungen.

• Räumliche Fertigkeiten
Ziemlich sicher spricht Ihr Kind mit seiner Puppe, wenn es sie im Puppenwagen in den Park schiebt. Den Puppenwagen die Straße entlang zu schieben verbessert zudem das räumliche Vorstellungsvermögen des Kindes.

Wörter, Wörter, Wörter

Ihr Kind begreift zwar nicht jedes Wort, das Sie sagen, doch wenn neue Wörter im Kontext verwendet werden, kann es sie leichter verstehen

Wenn Sie Ihr Kind mit Wörtern bombardieren, die es nicht versteht, vergrößern Sie seinen Wortschatz keineswegs. Wenn Sie jedoch Wörter in Alltagssituationen wiederholen, wird es anfangen, Ihr Sprechen zu kopieren.

Ständiges Kommentieren

Wenn Sie mit Ihrem Kind zusammen sind, dann beschreiben Sie ihm in einfachen Worten, was Sie gerade machen.
Ich suche ein größeres Bauklötzchen, das ich hier hinlegen kann.
Ich male mit dem grünem Stift.
Ich wasche jetzt die Teller ab.
Ich suche meine Schuhe.

Über das Spiel sprechen

Bisweilen müssen Sie kommentieren, was Ihr Kind tut, indem Sie direkt eine Frage stellen.
Das ist ein schönes Haus, das du da malst.
Warum malst du das grün?
Der Mann auf dem Traktor schaut wirklich aus, als ob er gleich losfahren würde.
Übertreiben Sie es jedoch nicht! Manchmal möchten Kinder ihre eigenen Aktivitäten ausführen, ohne sie Ihnen erklären oder über das Warum nachdenken zu müssen.

Fragen stellen

Einige Fragen kann man einfach mit „Ja" und „Nein" beantworten. Wenn Sie jedoch etwas indirekter fragen, muß Ihr Kind über die Antwort nachdenken – und Ihnen mehr sagen.
Wie hast du den Turm gebaut?
Meinst du, man kann das auch anders machen?
Kennst du eine andere Geschichte, die so ähnlich ist wie diese?
Wo finden wir jetzt...
Was, meinst du, passiert, wenn...
Ich kann das nicht... Wie hast du das gemacht?

Gedichte, Reime und Märchen

Kinder lieben den Rhythmus und den Reim von Gedichten, auch wenn sie nicht immer die Bedeutung verstehen. Sie sind das Äquivalent zum Fernsehen: Das entspannende Kind wird in einer angenehmen Weise berieselt. Ständig wiederholte Märchen üben, solange Sie sie immer genau gleich erzählen, eine ähnliche Wirkung aus.

Durch Loben ermutigen

Jeder wird gerne gelobt, aber Kleinkinder freuen sich ganz besonders, wenn man ihnen sagt, daß sie etwas gut gemacht haben. Durch Ihr Lob bestärkt, wird Ihnen Ihr Kind gerne erzählen, wie es eine Handlung ausgeführt hat. Verwenden Sie nicht immer die gleichen Begriffe.
Das gefällt mir. Zeig mir, wie du das gemacht hast.
Prima. Was hast du dann gemacht?
Ist das für mich? Danke, das ist hübsch.
Na, das ist toll. Glaubst du, daß hier ein Elefant hineinpaßt?
Das ist schlau. Ich hab' geglaubt, daß es etwas zu schwierig für dich ist. Das war leider ein Fehler von mir.

FRAGE UND ANTWORT

Mein 3jähriger Sohn spricht immer noch nicht deutlich. Soll ich vielleicht eine Sprachtherapie in Erwägung ziehen?

Viele Kinder tun sich schwer, bestimmte Laute zu artikulieren, und sprechen Wörter erst richtig aus, wenn sie 6 oder 7 Jahre alt sind. Denn erst dann entsprechen Mund, Gaumen und Stimmapparat in etwa denen eines Erwachsenen. Zudem sind auch die Gehirnbereiche, die die Artikulation steuern, noch nicht voll ausgereift. Ohne Ihren Sohn sprechen zu hören, ist es also schwierig zu beurteilen, ob er wirklich ein schwerwiegendes Problem hat. Wenn Sie sich Sorgen machen, dann lassen Sie Ihr Kind von einem Experten untersuchen.

Flüsterpost

Vier oder mehr Personen sitzen in einem Kreis. Die erste flüstert der zweiten eine kurze Geschichte ins Ohr. Diese gibt sie der dritten weiter usw., bis sie zur ersten zurückkommt. Je größer der Kreis, desto mehr verändert sich die Geschichte.

Etwas, über das man sprechen kann

Ausflüge können ein Thema für spätere Gespräche sein: eine Busfahrt (wenn Sie normalerweise mit dem Auto fahren); in einem Kaufhaus Rolltreppe fahren; wenn es dunkel ist, in der Stadt spazierengehen; die Straße entlanggehen, wenn der Mond aufgeht; die Krähen beobachten, wenn sie sich zum Schlafen niederlassen; ein Stadtbesuch, um die Weihnachtsdekoration zu bewundern; nach einem Regenguß durch Pfützen stapfen.

Tuch ziehen

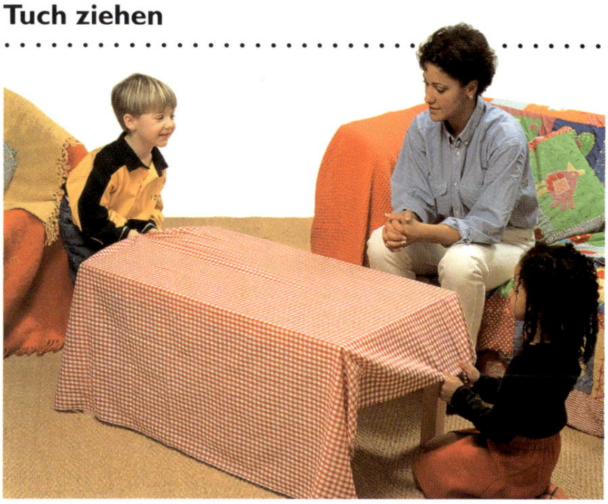

Dieses Spiel kann man zu zweit spielen, lustiger ist es jedoch zu dritt oder zu viert. Alle sitzen um den Tisch, auf dem ein Tischtuch oder eine alte Decke liegt. Jeder muß der Reihe nach nun „Ziehen“ oder „Loslassen“ sagen. Die Spieler müssen immer das Gegenteil des Befehls ausführen, was ganz schön schwierig ist.

WAS IHR KIND LERNT

- **Über das Spiel sprechen**
  Zeigt, daß Sie sich dafür interessieren, was das Kind macht, und verdeutlicht ihm, daß man mit Sprache Handlungen beschreiben kann.

- **Gedichte, Reime und Märchen**
  Gedichte und Reime anzuhören hilft Ihrem Kind, die Laute, aus denen die Wörter bestehen, zu isolieren – eine grundlegende Fertigkeit für die richtige Aussprache und später für das Lesen.

- **Flüsterpost**
  Die weitergegebene Botschaft ändert sich von Spieler zu Spieler nur wenig, unterscheidet sich vielleicht nur durch ein oder zwei Silben. Dieses Spiel hilft Ihrem Kind, diese unterschiedlichen Töne in einer Lautfolge zu isolieren – eine wichtige Voraussetzung für das Lesenlernen.

- **Etwas, über das man sprechen kann**
  Außergewöhnliche oder zumindest selten wiederholte Ausflüge bieten in der Regel ihr eigenes Vokabular. Zudem erinnern sich kleine Kinder eher an die Ausnahmen als an die tägliche Routine.

- **Tuch ziehen**
  Lehrt Ihrem Kind die Bedeutung des Zuhörens; zudem ist es ein überaus soziales, interaktives Spiel.

Sprechspiele

Spiele, bei denen Sprechen im Mittelpunkt steht, verbessern die verbalen Fertigkeiten Ihres Kindes

Obwohl die meisten Kinder häufig und lange darüber sprechen, was sie gerade machen, können Sie dennoch zusätzlich Spiele einführen, die bei denen man sprechen, d.h. Handlungen beschreiben oder sich an Ereignisse erinnern, aber auch genau zuhören muß.

Geschichten ohne Bücher

Kleine Kinder mögen immer Geschichten, in denen sie der Held sind. Im folgenden hierzu ein paar Ideen: seine Ausflüge mit einem Frosch, der die Welt retten und dann immer Fliegenbrote ißt; die fürchterlichen Dinge, die das Kind anstellte, als es 2 Jahre alt war; wie Sie zusammen in die Stadt gingen, um Kaffee zu kaufen; wie es seinen Bären verlor und wieder fand; der Teppich, mit dem es zu magischen Orten flog.

Die Geschichte des Kindes

Sogar kleine Kinder haben eine Geschichte, und da sie sich selten daran erinnern können, bekommen sie sie gerne erzählt:
Wie es in Ihrem Bauch strampelte, wenn Sie badeten.
Wie es bei der Geburt schrie.
Wie es immer die Karotten ausspuckte.
Wie es immer hinter das Sofa kroch und sich versteckte und Sie einmal dachten, daß es verschwunden sei.

Und die Folge war...

Dieses Spiel spielt man normalerweise mit Papierstückchen, aber kleinere Kinder amüsieren sich schon, wenn Sie einfach etwas Albernes finden, um die Geschichte fortzusetzen. Spielen Sie abwechselnd.

Ein Mann	Papa
traf eine Frau.	Schneewittchen
Er sagte zu ihr:	Ißt du Nudeln?
Und die Folge war:	Sie kochten einen Topf voll.

Das Ja-Nein-Spiel

Hierbei darf man weder mit Ja noch mit Nein antworten. Gar nicht so einfach!
Seid ihr drei?
Hast du einen Bruder?
Ist das dein Schuh?
Ist Papa schon zu Hause?
Hast du daran gedacht, deine Zähne zu putzen?
Wahrscheinlich müssen Sie dem Kind Fehler erlauben und es erst bei z.B. drei Fehlern verlieren lassen.

Auswählen

Wer auswählen darf, nimmt teil. Ein Kind, das aussucht, welches Brot gekauft werden soll, nimmt am Einkauf teil. Natürlich können Sie es nicht alles auswählen lassen, zudem haben die meisten Eltern keine Zeit für solche entspannten Einkäufe. Aber auch wenn es nur wenig auswählen darf, hat es das Gefühl, daß dies auch seine Handlung ist:
Die Äpfel in der Obstabteilung aussuchen.
Die Marmeladensorte bestimmen.
Die Zahnpasta suchen, die Sie immer kaufen.
Das Regal suchen, wo das Katzenfutter steht.

Ein Flugzeug im Wohnzimmer

Wenn Erwachsene an die Ferien ihrer Kindheit denken, dann erinnern sie sich häufig am deutlichsten an die Reise selbst, vielleicht wegen der Hochspannung, die vor der Abfahrt herrscht. Früher wurden die meisten Urlaubsreisen mit dem Auto unternommen, heute verreisen die Kinder oft auch mit dem Flugzeug. Trotzdem bedeutet es auch für sie etwas Neues. Wichtigstes Zubehör für einen Spielflug sind:

Sitze mit Passagieren (z. B. Kuscheltiere auf den Sesseln).
Essen auf dem Tablett (heben Sie sich hierfür die Styroporeinlagen von verpacktem Obst oder Gemüse auf).
Kopfhörer.
Ein Ticket.
Ein Paß.
Ein Hut für den/die Flugbegleiter/in.

Pläne schmieden

Planen ist schwierig, besonders wenn es einem schwerfällt, Informationen lange im Sinn zu behalten. Die Sprache hilft dabei, aber kleine Kinder verfügen noch nicht über viel Sprache. Helfen Sie Ihren Kindern zu begreifen, daß alles einen Plan hat, indem Sie folgendes diskutieren:
Den Tagesplan.
Den Anziehplan.
Was man zu Mittag essen wird.
Wohin man zum Einkaufen geht.
Wie man zum Park fahren wird.

WAS IHR KIND LERNT

• Geschichten ohne Bücher
Verbessert die Vorstellungskraft und ermuntert zur sprachlichen Kommunikation. Da ihm keine Bilder Hilfestellung leisten, muß sich das Kind stark konzentrieren.

• Das Ja-Nein-Spiel
Fördert das Zuhören und vergrößert den Wortschatz Ihres Kindes, indem es nach Alternativen für „Ja" und „Nein" suchen muß.

• Auswählen
Nutzen Sie das Spiel, um den Wortschatz des Kindes zu vergrößern. Zudem wird die Beobachtungsgabe geschärft (das ist die Zahnpasta, die wir immer haben) und das Gedächtnis trainiert – Katzenfutter steht in dem Regal nach den Getreideprodukten.

• Ein Flugzeug im Wohnzimmer
Trainiert das Gedächtnis des Kindes und fördert das Rollenspiel; an einem Tag ist das Kind ein Passagier, am nächsten eine Stewardeß.

• Ein Hotel unter der Treppe
Auch dieses Spiel trainiert das Gedächtnis und fördert das Rollenspiel. Das Kind wird an Worte erinnert, lernt Wörter, die es nicht kannte oder nur selten benutzte: Rezeption, Willkommen, Quittung, Träger.

Ein Hotel unter der Treppe

Da kleine Kinder nicht immer über die Sprachfertigkeit verfügen, um über Erfahrungen zu sprechen, spielen sie diese nach. Dies ist schon ein Schritt weiter, als die für ein Wort stehende Handlung zu spielen. Ferien sind immer mit neuen Erfahrungen vollgepackt, und wenn man diese nicht bespricht, werden einige von ihnen wahrscheinlich wieder vergessen werden. „Eröffnen" Sie ein Hotel in einer stillen Ecke. Das wichtigste Zubehör hierfür ist:

Eine Rezeption mit einem Telefon.
Ein Quittungsblock für Quittungen.
Ein kleiner Hefter, um die Papiere zusammenzuklammern.
Ein Stempel für die Quittung (Sie können z. B. aus einer kleinen Karotte einen Stempel schnitzen).
Einige alte Schlüssel.
Ein Willkommensschild.
Schilder, die zur Bar und zum Restaurant zeigen.
Piktogramme für Toilette und Wickelraum.

Bücher, Videos, sprechendes Spielzeug

So helfen technische und traditionelle Methoden beim Sprechenlernen

Bilderbücher vergrößern den kindlichen Wortschatz. Auf die kindlichen Bedürfnisse zugeschnittene Fernsehsendungen und Videos gibt es zuhauf. Zudem kann man elektronische und Computerspiele kaufen, die als „pädagogisch wertvoll“ angepriesen werden und auf die Eltern von Kindern im Vorschulalter gerichtet sind.

Bilderbücher

Mit Bilderbüchern kann man ideal den Wortschatz eines Kindes vergrößern. Schon die Kleinsten mögen Bücher, in denen vertraute Objekte und Situationen abgebildet sind; ältere Kinder bevorzugen Bücher, mit denen sie ihr Vokabular erweitern. Haben Sie keine Angst, Kinder zu fordern! Kataloge sind hervorragende Bilderbücher – und kosten zudem nichts.

Bücher und Kassetten mit Geschichten

Am Anfang können Kinder keiner Erzählung folgen, wenn ihnen keine Bilder zur Verfügung stehen, die sie durch die Handlung führen. Kinder unter 3 Jahren brauchen sehr einfache Geschichten, ein paar Textzeilen pro Bild reichen vollkommen aus. Die Geschichte sollte geradlinig sein und auf ihren eigenen Erfahrungen aufbauen – auch wenn sie ein phantastisches Element enthält. Wenn sich Sprache und Gedächtnis des Kindes weiterentwickeln, kann es mit komplizierteren Geschichten umgehen und braucht weniger visuelle Unterstützung, um der Handlung folgen zu können. Mit 4 oder 5 Jahren können die meisten Kinder mit einer Geschichte aus einem Buch ohne unterstützende Bilder umgehen, d. h., sie können jetzt auch Geschichten auf Kassette hören.

Aktionsbücher

Wörter und Handlung sind für kleine Kinder untrennbar verbunden – eine Handlung auszuführen entspricht in etwa der Aussage: „Ich kenne das Wort.“ Da Aktionsbücher leicht kaputtgehen, sollten Erwachsene sie sich gemeinsam mit dem Kind ansehen, was zusätzlich die Sprachentwicklung des Kindes fördert. Interaktive Bücher sind so angelegt, daß man zusammen bespricht, was man sieht. So können Sie den „Sprechwert“ überprüfen.

Über den Tag plaudern oder Geschichten erzählen bietet eine wunderbare Gelegenheit, seinem Kind nahe zu sein. Versuchen Sie, jeden Tag etwas Zeit dafür aufzubringen.

Gruselmärchen helfen Ihrem Kind, mit den bösen Elementen der weiten Welt umzugehen, indem es damit in einer sicheren und entspannten Situation konfrontiert wird.

Gruselgeschichten

Märchen sind oft furchterregend: Kinder werden im Ofen gebacken, es gibt schreckliche Stiefmütter, große böse Wölfe. Aber Kinder lieben sie.

Videos

Wenn alle müde oder beschäftigt sind, können Videos einem Kind Entspannung bringen. Wenige kleine Kinder können sich über das Video unterhalten, während sie es anschauen. In diesem Alter sind sie damit noch überfordert, die Aufmerksamkeit auf diese Weise zu teilen und „umzuschalten". Wenn ein Kind ein Video immer wieder anschaut, kann es sowohl mit Ihnen darüber sprechen als auch die Geschichte mit Freunden nachspielen.

Sprechende Puppen und Spielsachen

Sprechpuppen sagen Dinge zufällig. Wenn jedoch ein Kind Antworten auf Fragen haben möchte, ist eine sprechende Puppe ungeeignet. Sprechende Puppen und Spielsachen sind reizvoll, ermuntern das Kind jedoch nicht zum Sprechen. Da viele sprechende Spielsachen Informationen ohne Bedeutungszusammenhang liefern, eignen sich zum Sprechenlernen nur wenige genauso gut wie ein Buch. Mit Computerprogrammen kann man zwar interaktiv Kenntnisse erwerben, jedoch wird hier der soziale Kontext des Lernens ausgespart, was sich als Nachteil für Kinder erweist.

FERNSEHEN

Zuviel Fernsehen ist schlecht für kleine Kinder. Auch wenn hier die Bilder zusammen mit den Wörtern erscheinen, hören kleine Kinder wahrscheinlich gar nicht zu. Der visuelle Eindruck dominiert. Sie schauen, aber hören nicht. Deshalb stellt das Fernsehen häufig eine „sprach-lose" Umgebung für die Kleinsten dar. Aber auch für größere Kinder kann es aufgrund der Art, wie Personen sprechen, schwierig werden, der Geschichte zu folgen. Wenn sie TV-Programme für Erwachsene und ältere Kinder anschauen, verstehen sie die Sendung nicht. Man sollte kontrollieren, was und wieviel Kinder fernsehen; dann kann das Fernsehen viele wichtige Rollen im Leben eines Kindes spielen:

- Beim Fernsehen können sich Kinder fallen lassen und entspannen. Jeder muß einmal abschalten, das gilt auch für müde Kinder. Das heißt jedoch nicht, daß sie stundenlang vor der Flimmerkiste sitzen sollen.
- Fernsehen kann eine gemeinsame Erfahrung und eine Basis für ein Gespräch bilden. Da Familien meist klein und isoliert sind und sich das soziale Leben der Kinder um den Kindergarten und die Schule dreht, kennen Kinder nicht die Familien der anderen. Das Fernsehen bietet hierbei die gemeinsame Basis; das sprachlich noch ungeübte Kind hat etwas, worüber es sprechen kann, und der Zuhörer weiß, worüber es spricht.
- Fernsehen liefert Informationen über die Welt, erweitert den kindlichen Horizont und läßt es Dinge erfahren, die es ansonsten nicht kennen würde.
- Fernsehen bietet eine Quelle für Aktivitäten und Spielideen.

KAPITEL 10

Sich selbst erfahren

Ich – damit bezeichnen wir unsere Individualität. Wir alle glauben, daß eine Person immer dasselbe einmalige Wesen ist und bleibt. Neben diesem persönlichen Blick, wer wir sind, gibt es auch den Blick der anderen. Selbstbewußtsein ist für Erwachsene so offensichtlich, daß die meisten sich keine Gedanken darüber machen, wie kompliziert es für ein Baby sein muß, dies zu lernen. Ein Kind, das „Ich" versteht und es als zentrale Komponente in seiner Interaktion mit der Welt versteht, braucht Selbstwert. Dieser ist die Basis für Vertrauen, Disziplin und einen Glauben in die eigene Kompetenz. Damit Kinder Selbstbewußtsein entwickeln, müssen Eltern die Selbstachtung unterstützen. Achten Sie immer darauf, daß Sie Ihr Baby mehr loben als tadeln, und zwar das Verhalten, nicht das Kind. Bis etwa im Alter von 7 Monaten können Sie offensichtlich sehen, wie Ihr Baby lernt, und diesen Lernprozeß verfolgen. Danach wird er mehr aus den Fähigkeiten des Babys erschlossen.

Meilensteine bei der Entwicklung von Selbstbewußtsein

	Was Ihr Kind kann
20 *Wochen*	● Kleine Babys verstehen nicht, daß jede Person nur einmal vorhanden ist. Ihr Baby denkt, daß Sie jedesmal, wenn es Sie sieht, eine neue Person sind.
8 *Monate*	● Irgendwann ab dem 9. Monat ist Ihr Baby in der Lage zu denken: „Ich bin heute dieselbe Person wie gestern.“ ● Es dreht sich konsequent zu Ihnen hin, wenn Sie seinen Namen rufen. ● Es schaut sich im Spiegel an, begreift jedoch nicht, daß es sich selbst sieht; es interessiert sich einfach für das „andere“ Baby. 
22 *Monate*	● Das Baby erkennt sich im Spiegel und auf aktuellen Fotos, versteht jedoch nicht, daß es das kleine Baby auf älteren Schnappschüssen ist.
3 *Jahre*	● Das Kind beginnt, sich selbst durch das, was es besitzt, zu beschreiben, etwa: „Ich bin das kleine Mädchen mit dem blauen Kleid!“ ● Es kennt sein Geschlecht und versteht, daß es eine Klasse von Menschen gibt, die z. B. „Mädchen“ heißen und gemeinsame Charakteristika besitzen. Es kann diese Kennzeichen jedoch nicht beschreiben. 
3½ *Jahre*	● Das Kind begreift plötzlich, daß andere Menschen Gedanken haben, die sich von seinen unterscheiden. ● Es versteht, daß Sie nicht sehen konnten, was es „angestellt“ hat. ● Es berichtet Ihnen über Gegebenheiten, die passiert sind, als Sie nicht da waren.
5 *Jahre*	● Es begreift, daß sein Leben eine Kontinuität aufweist, daß es dieselbe Person war, ist und für immer sein wird.

Was Sie feststellen	Wie Sie helfen können
• Setzen Sie sich vor einen Spiegel und stellen Sie ihn so ein, daß Sie mehrfach reflektiert werden. Wenn Ihr Baby glücklich die vielen Spiegelbilder anlächelt, denkt es immer noch, daß Sie jedesmal, wenn es Sie sieht, eine neue Person sind. Wenn es verstört blickt, zeigt dies, daß es gelernt hat, daß Sie einmalig sind und demzufolge nur einmal vorhanden sein sollten.	• Spielen Sie Spiele wie „Guck, guck". Damit helfen Sie dem Baby zu begreifen, daß die Menschen um es herum kommen und gehen. • Rufen Sie es von einer anderen Ecke des Zimmers aus und gehen Sie dann lächelnd zu ihm hin. Wenn es Sie „dort" und „hier" sieht, hilft das ihm, Ihre Permanenz zu verstehen und zu akzeptieren.
• Sollte Ihr Baby weinen, wenn Sie es verlassen, dann hat es begriffen, daß Sie auch dann existieren, wenn es Sie nicht sieht. • Es freut sich auf den „Sturz" beim Hoppe-Hoppe-Reiter-Spiel. • Es verwendet zur Kommunikation erkennbare Signale; nach dem 1. Geburtstag gebraucht es Wörter.	• Auf dieser Stufe hilft jede Form der Kommunikation. Spielen Sie z. B. „Guck, guck". • Verwenden Sie physische und verbale Stimuli gemischt – kitzeln Sie das Baby, deuten Sie und stellen Sie Fragen. • Vor allem sollten Sie auf Laute und Handlungen reagieren.
• Setzen Sie Ihr Baby vor einen Spiegel und tupfen Sie einen Cremeklecks auf seine Nase. Wenn es anfängt, seine Individualität zu begreifen, berührt es seine Nase und nicht die des Spiegelbilds.	• Spielen Sie Spiegelspiele. • Sprechen Sie über die Sachen Ihres Babys; verwenden Sie dabei deren Namen. • Erinnern Sie Ihr Kind an seine Fähig- und Fertigkeiten: „Sarah kann reden, nicht wahr?" • Zeigen Sie ihm Fotoalben.
• Das Kind sagt: „Ich mach'!", „Mein Mantel", „Sarah geht jetzt Bett." • Es mag nicht teilen und wird wütend, wenn Sie abgelegte Kleidung und Spielsachen weitergeben.	• Gehen Sie mit Besitzproblemen sensibel um. • Weisen Sie das Kind häufig auf Namen, Geschlecht und Fähigkeiten hin.
• Wenn das Kind von der Spielgruppe heimkommt, sagt es nicht: „Kennst du den Jungen, mit dem ich gespielt habe?", sondern: „Kennst du den Jungen, dessen Mama ein rotes Auto hat?" • Es schwindelt. Es begreift jetzt, daß Sie nicht alles sehen können, was es macht, und daß es so etwas vor Ihnen geheimhalten kann.	• Beim Spielen so tun, als ob man jemand anders wäre, zwischen der eigenen Identität und einer fremden hin- und herwechseln, Dinge benutzen, die stellvertretend für andere sind – all dies hilft Ihrem Kind, eine grundlegende Fertigkeit zu erwerben: Dinge aus verschiedenen Blickwinkeln zu betrachten.
• Mädchen sagen nicht mehr: „Wenn ich erwachsen bin, werde ich ein Papa." • Es erkennt seine eigenen Babyfotos.	• Sprechen Sie mit Ihrem Kind über Vergangenes und über Dinge in der Zukunft. • Spielen Sie Spiele, zu denen gehört, daß man über längst Vergangenes spricht.

Die Entdeckung des Selbst

Sprache und Gedächtnis sind unlösbar miteinander verwoben. Deshalb ist es für ein Baby so schwierig, sich an ein Geschehnis zu erinnern

Ohne Sprache fällt es schwer, sich an vorhergegangene Ereignisse zu erinnern. Die Sprache erlaubt uns, das Gedächtnis zu durchforsten und uns in verschiedenen Kontexten zu sehen. Kinder, die noch nicht sprechen können, brauchen Anhaltspunkte in ihrer Umgebung, um sich Ereignisse ins Gedächtnis zu rufen. Ein Kind erinnert sich erst wieder an den Park, wenn es am nächsten Tag erneut dort ist. Wenn es in der Küche sitzt, kommt ihm ein Ereignis in den Sinn, das dort geschehen ist. Doch diese „Küchenerinnerungen" sind nur flüchtig. Bis das Kind 8 oder 9 Monate alt ist, vergißt es die Welt, wenn es sie nicht betrachtet. Auch Erwachsene brauchen Gedächtnisstützen, doch sie können Wörter benutzen, Erinnerungen länger und mehr als einen Gedanken im Gedächtnis speichern.

Was habe ich zuvor getan?
Gegen Ende des 1. Lebensjahres werden Sie beobachten, daß Ihr Kind zu Ihnen hochblicken und anschließend seine wie auch immer geartete Tätigkeit wieder aufnehmen kann, die es gerade ausführte, als Sie ins Zimmer kamen. Es kann sich Ereignisse etwas länger als zuvor merken. Sein Fenster der bewußten Erfahrung hat sich vergrößert. Als das Fenster noch flüchtig war, realisierte das Kind nicht die Kontinuität seiner Erfahrung. Es vergaß von einem Moment zum anderen, was geschehen war. Alles hing davon ab, wohin es blickte und welche Geräusche es hörte.

Sobald es zu kommunizieren beginnt, öffnet sich das Fenster weiter. Es ist nun in der Lage, Erfahrungen miteinander zu verbinden. Es beginnt mehr und mehr zu verstehen, was Sie zu ihm sagen, und kann immer mehr mit Ihnen kommunizieren. Nach und nach kann es Wörter zusammenfügen, um eine Handlungsabsicht auszudrücken oder eine Aktion zu beschreiben. In seinen Erfahrungen kommt immer dieselbe Person vor. Eine kleine Person. Eine Person mit einem bestimmten Namen. Diese Person ist „Ich": Ich, die spielt, ich, die diesen Mantel trägt, und ich, die trinkt.

Ob ein Kind seine kontinuierliche Existenz begreift – daß es morgens gespielt hat und jetzt seinen Mantel anhat, weil es in den Park geht, und anschließend etwas trinken wird –, hängt davon ab, ob seine Bewußtseinsspanne weit genug ist, um mehr als einen Gedanken zusammenzubringen: Wenn es zurückdenken kann und sich an ein Geschehen erinnert oder vorwärtsgerichtet denken und ein anderes vorhersagen kann.

Fotografien erkennen
Etwa zur gleichen Zeit beginnt ein Kind, sich auf Fotografien als „Ich“ zu erkennen, sich im Spiegel zu identifizieren. Bis jetzt war es nur an der Person im Spiegel interessiert, ohne zu wissen, daß es sich selbst sieht. Wenn Sie einen Punkt auf die Stirn Ihres Babys malen und es vor den Spiegel setzen, wird es am Glas rubbeln. Mit etwa 21 bis 23 Monaten rubbelt es an seiner Stirn.

Wissen, daß man fühlt
Obwohl ein Kind sich seiner selbst bewußt ist, bevor es 2 Jahre alt ist, realisiert es dennoch nicht, daß sein Selbst nur ihm zu eigen ist. Es denkt, daß Sie dasselbe sehen, fühlen und wollen. Das erklärt zum Teil seine Enttäuschung, wenn Sie nicht aufspringen und seine Forderung erfüllen. 2jährige ziehen immer noch an Ihren Haaren, schmeißen das Baby um und stibitzen ein Spielzeug. Sie wissen, daß dies Menschen zum Weinen bringt oder Schmerzlaute verursacht, sehen jedoch nicht voraus, daß sie durch ihre Handlung Schmerzen verursachen. Wenn es selber keine Schmerzen verspürt, warum sollten Sie es dann?

Kennst du das Kind?
Ein 3jähriges spricht oft so, als ob Sie seine Erfahrung teilen würden. Wenn es etwas sieht, dann auch Sie. Es erzählt Ihnen von der Kindergruppe, als ob Sie ebenfalls dort gewesen wären, und erwartet, daß Sie sich an den Hund erinnern, den es auf dem Heimweg gesehen hat – auch wenn es von der Oma und nicht von Ihnen abgeholt worden ist.

Blickwinkel
Bisweilen ändert sich im Alter zwischen etwa 4½ und 5 Jahren die Sichtweise des Kindes. Es beginnt zu verstehen, daß es seine Gefühle und Absichten erklären muß. Es begreift, daß man anderen weh tun kann, und weint vielleicht, wenn es traurige Geschichten hört. Kurz gesagt, es entwickelt die Fähigkeit zu verstehen.

Täuschung
Sobald ein Kind langsam begreift, daß jeder seinen eigenen Verstand besitzt, eröffnen sich vielfältigste Möglichkeiten. Es muß nicht nur Geschehnisse denjenigen erklären, die sie nicht gesehen haben, es kann ihnen auch unwahre Geschichten erzählen. Wer hat die letzte Schokolade genommen? Da es keiner gesehen hat, kann man einfach „Ich nicht“ sagen. Der Bruder hat seine Süßigkeiten aufgegessen, aber die Schwester hat noch welche übrig. Wo soll sie sie verstecken, damit er sie nicht finden kann? Er wird denken, daß sie sie wie üblich in der Schublade verstaut hat, so versteckt sie sie unter ihrem Bett.

Er denkt, daß ich denke…
Sobald man sich auf dieses Gedankenspiel eingelassen hat, wird klar, daß es um mehr als den Blickpunkt des anderen geht. Man begreift auch, daß andere Menschen ebenso in der Lage sind, den Standpunkt anderer in ihre Überlegungen einzubeziehen. „Ich weiß, daß er denken wird, daß… “ erweitert sich zu: „Ich weiß, daß er denken wird, daß ich denken werde, daß…“ Dies verleiht einem vielfältigere Möglichkeiten, anderer Menschen Gedanken und Handlungen vorherzusagen und ihre Gefühle und Aktivitäten zu verstehen. Genau dieses Jonglieren mit Vorhersagen von Täuschungen und Lügen macht klassische Kriminalfilme und -bücher so spannend.

Kurz vor dem 2. Geburtstag begreift ein Kind, daß es sich selbst im Spiegel sieht.

So tun als ob und imitieren

Babys ahmen von Anfang an Handlungen nach; im 2. Jahr werden jedoch Imitation und Rollenspiel immer wichtiger

Spielzeugherde und andere Haushaltsgegenstände werden im 3. Lebensjahr wichtiger. Viele Geräte können einfach improvisiert werden: Malen Sie eine Schachtel weiß an und zeichnen Sie oben Ringe für die Herdplatten.

Obwohl Grimassenziehen und Lächeln offensichtlich angeboren sind (sogar gehörlose und blinde Kinder lächeln und blicken zornig), so scheint die Entwicklung einer ausgereiften Mimik davon abzuhängen, daß man die Gesichtsausdrücke anderer Menschen sieht. Von Geburt an blinde Menschen verfügen über eine andere Mimik als Sehende. Zwar können auch Babys nachahmen, doch erst um das Ende des 1. Lebensjahrs nimmt das Lernen durch Nachahmung wirklich größeren Raum ein.

Frühe Nachahmung

Zum Ende des 1. Lebensjahrs nimmt ein Kind eine Spielzeugtasse und hält diese an die Lippen. Es ist schwer zu sagen, ob durch diese Handlung ein Wort ausgedrückt werden soll („Das ist eine Tasse“) oder ob das Kind so tut, als ob es tränke. Um den 2. Geburtstag herum werden durch solche Handlungen Handlungsabsichten sehr viel offensichtlicher imitiert als reine Körperbewegungen. Ihr Kind gibt beispielsweise seinem Bären etwas aus der Tasse „zu trinken“ oder nimmt die Tiere für eine Fahrt auf der Ladefläche seines Lasters mit. Im 2. und 3. Lebensjahr machen Kinder die Handlungen der Erwachsenen nach. So trotten sie etwa hinter Ihnen mit dem Spielzeugstaubsauger oder -rasenmäher her, kochen auf dem Spielzeugherd, sagen, was Sie sagen, und haben im allgemeinen Spaß daran, so wie Sie zu sein.

Die Handlung „aus einer Tasse Trinken“ ist für das Kind anfänglich eine Möglichkeit, um zu kommunizieren. Es kann nicht „Tasse“ sagen und verwendet deshalb die damit assoziierte Handlung, um das Wort auszudrücken.

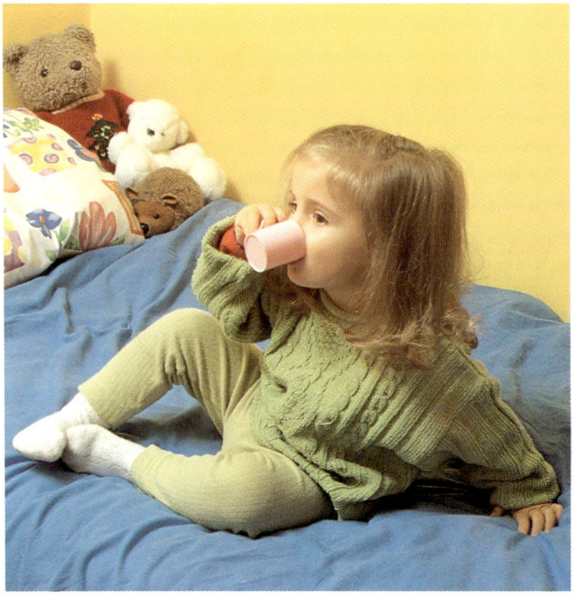

Von der Nachahmung zum Rollenspiel

Zwischen dem Nachahmen und dem Vorgeben einer Handlung besteht keine klar gezogene Grenze. Im 2. Jahr kopieren Kinder andere Menschen, und einige dieser Handlungen weisen starke Elemente des „so tun als ob“ auf. Eine Puppe mit einem Löffel zu füttern kann Nachahmung sein, doch das Essen, das Ihr Kind der Puppe gibt, ist nur imaginär, denn der Löffel ist leer.

Mit zunehmendem Alter werden diese Aktionen immer ausgefeilter. Im Alter von etwa 4½ Jahren können Kinder eine bestimmte Spielhandlung zusammen mit den Mitspielern entwickeln. Wenn Sie ein als Löwe verkleidetes Kind etwas über Batman fragen, dann wird es Ihnen prompt antworten, daß Löwen von Batman keine Ahnung haben. Hier spielt deutlich die Sprache eine Rolle, und die Verfeinerung des Als-ob-Spiels spiegelt die Entwicklung der Sprachfähigkeiten wider. Hierzu ist jedoch noch mehr zu sagen. Das kindliche Als-ob-Spiel beginnt sachlich-nüchtern und ist in der Nachahmung häuslicher Tätigkeiten fest verankert. Es verschiebt sich dann ins Phantastische, was die Übernahme von Rollen und anderen Identitäten erfordert. Diese Fähigkeiten erfordern wiederum das Wissen um „Ich" und „die anderen".

So tun, als ob man jemand anderes sei

Anfänglich tun Kinder nicht so, als ob sie die Mama in der Küche seien. Sie sind Mama, weil sie tun, was Mama tut. Erst später spielen sie „Mama" und wechseln zwischen Leila- und Mama-Rolle. Wenn Leila sie selbst ist, erzählt sie Ihnen, daß sie ihren Mantel gleich holen wird, dreht sich dann um, wechselt zur Mama-Rolle und erzählt ihren Puppen, daß sie gleich hinausgehen muß und daß sie brav sein sollen, während sie weg ist. Diese Fähigkeit, zwischen Als-ob und Realität zu wechseln, erfordert das Wissen, daß die anderen andere Erfahrungen, Gedanken und Gefühle haben als man selbst.

Handlungen

Die Spielhandlungen für das frühe Als-ob-Spiel sind eher sachlich und nüchtern. Da alle am Spiel beteiligten Kinder dafür über ein gemeinsames Wissen verfügen müssen, ist es fast unvermeidbar, daß die Spiele von häuslichen Aktivitäten handeln. Wenn sich die Fähigkeit des Kindes, Geschichten zu erzählen, weiterentwickelt, dann können die Spiele auch die häusliche Sphäre verlassen. Weil jedoch die Handlung den anderen erklärt werden muß, bedeutet dies in der Regel, daß kleine Kinder auf gemeinsamem Wissen basierende Spiele spielen. Den wertvollsten Beitrag, den das Fernsehen für Kinder in diesem Alter leistet, ist das Angebot einer Basis für gemeinsame Spiele (siehe auch Seite 171–172).

Kleine Welten

Manchmal ist ein Kind Batman, manchmal eine andere heroische, für eine kleine Welt verantwortliche Figur. Häufig sind diese kleinen Welten komplett; Kinder sind in diese Welt zwar versunken, spielen darin jedoch keine Rolle. Diese Art der Spiele beginnt schon früh: Das Kind läßt seine Plastikenten im Glasteich schwimmen oder seine Autos auf imaginären Straßen fahren. Die Spiele werden dann immer ausgefeilter. Wenn sich die Fähigkeit des Kindes verbessert, Geschichten zu erzählen, konstruiert es ganze Szenarien, die es durchspielt.

Eine Eisenbahn gibt dem Kind die Möglichkeit, eine Als-ob-Welt zu schaffen und weiter auszuarbeiten: wo der Zug anhalten wird, wo die Passagiere ein- und aussteigen, wo der Bus den Zug trifft, wie viele Bäume im Obstgarten sind.

Sich um andere kümmern

Die Familie liefert das erste Vorbild für liebendes Verhalten

Ein Baby wird geboren, um zu lieben. Es schaut in die Augen der Eltern und lächelt, und sein Gesicht erhellt sich, wenn Sie den Raum betreten. Sie müssen keine großen Anstrengungen unternehmen, um seine Liebe zu gewinnen. Babys lieben Menschen, weil Erwachsene ihre Quelle der Fürsorge sind; die Liebe eines Babys richtet sich prompt auf jeden, der um es herum ist. Diese Liebe muß genährt werden, da sie die Basis für spätere Beziehungen bildet.

Wenn Kinder älter werden, basieren Art und Weise, wie sie andere Menschen mögen, auf dem Beobachten und Imitieren des Liebes- und Fürsorgeverhaltens ihrer Umwelt. Als erstes Vorbild dient die Familie. Selbst wenn es von den Eltern vernachlässigt wird, kann ein Kind lieben, falls es außerhalb der Kernfamilie ein gutes Vorbild findet, doch sind solche positiven Einstellungen gegenüber Menschen schwieriger zu erlernen. Andere Kinder erleben solche negativen Erfahrungen außerhalb der Familie; sie erfahren, daß das zerbrechliche erste Liebes- und Fürsorgemodell, das sie in der Familie gelernt haben, von der Realität überrollt wird.

Lieben wollen

Ein Kind, das sich geliebt fühlt, möchte sich um andere kümmern. Die meisten kleinen Kinder fühlen sich ihrer Liebe so sicher, daß sie – außer an Ausnahmetagen – freundliche, hilfsbereite, rücksichtsvolle Individuen sind. Sie mögen zwar über ihre Habe eifersüchtig wachen, aber sie sind auch bereit zu teilen. Doch diese Fürsorge und Kooperation kann an Bedeutung verlieren, wenn sie älter werden. Sobald Kinder vom heimischen Miteinander in die von Konkurrenz geprägte Welt der Schule überwechseln, neigen sie dazu, mehr Rivalitätsverhalten und weniger Rücksicht zu zeigen.

Wie die Eltern, so das Kind

Bis ein Kind etwa 2 Jahre alt ist, lernt es, indem es die Handlungen anderer beobachtet und nachahmt. Dabei lernt es auch, wie man Gefühle ausdrückt, mit anderen Menschen interagiert oder seinen Kopf durchsetzt. Kinder, die in warmherzigen und

Ein Kind, das von Anfang an weiß, daß es geliebt und um seiner selbst willen geschätzt wird, lernt fürsorgliches Verhalten leichter als ein Kind, das in einer unaufrichtigen, gefühlskalten oder gewalttätigen Umgebung aufwächst. Großeltern oder andere Betreuer können teilweise ein schlechtes Elternhaus ausgleichen.

offenen Familien aufwachsen, neigen eher dazu, selbst so zu sein. Jene mit unehrlichen Eltern werden eher unaufrichtig. Studien über die Korrelation zwischen elterlicher Gewalt und Aggressivität von Kindern ergaben, daß Kinder aus Familien, in denen Schlagen und Schreien an der Tagesordnung stehen, wahrscheinlich auch diese Art der Interaktion erlernen werden. Damit soll nicht gesagt werden, daß ein gelegentlicher Klaps ein Kind in einen Schläger verwandelt oder es dazu bringt, daß es seine Aggressionen an anderen Kindern ausläßt. Das Kind ahmt lediglich immer wiederkehrende Interaktionsmuster in der Familie, zwischen Verwandten und der restlichen Erwachsenenwelt nach.

Forderungen und Gegenforderungen

Die Forderungen von Eltern und Bezugspersonen spiegeln sich in denen wider, die Kinder an sie und ihre gleichaltrigen Freunde stellen. Sie können sowohl positiv als auch negativ sein. Die meisten Bezugspersonen steuern Kinder durch eine Kombination von beidem. Auch Kinder verhalten sich so, wenn sie mit anderen interagieren: Sie stellen Bitten, versuchen aber auch zu verbieten.

Wenn Sie von Ihrem Kind erwarten, daß es Ihnen ohne Fragen gehorcht, wird es von anderen Kindern erwarten, daß sie ihm ebenfalls „blind" gehorchen. Weder Despoten (Eltern oder Kinder) noch gänzlich ergebene Menschen sind beliebt. Solche Kinder sind häufig isoliert. Sie finden nicht das für normale Beziehungen grundlegende Gleichgewicht zwischen Abhängigkeit und Unabhängigkeit.

Lernen, in der realen Welt zu leben

Meistens hat im Leben eines Kindes eine Person die Kontrolle. Sie sagt, was und wann das Kind etwas zu tun hat. Die Art, wie sich Menschen verhalten, ist für ein Kind schwer zu verstehen. Warum streitet Mama mit Papa? Warum schaut Papa Fußball an und nicht mich? Warum kümmert sich die Erzieherin um Susi und nicht um mich? Mit solchen Gedanken kann das Kind besser fertig werden, wenn es sie mit seinen Puppen durchspielt.

Zeit zum Beobachten

Sie können viel erfahren, wenn Sie Ihr Kind bei Spielen beobachten, die sich um Beziehungen drehen – sei es mit anderen Kindern oder mit seinen Bären und Puppen. Wenn Sie sich selbst in diesen Spielen wiedererkennen (was ziemlich sicher ist), dann ist das nicht immer schmeichelhaft. Greifen Sie nicht ein. Kinder sind Schwarz-Weiß-Maler. In Extremen denken führt zum Erkennen der verschiedenen Abstufungen. Das Spiel Ihres Kindes basiert zwar auf Realität. Das Kind erforscht aber auch die Extreme, die es am meisten beschäftigen.

Klassische Geschlechterrollen

Mädchen setzen ihre Bären ordentlich auf Schulbänke, Jungen verwickeln sie in Autounfälle und lassen sie „im Kampf" die Treppe hinunterpurzeln. Sie spielen, was sie sehen, und wählen die für sie passende Rolle. Abends, oder wenn sie aufgeregt oder müde sind, knuddeln sowohl Jungen als auch Mädchen gerne ihre Teddybären. Dieses zwischen hart und weich wechselnde Rollenspiel ist typisch für Jungen, so wie die „Ich-passe-auf-"Spiele typisch für Mädchen sind. In der Welt der Kinder übernehmen in der Regel Frauen die Obhut – und zwar nicht nur die Betreuerinnen tagsüber, sondern auch das Personal in Kindergarten und Schule oder die Menschen beim Einkaufen. Jungen, die herausfinden wollen, was sie männlich macht, übernehmen Rollen aus dem Fernsehen und von Freunden, aus Bereichen also, in denen „aggressive" Rollenmodelle dominieren.

Auch wenn Sie selten die Stimme erheben oder ein Kind ungezogen nennen, werden Sie es trotzdem dabei beobachten können, daß es seine Puppen und Bären schimpft. Indem es die Situation „Als Mama sauer war" nachspielt, wird es verstehen, daß Sie die gesamte restliche Zeit nicht ärgerlich waren.

Reale und Phantasiemenschen

Mit Hilfe von Spielen und Aktivitäten können Sie die Phantasie und sozialen Fertigkeiten Ihres Kindes fördern

Je älter Ihr Kind wird, desto deutlicher erkennt es die Grenze zwischen Vorstellung und Realität. Seine Interaktionen mit immer mehr Menschen auf verschiedensten Ebenen helfen ihm, besser zu verstehen, wer es ist.

Mit Fremden umgehen

Bieten Sie dem Kind möglichst viele Gelegenheiten für soziale Kontakte, denn die Menschen, die es trifft, werden in seinen Spielen als Vorbild dienen. Es kann Geburtstagsgeld auf ein Bankkonto einzahlen.
Es kann in der Bibliothek seine Bücher auswählen.
Es kann seine Comics im Zeitungsladen kaufen.
Es kann die Kassiererin im Supermarkt begrüßen.

Kinder treffen

Kinder müssen Gleichaltrige treffen, um Freunde zu finden. Ist Ihr Kind jedoch keine anderen Kinder gewöhnt, so kann der erste Kontakt Ihr Kind einschüchtern. Machen Sie einen Ausflug in den Park und beobachten Sie die Kinder. Erwachsene lernen sich über Fragen kennen, doch kleine Kinder beginnen in der Regel damit, daß sie erzählen, was sie besitzen.
Ich habe einen neuen Mantel.
Ich habe ein neues Buch.
Ich bekomme Kekse zum Tee.

Üben Sie diese „Vorstellungsgespräche" mit Ihrem Kind. Da kleine Kinder gerne spielen, spielen Sie Fiktionsspiele wie Einkaufen, Telefonieren und Leute-Treffen.

Was wäre, wenn?

Ein Phantasiespiel für Kinder über 4 Jahre.
Was wäre, wenn…
…Wolken wie Drachen an langen Schnüren hingen?
…jeder eine kleine Nadel wäre?
…Kinder Riesen wären und Erwachsene Zwerge?
…alle Busse rückwärts führen?
…alle Ampeln rot wären?
… sich alle Bäume in Schokolade verwandelten?
Es ist interessanter, wenn Sie die üblichen Märchenszenarien mit fliegenden Teppichen und sprechenden Tieren vermeiden. Falls im Spiel echte Fragen auftauchen, sollten Sie diese beantworten.

FRAGE UND ANTWORT

Meine Tochter wünscht sich als Geschenk immer nur Puppen. Wir haben ihr Baukästen gekauft, doch die bleiben im Regal liegen. Ich liebe mein Kind, bin jedoch der Ansicht, daß das Leben von Frauen nicht nur aus Kindererziehung besteht. Gibt es eine Möglichkeit, sie vom Puppenspielen abzubringen?

Zieht sie ihre Puppen an? Wenn ja, setzt sie ihre Fingerfertigkeit genauso ein und fügt Gegenstände ebenso zusammen, als ob sie Lego spielen würde. Spricht sie mit ihren Puppen und antwortet sie für sie? Dann übt sie, sich zu unterhalten. Spielt sie Rollenspiele mit ihnen? Wenn sie sie in Klassenzimmer, Hotels und Schulen setzt, kann sie selbst Geschichten erzählen, sich an Ereignisse erinnern und die Rollen „Ich" und „andere" durchspielen. Das Puppenspiel der Mädchen umfaßt meist sehr viel mehr als ausschließlich „Mutter sein". Mütter sind für kleine Kinder wichtige Menschen. Für sie ist es natürlich, die Mutterrolle als Ihre wichtigste Rolle zu sehen. Ihre Spiele beschäftigen sich mit ihrem aktuellen Leben und haben nur geringe Bedeutung für ihre spätere Lebensführung.

Puppentheater und Geschichten erzählen

Finger- oder Handpuppen können sich miteinander unterhalten, phantastische Geschichten und Lügen erzählen. Puppen sind reale Wesen, die sich mit dem Publikum unterhalten und Dinge sagen können, die andere nicht sagen.

Fingerpuppen können einfach aus Filz hergestellt werden. Oder Sie schneiden die Finger von einem alten Baumwoll-, Leder- oder Plastikhandschuh ab. Verwenden Sie Perlen als Augen und etwas Wolle für die Haare, um eine ganze Reihe von verschiedenen Menschen- und Tiercharakteren herzustellen. Oder Sie lassen die Finger am Handschuh und nähen einfach ein paar „Extras" an, um jeden Finger in eine andere Figur zu verwandeln.

Handpuppen lassen sich aus einer Socke basteln. Strecken Sie vier Finger in die Zehenspitze und den Daumen in die Ferse. Dann befestigen Sie Knöpfe und Perlen als Augen und Haare aus Wolle.

Ein Bilderbuch von mir

Jede Familie hat ihre eigene Geschichte, und über jede Geschichte könnte man ein Buch schreiben. Lassen Sie die frühen Lebensjahre Ihres Kindes in einem Bilderbuch wieder aufleben. Wählen Sie kleine Ereignisse aus der Babyzeit, etwas Beeindruckendes oder etwas eher Unspektakuläres wie etwa Besuch bei der Oma oder ein Tag am Strand.

WAS IHR KIND LERNT

• Mit Fremden umgehen
Fremde Personen helfen Ihrem Kind, verschiedene Rollenbilder auszubilden, und verbessern seine Fähigkeit, mit der Welt zu interagieren.

• Puppentheater und Geschichten erzählen
Mit Fingerpuppen auf beiden Händen kann Ihr Kind zeitweise jemand anderer sein und Szenen durchspielen, die in der Realität nicht stattfinden.

• Ein Bilderbuch von mir
Dieses selbst angefertigte Buch hilft Ihrem Kind, sich an Ereignisse zu erinnern und fördert sein Verständnis, daß es auch heute noch die kleine Person ist, die die Abenteuer in dem Buch erlebt hat. Kinder entwickeln ihr Gefühl darüber, wer sie sind, durch Anschauen, Lesen und Lauschen auf Familiengeschichten, die immer und immer wieder erzählt werden.

Sie könnten kleine Anekdoten dazuschreiben, z. B. wie sich Mama und Papa kennenlernten. Basteln Sie eine Titelseite, denn es ist für das Kind besonders aufregend, schwarz auf weiß zu sehen, daß dies seine Geschichte ist.

Sich selbst Geschichten erzählen

Wenn ein Kind Geschichten hört, wird es diese auch erzählen, sobald es sprechen kann. Dies geschieht häufig beim Spielen, in der Badewanne oder abends im Bett. Das Thema der Geschichte kann Sie zu seinen Ängsten und/oder Interessen führen: Da passieren Autounfälle, Katastrophen und phantastische Ereignisse. Diese Geschichten helfen dem Kind ein Netz zu weben, mit dem es selbst mit den Ereignissen in der Vergangenheit, Gegenwart und Zukunft verbunden ist.

Kindern vorlesen

Sich an die Menschen kuscheln, die man am meisten liebt, und dabei einer Geschichte zuhören ist eine der schönsten Arten, am Ende eines Tages zur Ruhe zu kommen. Kleine Kinder hören gerne dieselbe Geschichte immer und immer wieder; andere bevorzugen Bücher, die kapitelweise über eine oder zwei Wochen hinweg vorgelesen werden.

Verwandlungsspiele

Jemand anderer zu sein oder die eigene Situation gedanklich zu ändern kann Ihrem Kind helfen, die Realität zu verstehen

In Verwandlungsspielen können Kinder Ängste oder Sorgen ausleben oder eine Situation auszuprobieren, um zu sehen, ob sie sie mögen. Sie können sich so durch Probleme durcharbeiten, die aufgrund ihres begrenzten Wortschatzes und Verständnisses unlösbar erscheinen.

Gartenhöhlen

Auch wenn die meisten Eltern keine dauerhafte Höhle anbieten können, in der man spielen kann, so gibt es dennoch verschiedene Möglichkeiten als Alternative:
Ein Baumhaus im Garten. Ein kleines Zelt, das man gelegentlich verwenden kann.
Manche Spielhäuser sind zwar zu klein für zwei Kinder, eignen sich jedoch hervorragende für eines.
Legen Sie eine Decke über die Wäscheleine oder einen Ast und spannen Sie sie mit Hilfe von Ziegeln.
Legen Sie zwei Decken über das Klettergerüst.
Bauen Sie ein Geheimversteck in den Büschen – mit einer Decke kann man den Bereich markieren.
Nutzen Sie den Gartenschuppen, vorausgesetzt, er ist sicher.

Eine Schachtel voller Hüte

Ein Hut kann die Persönlichkeit vollständig verändern. Ein Kind braucht nicht mehr als eine Kopfbedeckung, um verschiedene Charaktere anzunehmen:
Mit dem Matrosenhut wird es zum Seemann.
Mit der Polizeimütze kann es den Verkehr regeln.
Der Schleier verwandelt es in eine Braut.
Eine Baseball-Mütze oder ein Strohhut mit Blumen und einem Schleier kann auch einfach so getragen werden.

MIT WAFFEN SPIELEN?

Auch Ihr Sohn möchte sicher eine Spielzeugpistole haben, wenn alle Jungen um ihn herum Spielzeugwaffen besitzen. Sollten Sie ihm dies nicht erlauben, wird er jeden Stock und jedes Legoteilchen in eine Waffe verwandeln. Sie müssen dann entscheiden, ob es wirklich gut ist, Spielzeugwaffen weiter zu verbieten. Einige vertreten die Meinung, daß das Verbot einer Spielzeugpistole den Anreiz nur noch steigert. Dieser Argumentation kann man entgegenhalten, daß bald kein Junge mehr auf Waffen fixiert sein würde, wenn alle Eltern diese verbieten würden. Meiner Erfahrung nach sind beide Thesen richtig. Mein ältester Sohn, der in einer Gegend aufwuchs, in der die meisten Jungen Pistolen hatten, war richtig besessen von Schießereien. Bis ich ihm eine Pistole kaufte, verwandelte er alles, was entfernt danach aussah, in eine Waffe. Es schien jedoch, daß es ihm weniger auf das Spiel mit der Waffe als auf deren Besitz ankäme. Als mein jüngerer Sohn noch klein war, lebten wir in einer Gegend, in der die Jungen keine Waffen hatten. Obwohl die Spielzeugpistole des großen Bruders immer noch im Regal lag, spielte der kleine nicht damit.

Forschungsergebnisse lassen vermuten, daß Kinder nicht aggressiver werden, wenn sie Schießereien durchspielen. Beobachten Sie Kinder bei Kriegsspielen; Sie werden erkennen, daß diese nicht mehr echte Aggressionen beinhalten als ein Fußballspiel. Allerdings: Kriegsspielzeug ist Teil einer Geisteshaltung, bei der Männer als kriegerisch und Pistolen als gleichsam normales Zubehör der männlichen Rolle verstanden werden. Persönlich bin ich der Meinung, daß es gefährlich sein könnte, das Töten als normalen Teil der Männerwelt anzuerkennen. Doch für diese These gibt es nicht viele Beweise.

Eine Schachtel mit Kostümen

Kindergartenkinder gehen oft zur Schachtel mit Kostümen, um sich inspirieren zu lassen. Sie haben kein bestimmtes Spiel im Sinn, sondern verkleiden sich und spielen dann einfach das passende Spiel. Wenn sie Netzstoff finden, werden sie zur Braut. Mit Brille und Brieftasche gehen sie ins Büro. Mit einem Umhang werden sie zu Batman. Manchmal verkleiden sie sich einfach nur, weil sie dann prächtig oder schrecklich ausschauen. Silberne Schuhe, verzierte Oberteile und Glasperlen sind immer beliebt, aber auch Hüte, Umhänge und Rüstungen. Ältere Kinder bevorzugen Verkleidungen, die exakter bestimmten Charakteren entsprechen.

Ein Miniaturheim

Mit einem Puppenhaus zu spielen ist eine besondere Art des „Mutter-und-Vater-Spiels". Da alles so klein ist, kann das Kind mit der Situation umgehen und sie kontrollieren: Es entscheidet, was Personen machen und wie das Haus aussehen soll. Es kann Puppen auf Stühle setzen und sie dann vergessen oder sie mit dem Auto spazierenfahren. Es kann fürsorglich oder nachlässig, böse oder lieb sein. Kindergartenkinder spielen oft lieber, daß die Häuser von Tierfamilien bewohnt seien. Wenn ein Kind nicht mit dem Haus spielt, dann kann der Einzug einer Hamsterfamilie dies ändern.

WAS IHR KIND LERNT

• Eine Schachtel voller Hüte, eine Schachtel mit Kostümen

In verschiedene Rollen zu schlüpfen macht Spaß, ist anregend und kreativ und hilft einem Kind, die Welt aus der Perspektive einer anderen Person zu sehen, den Lebensstil anderer Menschen zu erforschen sowie seine Phantasien und Ängste auszuleben.

• Ein Miniaturheim

Das Kind kann vor kurzem vorgefallene, besondere emotionale Ereignisse, z.B. Tadel oder Lob im Kindergarten, in einer sicheren und von ihm kontrollierten Umgebung verarbeiten. Auch Gartenhöhlen vermitteln ein Gefühl der Sicherheit.

Ich sein, du sein

Kinder spielen gerne nach, was sie über das Leben anderer erfahren haben. Häufig benötigt man nur etwas Zubehör, damit das Spiel beginnen kann, z. B. eine Tastatur, ein Telefon, einen Hefter, Papier, Stempel, Büroklammern und Stifte für ein Büro. Andere Örtlichkeiten sind eine Bank, Werkstatt, ein Laden (Kleider, Schuhe oder Supermarkt), ein Fahrkartenschalter.

Wenn etwas Schlimmes passiert

Helfen Sie Ihrem Kind, die Angst vor dem Unbekannten zu bewältigen

Psychologen helfen Erwachsenen, mit ihren lähmenden Ängsten umzugehen. Die dabei angewandten unterschiedlichen Techniken basieren häufig auf der Grundannahme, daß Angst und Entspannung nicht miteinander vereint werden können. Wenn Menschen lernen können, auch dann entspannt zu sein, wenn sie mit angsterregenden Objekten und Situationen konfrontiert werden, werden sie sich nicht fürchten oder zumindest fähig sein, ihre Angst zu kontrollieren. Diese Technik nutzen alle Kinder. Spielen ist grundsätzlich eine entspannende Aktivität, die Spaß bringt. Ein Kind, das sich fürchtet, kann nicht spielen. Eine Art, mit den Ängsten klarzukommen, ist, sie dann in sein Spiel einzubauen, wenn es sich glücklich und entspannt fühlt und besonders, wenn es mit Freunden zusammen ist.

Ein Treffen der „Monster"

Monster stehen auf der Liste der Ängste bei den meisten Kindern an der Spitze. Mit einem Treffen der schlimmsten Ungeheuer der ganzen Stadt können die Kinder vielleicht beruhigt werden. Sie brauchen festes Papier, Gummiband und einige Filzstifte für die Monstermasken sowie ein paar Kinder, damit „Angst haben" auch Spaß macht.

Befestigen Sie das Gummiband an den Seiten des Papiers. Legen Sie dann die Masken an, damit Sie sehen, wo die Augenlöcher ausgeschnitten werden müssen. Die Kinder können nun ihre eigenen Monstergesichter malen oder von ihnen vorgezeichnete Gesichter ausmalen. Wenn alle fertig sind, legt man die Masken an und tanzt den Monstertanz.

Was passiert, wenn du stirbst?

Jeder muß sterben. Früher oder später wird das allen Kindern klar, und sie beginnen, sich darüber zu sorgen. Häufig konzentrieren sich ihre Ängste darauf, was mit ihnen geschehen wird, wenn Sie sterben. Wenn man ihnen erklärt, daß dies erst in ferner Zukunft geschehen wird, tröstet sie das nicht. Schließlich können Kinder nur schwer verstehen, wie das Leben möglicherweise sein wird, wenn sie keine Eltern mehr haben, die sich um sie kümmern. Wenn Ihr Kind die Vorstellung beunruhigt, wird es darüber reden und die Möglichkeit auf seine Weise durchspielen. Denken Sie daran, daß das Kind Entspannung und Sicherheit mit seinen Ängsten kombinieren muß. So kuscheln Sie es fest an sich, wenn Sie mit ihm sprechen.

Viele Leute sind der Ansicht, daß Kinder, die kleine, kurzlebige Haustiere wie etwa Hamster haben und für diese sorgen, leichter lernen, daß der Tod etwas Trauriges ist, mit dem man jedoch letztlich zurechtkommen kann.

In eine andere Stadt ziehen

In dem ganzen Trubel, den ein Umzug mit sich bringt, vergißt man leicht, wieviel Sicherheit vertraute Objekte um einen herum vermitteln. Auch wenn Ihr Kind auf das neue Zimmer und die Schule gespannt ist – die Wirklichkeit kann recht einschüchternd sein. Indem Eltern rechtzeitig vor dem Umzug mit ihrem Kind einen solchen spielerisch imitieren, gewöhnen sie es zumindest an die Situation. Für das Spiel brauchen Sie Umzugskartons (z. B. Schachteln aus dem Supermarkt), Zeitungen als Einwickelpapier und Spielzeug zum Einpacken.

Im Krankenhaus

Wenn Sie wissen, daß Ihr Kind ins Krankenhaus muß, können Sie als Vorbereitung besprechen, was geschehen wird. Doch nicht jeder Krankenhausaufenthalt ist geplant, und viele Kinder kommen unvorbereitet in die Klinik. Obwohl Eltern heutzutage in der Regel bei ihren Kindern bleiben dürfen, machen die fremde Umgebung, eine schmerzhafte Erkrankung oder Verletzung, die scheußliche Medizin und die notwendigen Behandlungen ein Krankenhaus zu einem Ort, der Ängste hervorruft – sei es, daß das Kind der Patient, ein Besucher oder derjenige ist, der sorgenvoll zu Hause bleibt. Kinder gehen damit um, indem sie Krankenhaus spielen. Erschrecken Sie nicht, wenn eines Ihrer Kinder im Krankenhaus liegt und das andere möglicherweise „im Krankenhaus sterben" spielt. Das Kind spielt nur seine Ängste aus.

Was wäre, wenn...

Sitzen Sie aneinandergekuschelt beisammen und sprechen Sie miteinander. Geben Sie dem Kind Wünsche vor, z. B. „Was wäre, wenn...":
Papa nach Hause käme;
Opa nicht krank wäre;
der Hamster nicht gestorben wäre.

WAS IHR KIND LERNT

Ein Kind kann nur mit seinen Ängsten umgehen, wenn es über seine Befürchtungen und über unglückliche Situationen spricht, sie nach- und ausspielt. Versuchen Sie nicht, es davon abzuhalten, unangenehmen Tatsachen ins Auge zu blicken. Es muß wissen, daß das Leben nicht immer nach Plan verläuft. Doch während es sich in Ihrer Nähe entspannt, kann es sich nicht wirklich fürchten.

EIN GESCHWISTERCHEN

Das Kind und sein Geschwisterchen werden irgendwann Freunde werden, doch anfänglich können die Gefühle ganz und gar nicht freundschaftlich geprägt sein – im Gegenteil: Ihr Kind wird es so empfinden, daß das Baby all die Aufmerksamkeit von Ihnen und von Besuchern auf sich zieht, die nach seinem Empfinden ihm zustände. Nach den ersten drei Monaten kann man ein Kind leichter davon überzeugen, daß ein Geschwisterchen eine Bereicherung ist. In den ersten Tagen empfindet es das neue Baby jedoch lediglich als fremd und störend. Je jünger das Kind ist, desto mehr ist es nun von seinen hin und her gerissenen Eltern abhängig und desto schwerer versteht es, was nun mit ihm geschieht.

Auf das Baby vorbereiten

- Bringen Sie am Tag der Geburt ein Geschenk mit – dadurch wird dieser Tag etwas ganz Besonderes.
- Kaufen Sie eine neue Puppe und einen Puppenwagen: Wenn das Kind Sie nachahmen und die Rolle von Mama spielen kann, wird es besser verstehen.
- Machen Sie und alle anderen ziemlichen Wirbel um das Kind. Es wird dann weniger eifersüchtig auf die Aufmerksamkeit sein, die das neue Baby erhält.
- Manchmal muß jeder die Nummer eins sein. Ab und zu muß daher das Baby warten, wenn das Kind gerade Ihre volle Aufmerksamkeit benötigt.

KAPITEL 11

Sozialverhalten lernen

Es ist viel schwieriger, mit Gleichaltrigen als mit Erwachsenen zu kommunizieren. Erwachsene sind geübte Zuhörer und Interpreten. Eltern sehen die Bedürfnisse eines Kindes voraus, berücksichtigen Umstände und ergänzen fehlende Wörter. Ältere Kinder, vor allem Geschwister, sind dazu bis zu einem gewissen Grad auch in der Lage. Aber Kinder, die Ihr Kind nicht kennen, können dies nicht. Wenn zwei Kinder im Umgang miteinander gleichermaßen ungeübt sind, können sie sich nur beobachten. Erst ab dem Alter von 2 Jahren beginnen Kinder innerhalb ihrer eigenen Altersgruppe richtig zu interagieren, sind jedoch auch schon zuvor gerne in Gesellschaft. Im 1. Lebensjahr zeigen sie Interesse aneinander, im 2. spielen sie Seite an Seite, und im 3. beginnen sie miteinander zu spielen.

Meilensteine auf dem Weg zum Sozialverhalten

	Wie sich Sozialverhalten entwickelt
6-12 *Monate*	• Das Kind schaut gerne anderen Babys zu. • Es liebt die Gesellschaft anderer Kinder. • Es nimmt an Aktivitäten teil, bei denen es im Mittelpunkt steht.
1-1½ *Jahre*	• Das Kind spielt parallel zu anderen Kindern und bietet ihnen Spielzeug an; es findet jedoch kein gemeinsames Spiel statt.
1½-2 *Jahre*	• Die meisten Kinder spielen immer noch nicht miteinander, außer vielleicht Geschwister. • Kinder spielen jedoch nebeneinander. • Das Kind ist gerne mit anderen Kindern zusammen.
2-3 *Jahre*	• Das Kind beginnt mit anderen Kindern zu spielen. • Es zankt und streitet sich ab und zu mit anderen Kindern. • Es mag Spielzeug nicht teilen, kann besitzbetonend und unkooperativ werden. • Kinder mit geringer sozialer Erfahrung können immer noch nicht miteinander spielen. • Die Gespräche mit anderen Kindern werden häufiger und ausführlicher.
3-4 *Jahre*	• Ihr Kind spielt kompliziertere und Phantasiespiele. • Es ärgert und verspottet Geschwister. • Es schließt schnell Freundschaften und löst sie rasch wieder auf. • Es ahmt andere Kinder nach.
4-6 *Jahre*	• Wenn Ihr Kind ins Schulalter kommt, werden die Freundschaften stabiler. • Jungen beginnen möglicherweise in größeren Gruppen zu spielen als Mädchen. • Das Kind wird unabhängiger. Die Kinder machen nicht alle das Gleiche und können unterschiedliche Rollen in komplizierteren Spielen übernehmen.

WAS SIE FESTSTELLEN	WIE SIE HELFEN KÖNNEN
• Ihr Kind sieht gerne andere Babys. • Geschwister können es zum Lachen bringen.	• Das Baby liebt die Gesellschaft anderer Kinder – sorgen Sie dafür.
• Es sitzt glücklich Seite an Seite mit anderen Kindern.	• Laden Sie Freunde mit Kindern im gleichen Alter zum Spielen ein. Lassen Sie Ihr Kind auch mit älteren spielen, besonders wenn es keine Geschwister hat.
• Das Kind erlaubt, daß man ihm Spielzeug wegschnappt. • Es lächelt andere Kinder an und sagt gelegentlich ein Wort, unterhält sich jedoch nicht richtig. • Gegen Ende des 2. Lebensjahres beginnt es mit Geschwistern zu sprechen und zu spielen.	• Besuchen Sie Eltern-Kind-Gruppen, damit Ihr Sprößling sich von Anfang an an die Gesellschaft anderer Kinder gewöhnt. • Versuchen Sie nicht all seine Bedürfnisse vorherzusagen.
• Die Spiele sind einfach, Freundschaften flüchtig und Erklärungen minimal, aber das Kind spielt, interagiert und schließt Freundschaften. • Es läuft zu den anderen Kindern, wenn es in die Tagesstätte kommt. • Es kabbelt sich und streitet; es weigert sich oft, seine Spielsachen mit anderen Kindern zu teilen.	• Bevor Freunde zum Spielen kommen, entscheiden Sie, welche Spielsachen geteilt werden können, räumen Sie die anderen beiseite. • Warten Sie, bis es Sie um etwas bittet, ermutigen Sie es, seine Bedürfnisse zu erklären: Das beste Sozialspiel ist, wenn man Kinder dasselbe machen läßt.
• Freundschaften werden stabiler, aber das Kind streitet und kabbelt sich immer noch mit anderen Kindern. • Es spielt kompliziertere Spiele, kann jedoch nur einfache Rollen übernehmen. • Es kann Anweisungen befolgen, jedoch nicht wie ältere Kinder eine komplizierte Handlung vorgeben oder ohne Schwierigkeit zwischen Phantasie und Wirklichkeit wechseln.	• Kinder in diesem Alter brauchen viel die Gesellschaft Gleichaltriger. Wenn das Kind nicht in den Kindergarten geht, versuchen Sie für Gesellschaft zu sorgen. Geben Sie Kindern Raum zum wilden Herumtoben.
• Ihr Kind erklärt anderen Spiele. • Es beschreibt andere als „beste Freunde“. • Es gibt anderen Kindern an, wann sie „so tun als ob“ sollen und wann etwas „wirklich“ ist.	• Kinder können nun sehr viel unabhängiger spielen. Wenn Freunde zum Spielen kommen, verschwinden sie gerne in ihre eigene Welt. Organisieren Sie alles, bevor die Freunde kommen, ziehen Sie sich dann zurück und lassen Sie die Kinder ihre eigenen Spiele spielen.

Freundschaften schließen

Die Freundschaften zwischen Babys und Kindern basieren auf ihren frühen sozialen Fähigkeiten

Babys lieben Menschen und interagieren mit ihnen, doch ihre Fähigkeiten, sich zu unterhalten, sind begrenzt. Sie lächeln, doch wenn Sie keine Unterhaltung beginnen, wird daraus nicht mehr. Sie gurgeln und brabbeln, können jedoch keine Unterhaltung führen, bis ein Erwachsener (ein älteres Kind) die Führung übernimmt. Obwohl Babys die Gesellschaft anderer Babys lieben, können sie nicht mit ihnen interagieren.

Ältere Kinder und Babys

Ältere Kinder spielen gerne mit Babys, und Babys schwärmen sie an. Niemand kann ein Baby so laut zum Lachen bringen wie Geschwister. Dies ist ein wichtiges Element der Bindung zwischen beiden Kindern. Wenn es so offensichtlich von dem Baby angehimmelt wird, entschädigt dies das ältere Kind etwas für die geringere Aufmerksamkeit, die es erfahren muß. Und umgekehrt lernt das Baby von anderen Kindern, daß es lachen und rufen soll, wenn es sich amüsiert.

Schön, dich zu sehen

Bis sie etwa 2 Jahre alt sind, interagieren und spielen Kinder nicht miteinander, außer sie kennen sich gegenseitig gut. Sie verfügen nicht über die sprachlichen Fertigkeiten, um eine Unterhaltung mit jemandem, der ihre Absichten nicht erraten oder interpretieren kann, zu beginnen und aufrechtzuerhalten. Kinder sind gerne beisammen und sind untereinander tolerant. Sie sagen vielleicht ein paar Worte, bieten Spielzeug an und greifen danach, werden jedoch selten ärgerlich.

Der Beginn des „Miteinander"

Einige Zeit nach dem 2. Geburtstag beginnen die meisten Kinder, untereinander zu interagieren und miteinander zu spielen. Zuerst sind die Spiele einfach. Beispielsweise versammeln sie sich in der Spielküche in der Tagesstätte und spielen zusammen am Herd. Auch die Unterhaltungen sind einfach, und die Kinder machen oft genau das Gleiche. Von nun an sind sie untereinander weniger tolerant. Möglicherweise wollen sie nicht teilen und protestieren, wenn ihnen ein Spielzeug weggenommen wird. Sie schlagen, treten und beißen sich auch gegenseitig.

Zank und Streit

Kinder zanken sich in der Regel erst, wenn sie sich gegenseitig sehr gut kennen. Wenn ein fremdes Kind nach ihnen schlägt oder eines von ihren Spielsachen schnappt, dann protestieren sie eher und nehmen sich das Spielzeug zurück, als daß sie zu streiten anfangen. Richtiges Streiten und Disputieren zeigt, daß die Kinder sich vertraut sind. Beides tritt erst dann auf, wenn sich

Lieblingsschwester oder -bruder kann einem Baby viel mehr Antworten entlocken als die Eltern. Indem sie ältere Geschwister beobachten und in ihre Spiele einbezogen werden, entwickeln Babys schnell soziale Fertigkeiten.

Kinder lernen, indem sie Erwachsene und ältere Geschwister nachmachen. Sogar wenn sie in ihrer eigenen Altersgruppe nebeneinander spielen, kopieren sie die Tätigkeiten ihres Nachbarn. Beispielsweise bauen sie einen Turm, indem sie sich permanent versichern, wie das am nächsten sitzende Kind seinen Turm baut.

auch Freundschaften entwickeln. Streite sind am häufigsten zwischen Geschwistern. Wenn Kinder nicht um Aufmerksamkeit konkurrieren, ist die Atmosphäre immer ruhiger. Ein Kind, das zu Hause streitsüchtig ist, kann im Kindergarten ein Engel sein.

Freundschaften schließen

Wenn Kinder interagieren, dann bevorzugen sie anfangs selten ein Kind, sondern spielen glücklich mit jedem, der sich dazugesellt. Nach und nach entwickeln sich jedoch Freundschaften. Obwohl manche Kinder wochen- oder gar monatelang unzertrennlich erscheinen, wechseln Freunde meistens doch sehr schnell. In Kindergruppen spielen 2- bis 3jährige häufig in großen Gruppen und sind zufrieden, wenn sie in der Gruppe sitzen und alle dasselbe machen. Später, wenn die Rollen in Als-ob-Spielen klarer definiert sind, werden die Spielgruppen kleiner und weniger beliebte Kinder möglicherweise ausgeschlossen.

Wie sich Freundschaft entwickelt

Kinder schließen wie Erwachsene Freundschaften. Wenn sie dazu in der Lage sind, gehen sie offen auf andere Kinder zu; andere, die weniger soziale Fertigkeiten besitzen, halten sich am Rande des Spiels auf und warten, bis jemand auf sie zukommt. In dem Stadium, in dem sich Kindergruppen um eine Aktivität formieren, ist der Zugang zur Gruppe relativ einfach. Wenn Kinder beispielsweise einen Turm bauen, dann nimmt das wartende Kind einfach seine Bauklötzchen und beginnt zu bauen. Möglicherweise teilen sie sich verbal ein paar Neuigkeiten und Kommentare mit oder bieten Hilfe an. Sogar wenn 2- bis 3jährige Phantasiespiele spielen, ist es für ein Kind recht einfach, mitzumachen, indem es sich der Gruppe anschließt und dasselbe macht wie diese.

Später wird dies schwieriger. Wenn jeder mit häuslichen Aktivitäten beschäftigt ist, paßt eine weitere Person nur schwer dazu. Falls Kinder verschiedene Rollen spielen, muß für jedes Kind, das neu hinzukommt, eine Rolle gefunden werden, die für das Kind und die Gruppe akzeptabel ist.

Beliebte Kinder

Forschungsergebnissen zufolge sind beliebte Kinder:
- Freundlich: Kinder lieben Kinder, die sie zum Spiel einladen.
- Extrovertiert: Gesellige Kinder sind beliebter als schüchterne.
- Intelligent: Intelligenz hilft einem Kind, etwas schnell zu verstehen und anderen zu erklären.
- Talentiert: Fähigkeiten werden immer bewundert.
- Anziehend: Je größer die äußerliche Attraktivität eines Kindes, desto mehr wird es gemocht.

Andere wichtige Faktoren:
- Position innerhalb der Familie: Jüngere Kinder sind beliebter als Erstgeborene.
- Körpergröße: Es fördert die Beliebtheit, zu den Größten zu gehören, jedoch nicht außergewöhnlich groß zu sein.
- Name: Besonders bei Jungen sind Namen wichtig.

Freunde werden abgeschreckt durch:
- Herrschsucht: Aggressive, tyrannische, boshafte, gemeine Kinder sind unbeliebt.
- Uneinschätzbarkeit: Launenhaftigkeit wird abgelehnt; Kinder wissen gerne, was sie erwarten können.

Brüder und Schwestern

Die ersten Rollenmodelle finden sich innerhalb der Familie. Wenn ein Kind Geschwister hat, findet es leichter seinen Platz in der Welt

Die sozialen Fertigkeiten eines jüngeren Geschwisterchens werden durch lebenslange Praxis fein geschliffen. Schon früh im Leben lernen sie, wie sie an ihren Geschwistern herumnörgeln, sie reizen, manipulieren und ärgern können, während sie die Unschuldigen mimen. Durch häusliche Erfahrung gewitzt, finden sie sich später auch außerhalb der Familie zurecht, indem sie wissen, wann man nachgeben bzw. auf seinem Vorteil bestehen sollte.

Zweit- und Drittgeborene wissen, daß sie viele Wettbewerbe nicht gewinnen können. Ein älterer Bruder wird gewinnen, einfach weil er körperlich und geistig schon weiter entwickelt ist. Die großen Ideen, die verrückten Gedanken stammen in der Geschichte im allgemeinen von jüngeren Kindern. Galilei und Darwin waren jüngere Söhne, Sigmund Freud wuchs in einem Haushalt zusammen mit seinen jungen Onkeln auf. Ältere Kinder neigen eher dazu, anpaßt zu sein.

In Familien mit mehreren Kindern dominieren oft deren Ansichten, so daß die Lebenseinstellung mehr kinderorientiert sein kann.

Kinder und Eltern

Wenn in einem Haushalt mehr Kinder als Erwachsene leben, verschiebt sich der Mittelpunkt der Familie: Es wird wichtiger, was die Kinder mögen und brauchen. Von einem Erstgeborenen erwartet man, daß es seine Spielsachen wegräumt und die Fernsehsendungen sieht, die seine Eltern auswählen. Sind jedoch mehrere Kinder vorhanden, werden die Regeln aufgeweicht. Die Ferien werden kinderorientiert, man besucht häufiger Freizeitparks und Zoos und sieht öfter Zeichentrickfilme an. Mahlzeiten werden kinderfreundlicher.

Obwohl Kinder untereinander Machtspiele spielen, finden diese doch viel mehr auf dem gleichen Niveau statt, als wenn ein Einzelkind solche Spiele mit Erwachsenen spielen muß. Die Fähigkeit, andere Kinder steuern zu können, wird dann wichtig, wenn man Freundschaften schließen und diese erhalten muß. Vielleicht sind deshalb jüngere Geschwister in der Schule beliebter.

Familien mit einem Kind

Einzelkinder wachsen zu ausgeglichenen Individuen heran und durchlaufen mit größerer Wahrscheinlichkeit erfolgreiche Karrieren. In jeder Auflistung berühmter Persönlichkeiten – Politiker, Schriftsteller, Wirtschaftsbosse, Wissenschaftler – finden sich unverhältnismäßig viele Einzelkinder. Dies liegt u.a. daran, daß sie mit größerer Wahrscheinlichkeit angepaßt sind, über einen starken Willen verfügen sowie sicher, kompetent und verantwortungsbewußt sind. Bisweilen fehlt ihnen Spontaneität, Takt und Geduld.

Ich kenne dich so gut

Auch wenn Sie jahrelang von Ihren Geschwistern getrennt gelebt haben, können diese leicht wieder in Ihr Leben eintreten. Geschwister teilen miteinander die jeweiligen Geheimnisse, Erfahrungen und ihre

Geschwisterrivalität ist am stärksten zwischen Brüdern und am geringsten zwischen Bruder und Schwester ausgeprägt.

Jüngere Geschwister sind als Erwachsene weniger hektisch, sind spontaner, geduldiger, anpassungsfähiger, leichtlebiger, entspannter und ausgeglichener. Daher sind sie häufig beliebter.

ersten Schritte in die Welt. Die Nähe steht außer Frage; Streitigkeiten können extrem verlaufen. Geschwister brauchen selten genaue Erklärungen, um zu verstehen, was der andere meint. Sie können wie kein anderer miteinander lachen und nur durch ein Wort erneut in Heiterkeit ausbrechen. Als Freunde sind sie die besten Kameraden. Sie kennen sich gegenseitig zu gut, als daß ein Trick oder eine Täuschung lange Erfolg zeigen könnte.

Konkurrenz

Geschwister lieben und unterstützen sich; sie teilen, konkurrieren jedoch auch um die Aufmerksamkeit ihrer Bezugspersonen. Geschwister wissen bis auf den letzten Krümel, welches Kuchenstück am größten ist, und auf den Pfennig genau, welches Geschenk am meisten gekostet hat – oder denken wenigstens, daß sie es wissen. Kinder überwachen genau, ob sie oder ihre Geschwister mehr Zeit und Aufmerksamkeit von ihren Eltern erhalten. Diesen Wettstreit können Eltern niemals gewinnen.

• Behandeln Sie Kinder eher einzigartig als gleich: „Du bist meine einzige Laura!"; „Du bist der beste Felix auf der Welt."

• Gehen sie auf Bedürfnisse ein: Kaufen Sie Laura ein neues Kleid, wenn sie eines braucht, und Felix neue Filzstifte, wenn seine ausgetrocknet sind.

• Akzeptieren Sie ihre Gefühle und Frustrationen: „Ich weiß, daß du dir wünschst, Laura wäre nicht so gemein. Warum nimmst du nicht deine neuen

Filzstifte und malst ein Bild über deine Gefühle... das schaut sehr zornig aus."

• Wenn Sie einem Kind eine Rolle zuordnen, wird es sie erfüllen: „Max, warum bist du ein Tyrann?" bedeutet, daß Max Aufmerksamkeit erfährt, wenn er diese Rolle spielt, und seiner Schwester die Opferrolle zukommt, aus der sie Vorteile ziehen kann.

Jungen und Mädchen

Um die Bedeutung der Eigenschaften „weiblich" und „männlich" zu verstehen, braucht ein Kind eine gewisse Zeit

Ob Ihr Kind ein Junge oder ein Mädchen ist, hängt von seinen Chromosomen ab. Die Charakteristika, die mit Jungen oder Mädchen assoziiert werden, können angeboren sein oder aus den Rollen resultieren, die die Gesellschaft dem jeweiligen Geschlecht zuordnet.

Warum ist ein Mädchen ein Mädchen?
Ein Mädchen ist ein Mädchen, weil es zwei X-Chromosomen besitzt, eines von der Mutter und eines vom Vater. Etwa 6 Wochen nach der Befruchtung beginnt eine kleine Struktur im Embryo sich zu einem Eierstock zu entwickeln und etwa am Anfang des 2. Embryonalmonats eine Müller-Gang genannte Struktur zu inneren weiblichen Genitalien. Die eingeschlechtlichen äußeren Genitalien, die sich in den ersten Wochen nach der Befruchtung ausgebildet haben, verwandeln sich in weibliche Geschlechtsorgane. Das Gehirn eines Mädchens bildet sich in weiblicher Form aus (die linke Hirnrinde ist etwas dicker, die Verbindung zwischen linker und rechter Seite ist etwas größer) und entwickelt sich so, daß es ab der Pubertät zyklisch Hormone ausschütten wird.

Sportmannschaften sind die letzten Bastionen, in denen definiert wird, was es heißt, ein Junge zu sein. Hier können sie Anweisungen schreien und ganz allgemein „wie Männer" sein.

Warum ist ein Junge ein Junge?
Im Gegensatz zum weiblichen Geschlecht besitzt ein Junge ein X-Chromosom von seiner Mutter und ein Y-Chromosom von seinem Vater. Aufgrund einer Information auf dem Y-Chromosom bilden sich in den ersten Wochen nach der Befruchtung aus dieser bereits oben erwähnten Struktur des Embryos kein Eierstock, sondern die Hoden. Diese produzieren das männliche Hormon Testosteron, welches wiederum eine Struktur, die Wolff-Gänge genannt wird, anregt, sich zu männlichen inneren Geschlechtsorganen zu entwickeln. Außerdem ist Testosteron dafür verantwortlich, daß die eingeschlechtlichen äußeren Genitalien zu Penis und Hodensack werden und daß die rechte Gehirnhälfte größer wird.

Sich als Junge oder Mädchen fühlen
Es ist nicht geklärt, ob nur diese biologischen Fakten dafür verantwortlich sind, daß sich Mädchen in der Regel als Mädchen und Jungen als Jungen fühlen. Manche glauben, daß auch bestimmte Hormone hier eine große Rolle spielen. Andere dagegen sind der Meinung, daß die Erziehung ausschlaggebend ist. Am wahrscheinlichsten ist jedoch ein Zusammenspiel beider Faktoren!

Wissen, was man ist
Wenn Kinder diese Frage beantworten können, wissen Jungen und Mädchen, welches Geschlecht sie haben und wie jedes Geschlecht definiert ist. Obwohl sie jedoch wissen, was sie sind, so ist ihnen dennoch nicht klar, daß sie immer dasselbe Geschlecht hatten und immer haben werden.

So wie sich Kinder weder im Spiegel noch auf Fotografien erkennen, bis sie 21–22 Monate alt sind, so verstehen sie auch ihr jüngeres Ich nicht, bis sie etwa 3 oder 4 Jahre alt sind. Erst dann können sie begreifen, daß sie immer das bleiben werden, was sie jetzt sind.

Sogar wenn Kinder eine Geschlechtsidentität (ich bin ein Junge) und eine Geschlechtsbewußtheit (ich war immer und werde auch immer männlich sein) entwickelt haben, können sie dennoch das Gefühl haben, daß sie sich in das andere Geschlecht „verwandeln" könnten, wenn sie die „verkehrte" Kleidung anziehen und mit den „falschen" Spielsachen spielen. Bis zum Alter von etwa 6 Jahren handeln sie so, als ob sie glauben, durch die leichteste Unachtsamkeit zum anderen Geschlecht zu werden. Deshalb ist – besonders für Jungen – die äußere Erscheinung so wichtig.

Stereotype Spielsachen

Während Identität daraus entspringt, wie man sich fühlt, ergibt sich die Rolle aus dem, was man macht. Wenn Sie beobachten, wie Jungen und Mädchen spielen, sollten Sie immer im Hinterkopf behalten, daß, obwohl Geschlechtsidentität und Geschlechterrollen miteinander verbunden sind, sie dennoch nicht dasselbe sind. Die geschlechtsbezogenen Spielsachen, nach denen Kinder dringend verlangen, können sie in stereotype Rollen drängen. Doch auch wenn dieses Spielzeug an Beliebtheit gewonnen hat, seitdem die Geschlechterrollen in der Gesellschaft nicht mehr eindeutig voneinander abzugrenzen sind, sollten sich Eltern vor der Vermutung hüten, daß diese Spielsachen viel mit dem kindlichen Erlernen der Rollen von Frauen und Männern in der Gesellschaft zu tun haben.

Wie soll ein Junge heute lernen, was „Mann-sein" bedeutet? Wenn sein Vater das Abendessen kocht und die Mutter zur Arbeit geht, was kann er daraus schließen? Die klar umrissenen Eigenschaften der Geschlechter finden sich bei Anziehpuppen. Deren Faszination liegt mehr in der Identitätssuche als im Rollenspiel begründet.

Geschlechterrollen

Wenn Sie die stereotypen Geschlechterrollen Ihres Kindes betrachten, sollten Sie daran denken, daß Kinder im Vorschulalter noch dem Schwarz-Weiß-Denken verhaftet sind. Das Konzept der Androgynität (die Vorstellung, daß jeder männliche und weibliche Eigenschaften hat) können sie noch nicht verstehen, jedoch ausleben. Der Junge, der mit seinem Bruder rauft, geht liebevoll mit seiner kleinen Schwester um und trägt dem Baby den Teddybär zum Bettchen. Das Mädchen, das mit seinen Puppen spielt, kann sich ihnen gegenüber aber auch aggressiv und tyrannisch verhalten. Kinder erlernen die Realität von Männern und Frauen von den Menschen in ihrer Umgebung. Wenn Eltern und Freunde frei ihre androgyne Natur zeigen, werden die Kinder gleichermaßen frei aufwachsen.

Männer beteiligen sich immer mehr an der Kindererziehung, traditionell die Domäne der Frauen. Deshalb fällt es Jungen schwerer zu verstehen, was „Männlichkeit" bedeutet. Räuber-und-Gendarm-Spiele oder Mannschaftssportarten helfen bei der Identitätssuche.

Lustige Spiele zum Abreagieren

Spiele, bei denen Kinder Dampf ablassen können

Diese Spiele lassen sich so abwandeln, daß sie im Freien oder im Haus sowie mit einer unterschiedlichen Anzahl von Kindern gespielt werden können. Möglicherweise sollten Sie kleineren Kindern, wenn sie mit mehreren älteren Kindern spielen, ein paar „Vorteile" einräumen.

Wer klebt dem Esel den Schwanz an?

Zeichnen Sie einen mindestens 20–30 cm langen Esel ohne Schwanz und basteln Sie aus Wolle einen Schwanz. Das Kind muß den Schwanz an den Esel heften – und zwar mit verbundenen Augen und nachdem es zweimal um sich selbst gedreht wurde. Verwenden Sie einen Reißnagel oder etwas Kleber, um den Schwanz zu fixieren.

Reise nach Jerusalem

Jeder läuft im Kreis um eine Gruppe von Stühlen, deren Anzahl immer genau um eins weniger ist als die der teilnehmenden Kinder. Sobald die Musik aufhört, setzen sich alle hin, wer keinen Stuhl findet, scheidet aus. Nun wird ein Stuhl entfernt, und das Spiel geht weiter. Bei kleineren Kinder empfiehlt es sich, am Boden liegende Kissen zu verwenden.

Hut weitergeben

Sie brauchen so viele lustige Hüte wie Kinder. Die Musik spielt, und sobald sie aufhört, werden die Hüte weitergegeben. Dies sollte reichen, daß die Kinder zum Kichern anfangen – oder Sie fügen jedem Hut eine bestimmte witzige Handlung zu. Die Hüte können auch aus Zeitungspapier gefertigt werden, es eignen sich auch Zipfelmützen und Wärmehauben für Kaffeekannen. Wenn Sie Faschingshüte besitzen, um so besser.

Paare

Jeder bekommt ein Bild auf seinen Rücken geheftet. Jeweils zwei Bilder bilden ein Paar, z. B. Handschuh und eine Hand, Socke und Schuh, Hund und Knochen, Katze und Maus. Die Kinder müssen ihren Partner finden.

Ball treffen

Ein ähnliches Spiel wie „Wer klebt dem Esel den Schwanz an?", jedoch muß hier ein großer Ball mit einem Stock getroffen werden. Dieses Spiel spielt man am besten im Freien. Dem Kind werden die Augen verbunden, es wird an den Ball geführt und um sich selbst gedreht. Es muß dann den Ball mit dem Stock treffen. Das Problem dabei ist, daß es nicht weiß, ob sich der Ball vor oder hinter ihm befindet.

Ochs am Berg

Ein Kind muß der „Ochs" sein und an der Hauswand stehen. Die anderen Kinder stellen sich im gleichen Abstand zu ihm auf. Er dreht sich mit dem Gesicht zur Hauswand und ruft: „Ochs am Berg, eins, zwei, drei!" Währenddessen rennen die Mitspieler in Richtung der Hauswand. Der „Ochs" dreht sich dann schnell um, und jeder, den er beim Rennen gesehen hat, muß zur Startlinie zurückgehen. Gewonnen hat, wer als erster die Hauswand berührt.

WAS IHR KIND LERNT

Mit diesen Spielen kann man wunderbar auf relativ kontrollierte Weise Dampf ablassen (meistens ist jedoch ein Erwachsener als Schiedsrichter nötig). Weitere Vorteile:

- **Reise nach Jerusalem**
Ihr Kind lernt, darauf zu horchen, wenn die Musik aufhört. Wie bei „Der Fuchs geht um" wird die Koordinationsfähigkeit des Kindes gefördert, wenn es sich auf die Sitzgelegenheit stürzt.

- **Ochs am Berg**
Die besten Mitspieler können schnell rennen; das Stoppen, sobald sich der „Ochs" umdreht, fördert die Koordination.

Mutter, hörst du mich?

Bei diesem Spiel verhakt jeweils ein Kinderpaar seine linken Beine. Jedes Kind hat eine zusammengerollte Zeitung in der Hand. Wenn der Starter „Los!" schreit, ruft ein Kind: „Mutter, hörst du mich?" Das andere schreit „Nein" und versucht dem rufenden Kind zu entweichen, das ihn mit der Zeitungsrolle schlägt. Dann werden die Rollen vertauscht. Dabei müssen die Knie der Kinder immer miteinander verschlungen bleiben.

Der Fuchs geht um

Die Kinder sitzen im Kreis und schauen in die Mitte. Ein Mitspieler (der „Fuchs") geht mit einem Tuch in der Hand außen um den Kreis herum, läßt dieses hinter einem Kind fallen und ruft: „Der Fuchs geht um!"

Das andere Kind muß sich nun das Tuch schnappen und versuchen, den „Fuchs" zu fangen, der im Uhrzeigersinn um den Kreis läuft und den nun freigewordenen Platz besetzen will. Die Kinder im Kreis dürfen nicht nach hinten schauen und den Fuchs auch nur in der gleichen Laufrichtung verfolgen.

Sonne, Wind, Regen und Schnee

Lustige Spiele, die man nicht nur bei schönem Wetter spielen kann

Sie können Ihrem Kind etwas über das Wetter beibringen, indem Sie Spiele anregen, die sich nur für bestimmte Wetterarten eignen. Über diese besonderen Spiele kann man später sprechen.

Spiele für Sonnentage

Grashügel herunterrollen

Auch wenn man es nicht erklären kann – Kinder werden gerne schwindlig. Sie brauchen einen trockenen, steinlosen, mit Gras bewachsenen Hügel und ein paar Kinder. Diese legen sich oben am Hügel seitwärts auf den Boden und rollen hinunter.

Windmühle

Bei diesem anderen „Mir-ist-schwindlig"-Spiel streckt das Kind die Arme zur Seite und dreht sich schnell um sich selbst, bis ihm so schwindlig wird, daß es hinfällt. Gemeinsam mit anderen Kindern macht die Windmühle noch mehr Spaß.

Sonnenuhr

Voraussetzung für dieses Spiel ist ein sonniger Platz, idealer wäre eine nach Süden gerichtete Terrasse oder Auffahrt (oder Sie spielen am Strand). Das Kind stellt sich um genau 12 Uhr mittags sowie zu zwei anderen Zeitpunkten (am besten morgens und nachmittags) an einem festgelegten Standort auf und man markiert die jeweilige Lage seines Schattens. Zeichnen Sie einen Kreis zwischen diesen drei Punkten und eruieren Sie die Zeiten, wenn der Schatten dazwischen fallen wird. Der volle Schatten gibt nur eine ungenaue Zeitangabe. Eine genauere Zeit erhält man, wenn man einen Stock an die Nase hält, so daß er sich über die Linie des Kopfes erstreckt. Die Zahlen können auf die Pflastersteine geschrieben werden, damit man auch zukünftig die Zeit ersehen kann.

Rasensprenger

Nichts dient fröhlicher Ausgelassenheit mehr als ein Rasensprenger, ein halbes Dutzend Kinder und ein warmer Sommertag. Ziehen Sie die Kinder einfach aus, schalten Sie den Sprenger an und lassen Sie sie in den Wasserstrahl hinein- und herauslaufen. Halten Sie einige große flauschige Handtücher bereit, falls Kinder frieren.

Spiegel

Kleine Plastikspiegel erhalten Sie in Tierfachgeschäften. An sonnigen Tagen können Sie damit Reflexionen an Mauern, Zäune und Gebäude zaubern. Prismen und Kristalle sind noch beeindruckender.

Spiele für windige Tage

Flaschenpost

Bei Wind, der in Richtung Meer bläst, oder bei beginnender Ebbe wird die Flaschenpost schnell weggetragen. Sie kann bei der nächsten Flut zurückkommen, an den nächsten Strand geschwemmt oder nach langer Zeit in entfernte Länder getragen werden. Möglicherweise hören Sie nie wieder davon.

FRAGE UND ANTWORT

Wenn andere Kinder zum Spielen kommen, wird Paul egoistisch, weigert sich, seine Spielsachen zu teilen, und bekommt einen schrecklichen Wutanfall. Ich habe Angst, daß die anderen Kinder nicht mehr mit ihm spielen wollen.

Machen Sie mit ihm zuvor aus, welche Spielsachen weggelegt werden sollen und mit welchen er seine Freunde spielen lassen will. Hilfreich ist auch, Aktivitäten zu organisieren, bei denen keine Spielsachen gebraucht werden, was im Freien viel einfacher ist. Bevor seine Freunde kommen, sollten Sie ihn daran erinnern, daß er teilen wollte. Wenn Sie sehen, daß er wütend wird, lenken Sie ihn ab. Wenn er besitzergreifend handelt, erinnern Sie ihn an Ihre Abmachung.

Im Wind stehen

Einfacher geht's nicht! Klettern Sie mit Ihrem Kind an einem windigen Tag auf eine erhöhte Stelle und stellen Sie sich mit dem Gesicht zum Wind.

Blätter fangen

Ausflüge in den Park an windigen Herbsttagen – das heißt, herunterfallende Blätter fangen. Es macht nichts, wenn das Kind keines erwischt. Es kann immer noch welche nach Hause tragen.

Regenspiele

Regentropfenspuren

Jeder sucht sich einen Regentropfen aus und verfolgt ihn, wie er an der Fensterscheibe hinuntergleitet. Man kann Rennen veranstalten oder schauen, welcher Tropfen am weitesten fließt.

Schwimmende Stöcke

Hierfür benötigt man eine Fußgängerbrücke über einen Fluß und Stöcke. Am aufregendsten ist das Spiel, wenn der Fluß durch Regen mehr Wasser hat. Werfen Sie mit Ihrem Kind die Stöcke an der einen Brückenseite in das Wasser und beobachten Sie, wie sie auf der anderen Seite hervorschwimmen.

Schneespiele

Ein Familienschlitten

Schlitten sind toll, wenn der Schnee die richtige

Unterlage bildet. Aber bis dies soweit ist, bringt eine Bodenplane viel mehr Vergnügen – zudem kann man damit die Rodelbahn präparieren. Legen Sie die Plane auf den Boden. Alle klettern hinauf und rutschen damit vorwärts.

Schneeball/Schneemänner

Sogar wenig Schnee kann man zu großen Bällen drehen, solange er nur pappig ist. Formen Sie einen kleinen Ball und rollen Sie ihn im Schnee. Aus Schneebällen kann man Schneemänner, -frauen, -kinder, -hunde und -katzen bauen. Mit genügend Zeit und Schnee kann eine ganze Familie entstehen. Oder Sie formen eine schöne Figur. Schmücken Sie den Schneemann traditionell mit Karottennase und Schal oder modellieren Sie einen Lockenkopf mit Sonnenhut und Sonnenbrille.

Fußstapfen

Man kann einfach nicht der Versuchung widerstehen, in frisch gefallenem Schnee seine Fußstapfen zu hinterlassen – egal, wie alt man ist.

WAS IHR KIND LERNT

- **Wechsel der Jahreszeiten**
Die Beobachtung der verschiedenen Wetterarten bringt Ihrem Kind die Vorstellung von Naturkreisläufen nahe. Zudem erhält es einige zeitliche Orientierungspunkte: Der Geburtstag ist im Sommer; an Weihnachten liegt Schnee; die Blätter fallen im Herbst.

- **Naturwissenschaftliche Grundlagen**
Viele dieser Spiele führen in naturwissenschaftliche Konzepte ein: Schnee unterscheidet sich von Regen; die Sonne verursacht Schatten; Spiegel reflektieren Licht; der Wind bläst Gegenstände fort.

KAPITEL 12

Selbständig werden

Selbständigkeit verleiht Kindern Selbstvertrauen und Selbstwertgefühl. „Ich kann" hört sich immer besser an als „Ich kann nicht", besonders, wenn alle anderen können. Von Zeit zu Zeit sehnt sich jedes Kind nach der Abhängigkeit des Babyalters – in der Regel, wenn die Bezugsperson beschäftigt ist und das Kind Aufmerksamkeit braucht, oder wenn es unglücklich ist –, aber meistens nutzen Kinder jede gebotene Chance zur Selbständigkeit. Um selbständig zu sein, muß ein Kind grundlegende Tätigkeiten der Selbstversorgung beherrschen – essen, sich anziehen, auf die Toilette gehen, sich waschen. Wichtiger noch muß es dazu fähig sein, sich selbst für welche Aufgabe auch immer zu motivieren. Ein Kind, das dies jedoch erst nach Aufforderung tut, ist immer noch von Ihnen abhängig. Wenn Sie diese Art der Abhängigkeit aufrechterhalten, tut sich ihr Kind schwer, falls es nicht bei Ihnen ist – denn weder seine Lehrer noch seine Freunde haben die Zeit und Lust, seine Alltagstätigkeiten zu organisieren.

Meilensteine auf dem Weg zur Selbständigkeit

Der Weg zur Selbständigkeit

9-12 *Monate*

- Das Kind sollte einschlafen können, ohne daß Sie seine Hand halten.
- Es sollte weiterspielen können, wenn Sie für einen Moment den Raum verlassen.
- Es sollte selber mit den Fingern essen und eine Babytasse halten können.

12-18 *Monate*

- Ihr Kind sollte allein spielen können.
- Es sollte eine Tasse halten und allein – jedoch noch nicht ordentlich – essen können.

18-24 *Monate*

- Da Kind sollte anfangen, sich selbst zu waschen und eine Zahnbürste zu benutzen (wahrscheinlich müssen Sie dabei immer noch „nachbessern").
- Es sollte schon etwas „schöner" essen können (aber immer noch unordentlich).
- Möglicherweise kann man mit dem Sauberwerden beginnen.
- Es sollte damit anfangen, sich selbst anzuziehen, meistert dabei jedoch nur einfache Kleidungsstücke.
- Es sollte ohne ständige Hilfestellung spielen können.

2-3 *Jahre*

- Ab etwa 3 Jahren sollten die meisten Kinder tagsüber sauber sein und selbständig auf die Toilette gehen können (oder darum bitten, dorthin gebracht zu werden), ohne daß sie ständig daran erinnert werden müssen (außer wenn sie intensiv beschäftigt sind).
- Es sollte einfache Kleidungsstücke sowie einen Mantel allein an- und ausziehen können, braucht jedoch noch Hilfe bei Knöpfen, Reißverschlüssen, Schnallen oder allen engen Sachen.
- Es ißt manierlich, kann jedoch noch nicht mit dem Messer umgehen.
- Es sollte seine Spielsachen aufräumen und im Gartens spielen können.

3-4 *Jahre*

- Mit 4 Jahren sollte es sich selbst waschen und die Zähne putzen, sich an- und ausziehen, ziemlich ordentlich essen, aus einer Tasse trinken und Spielsachen ein- und ausräumen können.
- Unter Aufsicht sollte es eine Tätigkeit von Anfang bis Ende ausführen können (wie etwa den Badezimmerboden fegen).
- Es sollte Bedürfnisse und Gefühle verbal ausdrücken können.

4-6 *Jahre*

- Ihr Kind sollte sein Spiel allein organisieren können.
- Es sollte eine Handlung vollständig ausführen können, ohne auf Lob und Anweisung zu warten (obwohl Lob niemals verkehrt ist).
- Es sollte still sitzen können und für längere Zeit ohne seine hauptsächliche Aufsichtsperson zurechtkommen.
- Es sollte sich selbst vollständig anziehen, die Zähne putzen und mit einem Messer streichen und schneiden können (wobei manche Fleischarten noch Schwierigkeiten bereiten können).
- Es sollte in der Lage sein, große Teile des Tages ohne Sie zu verbringen und ohne Probleme die Aufmerksamkeit mit 20–30 anderen Kindern zu teilen.

Wie Sie helfen können

- Bleiben Sie nicht bei Ihrem Kind sitzen, wenn es einschläft.
- Wenn Sie tagsüber das Zimmer verlassen, sollten Sie schnell zurückkommen und das Kind herzlich begrüßen. So erhält es die Sicherheit, daß Sie immer zurückkehren werden.
- Lassen Sie es versuchen, allein zu essen, auch wenn es dabei Chaos veranstaltet.
- Loben, loben und nochmals loben.
- Knuddeln Sie es herzlich.

- Loben Sie Ihr Kind für seine Versuche.
- Lachen Sie über Chaos.
- Reagieren Sie mit unbewegtem Gesicht auf Schlechtes und Babyhaftes.
- Warten Sie nicht, bis eine Handlung vollständig gelingt; zeigen Sie Ihre Freude über jeden kleinen Schritt.
- Knuddeln Sie es herzlich.

- „Du bist aber schlau!", „Was für ein großes Mädchen du bist!", „Das ist schwierig, ich bin ganz stolz darauf, wie angestrengt du das probierst" – diese Sätze sollten in Ihrem Reden häufig vorkommen.
- Kritik sollte sich auf Verhalten und nicht auf die Kinder beziehen. („Was du da machst, ist eigentlich ziemlich dumm", und nicht: „Du bist dumm".)
- Achten Sie immer darauf, mehr zu loben als zu tadeln. („Das Gesicht ist schon sehr sauber, bloß da hast du noch eine kleine Stelle übersehen.")
- Knuddeln Sie es herzlich und sagen Sie ihm, daß Sie es lieb haben.

- Lachen Sie über Fehler, wenn es einen Versuch unternommen hat. („Ach Schatz, wir bräuchten eine Toilette mit Füßen, die die Treppe herunterlaufen könnte. Das wäre doch lustig, oder?")
- Anregungen sind immer noch notwendig; erlauben Sie dem Kind jedoch, Verantwortung zu übernehmen, und loben Sie es gegebenenfalls immer.
- Zeigen Sie ihm, wie man Frustrationen ausdrücken kann, ohne die Kontrolle zu verlieren. („Diese Socken würden jeden verrückt machen. Stampf auf ihnen herum, um mir zu zeigen, wie genervt du bist. So sehr? Ich hoffe, das nächste Mal benehmen sie sich besser.")
- Verwandeln Sie häusliche Aufgaben in Spiele: Ein spezieller „Aufräum-Rekord" kann zum Wettrennen werden.
- Selbstverständlich braucht es immer noch zärtliches Knuddeln und die häufige Beteuerung, daß man es lieb hat.

- Seien Sie der Trainer auf der Bank und die Fangemeinde, greifen Sie jedoch nicht ein, bevor das Kind Hilfe benötigt.
- Loben, schätzen und rechnen Sie weiter den Versuch hoch an.
- Halten Sie sich mit Kritik zurück und beziehen Sie diese auf das Verhalten und nicht auf das Kind. Denken Sie immer daran, daß es eine liebe Person ist, die sich schlecht verhält.
- Lassen Sie es wissen, daß Sie Fehler machen: Aussagen wie „Dumme Mama" und „Dummer Papa" sollten nicht zu selten auftauchen.
- Sagen und zeigen Sie ihm, daß Sie es lieb haben.

- Greifen Sie nicht ein, bevor es ausreichend Zeit zum Versuchen hatte; warten Sie darauf, daß es um Hilfe bittet, und zeigen Sie ihm dann, wie es weitermachen soll. Loben Sie es dann.
- Halten Sie sich zurück und lassen Sie es eine Handlung ganz ausführen, ohne daß es bei jedem Schritt auf Lob und Anweisung wartet.
- Reagieren Sie positiv auf Verhalten, das in der Schule hilfreich sein wird: ruhig sitzen, an einer Sache dranbleiben, um Hilfe bitten, Probleme formulieren, hilfsbereit sein, aufpassen und zuhören.
- Ignorieren Sie um Aufmerksamkeit buhlendes Verhalten, durch das Ihr Kind in der Schule als schwierig eingestuft werden wird: unsoziales Verhalten, unterbrechen, Wutanfälle, von Tätigkeit zu Tätigkeit springen und nicht zuhören.
- Knuddeln Sie es weiterhin und zeigen Sie ihm, daß Sie es lieb haben.

Allein zurechtkommen und arbeiten

In der Schule müssen Kinder längere Zeit ohne konstante Anleitung und permanentes Feedback arbeiten können

Sobald ein Kind in die Schule kommt, muß es einen Großteil des Tages ohne die direkte Interaktion mit seiner Bezugsperson, die es von zu Hause gewöhnt ist, zurechtkommen. Damit es glücklich zwischen Zuhause und Schule wechseln kann, muß Ihr Kind sich in eine viel größere Gruppe einfügen können und fähig sein, eine Tätigkeit auch dann weiter auszuführen, wenn es nicht im Mittelpunkt der Aufmerksamkeit steht. Es muß über die soziale Kompetenz verfügen, darum zu bitten, was es braucht, über das Selbstvertrauen, auch schwierige Tätigkeiten auszuprobieren, und über ausreichend Selbstbewußtsein, um auch Kritik zu überstehen.

Auf praktischer Ebene muß es allein arbeiten, seine Aufmerksamkeit auf etwas richten, zuhören, verstehen und für längere Zeit still sitzen können.

Längere Zeitabschnitte

Wenn ein Kind eine Tätigkeit lernt, braucht es permanent Belohnung. Diese Beständigkeit hilft ihm zu verstehen, was es tun soll, und zeigt ihm, daß Sie sich freuen. Wenn Sie jedoch fortsetzen, das Kind bei jedem Arbeitsschritt ständig zu loben, dann wird es seine Aufgabe eher um Ihres Lobes willen ausführen und nicht, um sich kompetent zu fühlen oder Freude aus der Tätigkeit zu ziehen.

Bevor ein Kind in die Schule kommt, muß es sich daran gewöhnen, daß es nur noch in gewissen Zeitabständen gelobt wird. Je mehr das Kind selbständig arbeitet, desto mehr muß es lernen, sich selbst zu loben. Zeigen Sie ihm, wie es dies tun kann. Ermutigen Sie es, sich auf die Schulter zu klopfen und zu sich selbst zu sagen: „Das hab' ich wirklich gut gemacht!" Wenn Sie immer eingreifen, ist hierfür keine Motivation vorhanden; Ihr Kind muß lernen, daß eine Belohnung oft auf sich warten läßt.

Zuhören, was Kinder sagen

Eine Handlung sagt mehr als tausend Worte. Schauen Sie das Kind an, wenn es mit Ihnen spricht, und neigen Sie sich zu ihm hin, damit es weiß, daß Sie sich dafür interessieren. Stellen Sie niemals den Wahrheitsgehalt seiner Aussagen oder die Wirklichkeit seiner Erfahrungen in Abrede. Bisweilen sollten Erwachsene ihre Gefühle kontrollieren und ihre Kinder vor ihnen beschützen. Wenn sie jedoch

Stillsitzen und allein arbeiten oder lesen – diese Fertigkeiten sind in der Schule von grundlegender Bedeutung. Wenn Sie Ihr Kind dazu ermutigen, sich zu gewissen Zeiten des Tages ruhig zu beschäftigen, bereiten Sie es in dieser Hinsicht optimal auf die Schule vor.

Kein Lehrer kann gleichzeitig mit 30 Kindern umgehen. Deshalb ist es wichtig, daß sie um Erlaubnis fragen können, wenn sie herumlaufen oder sich melden wollen.

immer ihre Emotionen verstellen, dann wissen Kinder nicht, daß sich auch andere ärgern, aufregen und fürchten. Wenn man sie kennt, kann man mit Gefühlen besser umgehen. Nehmen Sie daran Anteil, wenn sich das Kind ärgert. Durch Mitgefühl wird es ermutigt, negative Gefühle herauszulassen, was immer besser ist als vorzugeben, daß diese niemals vorhanden wären. Drücken Sie aus, was das Kind fühlt, weil ihm dies hilft, seine Gefühle zu klären.

Immer wieder versuchen
Wie auch immer Sie es sagen, machen Sie die Bedeutung der Ausdauer deutlich. Wenn Sie beim ersten Mal keinen Erfolg haben, versuchen Sie es immer wieder. Während Sie für Ihr Kind sorgen, können Sie ihm immer helfen. Das ist oft leichter, als es kämpfen zu lassen. Wenn Sie jedoch immer einspringen, wird es am Lernen gehindert und entmutigt, schwierige Aufgaben in Angriff zu nehmen.

Ich bin beschäftigt
Wenn Sie einem Kind beibringen, daß Sie immer bereit sind, alles stehen und liegen zu lassen, wenn es ruft, dann erwartet es dies auch von anderen. Früher oder später muß ein Kind lernen, daß jeder das Recht hat, zuerst sein Anliegen zu erledigen, und daß jeder bisweilen warten muß. So wie man einem Kind nicht ständig sagen darf, daß man beschäftigt ist, ist es genauso falsch, ihm dies niemals zu sagen. Wahre Selbständigkeit beinhaltet das Bewußtsein, daß jeder Rechte hat.

Selbstvertrauen und Selbstsicherheit
Sicherheit ist der Grundstock für Selbständigkeit. Ein sicheres Kind weiß, daß Sie als Eltern oder Aufsichtsperson für es da sind. Seine Sicherheit entsteht vor allem aus dem Wissen, daß, was immer es auch tut oder nicht tut, es ohne Frage geliebt wird.

Abhängigkeit und Unabhängigkeit
Die Liebe zu einem kleinen Kind ist bedingungslos. Doch die Liebe, durch die Kinder am Anfang gedeihen, kann erdrückend werden, wenn man ihnen nicht zugesteht, sich zu verändern. Sie lieben Ihr Kind nicht weniger, weil Sie ihm Unabhängigkeit gestatten, sondern im Gegenteil tiefer und selbstloser.

Der richtige Ort und der richtige Zeitpunkt
Kinder lieben die Wiederholung; sie vermittelt ihnen Sicherheit. Sie hören gerne dieselbe Geschichte immer und immer wieder und tragen eine Woche lang dasselbe T-Shirt. Diese Gleichförmigkeit erleichtert die Tagesplanung. Sie können täglich um 11 Uhr eine „Schmutz"-Stunde einplanen und nach dem Mittagessen einkaufen gehen. Mehr noch ist Routine eine Quelle der Sicherheit. Kinder wissen gerne, was mit ihnen geschieht. Auch wenn Sie ihnen den Tagesplan mitteilen, so können sie ihn leicht vergessen. Eine unveränderte Tagesroutine ist leichter zu merken und läßt sie sich sicher fühlen.

Aktivität und Ruhe
Durch nichts wird ein Kind schneller unbeliebt, als im Klassenzimmer herumzurennen, wenn ruhiges Arbeiten angesagt ist. Wenn Sie den Tag in ruhige und laute Perioden einteilen, dann lernt es leichter, Dampf abzulassen, wenn sich die Gelegenheit dazu bietet, und sich dann wieder ruhig zu verhalten.

Sich allein anziehen

Indem es sich selber anziehen kann, gewinnt Ihr Kind Unabhängigkeit

Zur Selbständigkeit gehört auch, daß man sich allein anzieht, von selber auf die Toilette geht und sich im Kindergarten Mantel und Schuhe selbst anzieht. Wenn Ihr Kind das nicht kann, wirkt es vor seinen Freunden wie ein Baby. Auf lange Sicht nimmt die elterliche Arbeit ab, wenn sich ein Kind selbst anziehen kann, kurzfristig kann dies jedoch für Eltern und Kind frustrierend sein. Socken und Wutanfälle sind anscheinend miteinander verbunden, und im allgemeinen schlüpfen Schuhe an den falschen Fuß.

Lockere Kleidung vereinfacht das Ganze. Jeans mit Reißverschlüssen, Hemden und Kleider mit Knöpfen und Latzhosen sind vielleicht modisch, jedoch für kleine, ungeübte Hände schier unüberwindbar, genauso wie Schuhbänder und Schnallen.

Unterhosen anziehen

Empfehlenswert: Vorne interessant gemusterte Hosen mit deutlich markierten Beinöffnungen.
Schwierigkeiten: Beide Beine durch ein Loch stecken; Beine durch die Bauchöffnung stecken.
So wird's gemacht: Legen Sie die Unterhose glatt auf den Boden und setzen Sie das Kind an das obere Ende. Stellen Sie sicher, daß die Füße aus den Beinöffnungen ragen, bevor Sie Ihrem Kind die Hose hinaufziehen.

Socken anziehen

Empfehlenswert: Strümpfe ohne Fersen sind ideal; gut sind auch leicht dehnbare Socken, bei denen sich das obere Fuß- und Zehenteil sowie die Sohle unterscheiden.
Schwierigkeit: Ferse und Zehenteil werden oft verwechselt.
So wird's gemacht: Legen Sie die Strümpfe so auf den Boden, daß die Fersen zueinander gerichtet sind, und falten Sie das obere Ende der Socke über die Ferse. Zeigen Sie dem Kind, wie es seinen Fuß in die Socke stecken und kontrollieren muß, ob die Ferse unten ist, bevor es die Socke nach oben zieht, ohne daß dabei die Zehen umgebogen werden.

Hosen anziehen

Empfehlenswert: Hosen ohne Reißverschluß.
Schwierigkeiten: Knöpfe, Latz- und enge Hosen. Beide Beine geraten in ein Hosenbein.
So wird's gemacht: Legen Sie die Hose richtig hin, so daß der Hosenboden auf den Zwickel gerollt ist. Zeigen Sie, wie man vor dem Hinaufziehen beide Beine richtig hineinstecken muß.

T-Shirts und Oberteile anziehen

Empfehlenswert: T-Shirts mit deutlichem Muster vorne und großer Halsöffnung. Vermeiden Sie Oberteile, die am Rücken verschlossen werden.
Schwierigkeiten: Vorder- und Rückenteil verwechseln, Verschlüsse zumachen.
So wird's gemacht: Legen Sie das T-Shirt so hin, daß sich die Halsöffnung am entfernten Ende befindet. Zeigen Sie, wie man von unten hineinschlüpft, die Arme in die Ärmel steckt und das T-Shirt über den Kopf zieht.

Röcke anziehen

Empfehlenswert: Röcke mit Gummibund.
Schwierigkeiten: Latz, Knöpfe, Reißverschlüsse.
So wird's gemacht: Legen Sie den Rock auf den Boden. Die Beine werden nun durch die Bauchöffnung hineingesteckt. Aufstehen und Rock hochziehen.

Schuhe anziehen

Empfehlenswert: Schuhe mit Klettverschluß; vermeiden Sie anfangs Schnallen oder Schnürbänder. Stiefel ohne Verschlüsse.
Schwierigkeit: Schuhe am verkehrten Fuß anziehen.
So wird's gemacht: Das Kind sitzt mit den Knien nach außen und den Füßen zusammen. Dadurch sind die Verschlüsse unter den Knien. Erklären Sie, wie die Verschlüsse immer auf der Seite der Knie sein müssen, und stellen Sie die Schuhe anziehbereit richtig herum auf. Stiefel stellt man ans Treppenende und läßt das Kind hineinschlüpfen.

Mäntel, Hemden, Jacken anziehen

Empfehlenswert: Knebelknöpfe.
Schwierigkeit: Beide Arme in einen Ärmel.
So wird's gemacht: Zeigen Sie dem Kind, wie es seine Arme in die Ärmel stecken und den Mantel herumschwingen muß.

Handschuhe anziehen

Empfehlenswert: Fäustlinge.
Schwierigkeit: Das richtige Finger- und Daumenloch finden.
So wird's gemacht: Befestigen Sie die Handschuhe in den Mantelärmeln mit Gummiband.

Lernen durch Helfen

Hausarbeit kann lästig sein, doch für Ihr Kind bedeutet Helfen Spiel

Kinder verstehen nicht den Unterschied zwischen Arbeit und Spiel; für sie ist es wichtig, daß eine Aufgabe Spaß macht. Für Sie ist der Abwasch vielleicht lästige Pflicht, für ein 3jähriges kann es jedoch ein wunderbares Spiel sein. Gleich den Schularbeiten haben diese Hilfsarbeiten eine gewisse Struktur und ein Ziel. Sie spornen Kinder an, zu planen. „Helfen" beinhaltet eine Reihe von Aktivitäten, die an einem bestimmten Punkt beginnen und mit denen man sich zu einem Ende hinarbeiten muß. Geräusche versetzen Kinder in den „Aktivmodus", weshalb Musik bei Aufgaben hilfreich sein kann, die innerhalb eines bestimmten Zeitraums erledigt sein müssen, wie etwa das Aufräumen von Spielsachen.

Putzen

Schon sehr kleine Kinder folgen ihren Müttern mit einem kleinen Besen und ahmen dabei deren Tätigkeiten nach. Zuerst sind dies einfache Imitationen, doch später wird sich Ihr Kind freuen, wenn Sie ihm anbieten, daß es richtige „Hausarbeit" ausführen darf.

Kinder und Wasser stellen eine exzellente Kombination dar. Stellen Sie Ihr Kind – mit einer wasserdichten Schürze versehen – ans Waschbecken und lassen Sie nicht zu heißes Wasser einlaufen. Natürlich kann es nun sein eigenes Teegeschirr nach einer Puppenparty abwaschen, aber auch nicht zu stark verschmutztes irdenes Geschirr oder nicht zu scharfes Besteck von Erwachsenen können von einem Kind abgewaschen und -getrocknet werden.

Kinder polieren auch gerne Möbel, doch die meisten Polituren haben einen sehr scharfen Geruch und eignen sich möglicherweise nicht für kleine Kinderhände. Ideal ist Abstauben. Ermutigen Sie sowohl Jungen als auch Mädchen, die Möbel abzustauben.

Spielzeug aufräumen

Wenn Kinder ihre Sachen aufräumen müssen, ist schlechte Laune garantiert. Gewöhnen Sie sie schon früh daran. Machen Sie ihnen klar, daß Sie von ihnen erwarten, daß sie helfen, und loben Sie sie immer am Schluß.

Machen Sie daraus ein Spiel, indem Sie Musik einbeziehen. Beschreiben Sie zuerst die Aufgabe, indem Sie Sätze verwenden wie etwa „Puzzle in die Schachtel" oder „Bären in das Regal". Setzen Sie einen bestimmten Zeitraum fest, sonst wird Ihr Kind zwischendurch abgelenkt. Verwenden Sie Sätze wie: „Können wir das alles aufsammeln, bevor die Musik zu Ende ist?" Steigern Sie die Spannung mit Tricks wie: „Auf die Plätze, fertig, los!"

Mahlzeiten zubereiten

Alle Kinder lieben es, zu kochen (siehe Seite 214–215), doch es gibt auch zahlreiche andere Arten, wie sie Ihnen bei der Zubereitung von Mahlzeiten helfen können, wenn Sie keine Zeit zum Kochen haben. Lassen Sie die Kinder beim Vorbereiten

von Butterbroten helfen, z.B. die Butter aufstreichen, eine Banane zerschneiden oder die Brote mit Schinken- oder Käsescheiben belegen. Wenn Sie alles, was mit einem scharfen Messer geschnitten werden muß, vorbereiten, dann sollte Ihr Kind den Rest allein erledigen können.

Außerdem kann Ihr Kind Ihnen helfen, den Tisch zu decken oder abzuräumen. Tischdecken ist ein perfektes Zuordnungsspiel: Jede Person braucht einen Teller, eine Gabel, ein Messer, eine Tasse.

Einkaufen

Alle Eltern wissen, wie wichtig es für Kinder ist, zeichnen zu können, auch wenn die ersten Resultate eher ein Gekritzel sind. Dagegen denkt man weniger daran, daß man sie auch zum Schreiben ermutigen sollte. Sowohl Elemente des Zeichnens als auch des Schreibens sind in den ersten kindlichen Kunstwerken vorhanden (siehe Seite 82–83). Fördern Sie das Schreiben parallel zum Zeichnen. Das Kind braucht keine richtigen Wörter zu schreiben, doch geben Sie ihm ein Stück Papier und lassen Sie es eine Einkaufsliste schreiben. Deuten Sie auf alle buchstabenähnlichen Formen: „Laura, du hast hier ja ein M gemalt. Heißt das, daß wir Margarine oder Milch brauchen?“ Schreiben Sie für Ihr Kind eine einfache Liste und malen Sie beispielsweise neben den Wörtern Abbildungen, so daß es einige Gegenstände in den Regalen finden kann.

Besonders Supermärkte sind voll mit verschiedensten interessanten Buchstaben und Zahlen, die ein aufmerksames Kind identifizieren kann. Auf diese Weise in der Umgebung nach kleinen Einzelheiten zu suchen hilft dem Kind, seine Konzentrationsfähigkeit zu steigern.

Zu Hause eignet sich das Kind viele Fertigkeiten an, wenn es einige der Einkäufe einräumen darf. Es lernt, Dinge in Gruppen und Untergruppen zu sortieren, und versteht auf diese Weise, was diese gemeinsam haben. Geben Sie dem Kind die Zeit, die es benötigt, um die Einkäufe in der ihm angemessenen Geschwindigkeit einzuräumen.

WAS IHR KIND LERNT

Durch diese Aktivitäten lernt Ihr Kind, daß zusammen arbeiten genau wie gemeinsam spielen Spaß macht – eine grundlegend wichtige Einstellung für die Schule.

• Putzen
Stärkt das kindliche Selbstwertgefühl, weil Sie es mit einer Erwachsenenaufgabe betrauen.

• Spielzeug aufräumen
Dabei lernt Ihr Kind, hilfsbereit zu sein und anderen zu gefallen und sich selbst zu vergnügen. Zusammen arbeiten befähigt Kinder vorherzusagen, was andere sagen und tun werden. Eine Aufgabe vollständig zu erledigen ist eine hervorragende Übung für die Schule, wo fast alle Aktivitäten des Kindes einen Anfang, eine Mitte und ein Ende besitzen.

• Mahlzeiten zubereiten
Fördert die Sortier- und Zuordnungsfähigkeiten – beides Grundlagen für mathematische Fertigkeiten.

• Einkaufen
Einkaufen schärft die kindliche Beobachtungsgabe und den Blick für Details – beides sind wichtige Fertigkeiten zum Lesenlernen. Einkäufe zu sortieren, um sie einzuräumen, ist hilfreich für das Verständnis von Zahlen.

Kochen

Geben Sie Ihrem Kind die Möglichkeit, ein ganzes Gericht zuzubereiten

Hier finden Sie einige Rezepte für Gerichte, die Sie gemeinsam mit Ihrem Kind zubereiten können. Lassen Sie sich von dessen Vorlieben und Abneigungen leiten und stören Sie sich nicht daran, die gleichen Gerichte immer wieder zuzubereiten.

Pizza

Pizza ist eines der einfachsten Gerichte, das Sie gemeinsam mit Ihrem Kind zubereiten können. Der Boden kann aus Brotteig oder den unten beschriebenen Teigrezepten, aus Teigmischung oder aus einem Fertigboden aus dem Supermarkt hergestellt werden. Wenn Sie den Teig herstellen, darf das Kind die Zutaten abmessen und vermischen. Auch für nur geringe Mengen sollten Sie dazu eine große Schüssel benutzen. Die unten angegebenen Teigsorten müssen nicht gehen. Vermischen Sie die Zutaten so lange, bis ein zäher Teig entstanden ist. Teilen Sie diesen in vier Teile und rollen Sie diese auf einer bemehlten Arbeitsfläche aus. Legen Sie dann auf jedes Teigstück einen Teller und schneiden an dessen Rand entlang den runden Boden aus.

Pizzaboden wird traditionell mit Tomatensauce bedeckt. Man kann ihn lustig verzieren: Schneiden Sie aus Schinken, Salami, Gemüse, Peperoni oder Oliven Formen für Augen, Nase und Mund aus und lassen Sie das Kind damit die Pizza belegen. Haare gestaltet man aus geriebenem Käse. Oder das Kind belegt die Pizza mit seinen Lieblingszutaten und setzt zum Schluß das Gesicht obenauf. Heizen Sie den Ofen auf 220 °C vor und backen Sie die Pizza etwa 10–15 Minuten lang.

Einfacher Teig

225 g Mehl
$^1/_2$ TL Salz
125–250 ml Milch oder Joghurt
2 TL Zucker
50 g Butter

Einfacher Backpulverteig

12 TL Backpulver
$^1/_2$ TL Salz
30 g Gouda
Schnittlauchröllchen
1 TL Zucker
125–250 ml Milch

Apfeltaschen

Apfeltaschen können aus fertigem Blätterteig zubereitet werden. Das Kind darf den Teig ausrollen, und Sie zeigen ihm, wie es 15 cm große Quadrate ausschneiden soll. Schälen und schneiden Sie die Äpfel in Spalten. Ihr Kind kann dann die Apfelspalten kleinschneiden. Vermischen Sie das Ganze mit Rosinen und nach Belieben mit Zimt. Belegen Sie nun die Teigquadrate jeweils auf einer Hälfte mit ein paar Löffeln Apfelmischung, geben dann etwas Zucker in die Mitte der Masse und bedecken

WAS IHR KIND LERNT

Kinder helfen gerne mit. Wenn sie Ihnen beim Kochen (und Einkaufen) helfen dürfen, können sie dieses Bedürfnis befriedigen und zudem eine ganze Bandbreite von Fertigkeiten erlernen.

- **Detailbeobachtung**
Diese ist wichtig, wenn man nach einem bestimmten Nahrungsmittel sucht.

- **Selbständigkeit**
Auszuwählen, was gekauft oder gegessen werden soll, verleiht einem Kind ein Gefühl der Selbständigkeit und verbessert sein Selbstwertgefühl.

- **Fingerfertigkeit**
Die Zutaten zu sieben und zu löffeln trainiert hervorragend die Geschicklichkeit der Hände.

- **Beherrschung der Handgelenke**
Umrühren und Schlagen verbessern die Geschicklichkeit der Handgelenke.

- **Mathematische Fertigkeiten**
Durch Abwiegen und -messen wird das mathematische Verständnis gefördert.

- **Etwas zu Ende bringen**
Beim Kochen arbeitet man vor allem auf ein vorzeigbares Ergebnis hin: z.B. auf ein Abendessen.

das Ganze noch mit weiterer Apfelmischung (wenn der Zucker an den Teig kommt, wird er feucht). Rechnen Sie mit etwa 30–35 g Zucker pro Pfund Äpfel. Bestreichen Sie die Teigränder mit Milch und falten Sie dann längliche Teigtaschen, die Sie an den Rändern mit einer Gabel festdrücken und mit Wellenmuster versehen. Heizen Sie den Ofen auf 200 °C vor. Bestreichen Sie inzwischen die Apfeltaschen mit Eigelb und backen Sie sie dann im Ofen etwa 20 Minuten, bis sie goldbraun sind. Prüfen Sie mit einem Messer nach, ob die Äpfel weich geworden sind. Wenn nicht, lassen Sie die Apfeltaschen bei geringerer Hitze noch weitere 15 Minuten backen. Wenn Sie keine Kochäpfel zur Hand haben, können Sie auch andere Äpfel wie Granny Smith verwenden; fügen Sie dann der Apfelfüllung etwas Zitronensaft zu und verwenden Sie erheblich weniger Zucker.

Lustiger Wackelpeter

Alle Kinder rühren gerne Wackelpudding an. Einen einfachen und gesunden Fruchtpudding kann man aus Fruchtsaft und Gelatine (auch vegetarisch erhältlich) zubereiten. Sie brauchen etwa 20 g Gelatine für 500 ml Fruchtsaft oder verwenden ein Mischungsverhältnis laut Packungsanleitung. Lösen Sie die Gelatine in einem Teil der heißen Flüssigkeit auf, lassen Sie das Ganze abkühlen und dann das Kind den Fruchtsaft einrühren. Wenn Sie Weintrauben hinzufügen, können Sie diese halbieren und das Kind entfernt die Kerne.

Tiertoasts

Das Kind bestreicht zwei Brotscheiben mit Butter. Sie stechen mit tierförmigen Backförmchen aus den Brotscheiben sowie aus Schinken oder Wurst Tierformen aus und reiben etwas Käse. Das Kind belegt die Tierbrote nun mit den ausgestochenen Wurstformen und dem Käse. Überbacken Sie die Tiertoasts im Grill und belegen Sie sie nach dem Backen mit Augen (z. B. aus kleingeschnittenen Frühlingszwiebeln) und Barthaaren (Schnittlauch).

Mit Pflanzen umgehen

Vermitteln Sie Ihrem Kind die Liebe zur Natur

Selbst wenn Sie kein begeisterter Gärtner sind, sollten Sie dennoch versuchen, Ihrem Kind dieses Hobby nahezubringen.

Ein Sofort-Garten

Falls keine Zeit zum Ziehen von Pflanzen ist, können Kinder einen Garten aus vielerlei Dingen gestalten. Beginnen Sie mit einem Tablett oder einer flachen Schachtel. Geben Sie eine Lage Erde hinein. Ihr Kind kann einige Pflanzen einsetzen und das Ganze mit Blumen, Kieselsteinen, einem kleinen Spiegel, Kachelscherben oder anderen hübschen Dingen verzieren. Dieser Garten ist nicht für Dauer angelegt, und es macht deshalb nichts, daß die Blumen verblühen werden.

Ernten

Kinder mögen es, wenn sie essen können, was sie gesät haben. Radieschen wachsen innerhalb von wenigen Wochen, Kresse reift in einem Zeitraum von unter drei Wochen. Tomaten brauchen länger, haben jedoch den Vorteil, sowohl Hunger als auch Durst zu ▶ stillen. Stangenbohnen eignen sich für Kinder besonders. Sie sind groß, haben hübsche scharlachrote Blüten und bringen eine reiche Ernte. Aber auch Erdbeeren eignen sich – ziehen Sie sie in einem eigenen Topf.

FRAGE UND ANTWORT

Was kann man von einem 4jährigen erwarten? Mein Partner sagt, daß unser Sohn (der gerade 4 geworden ist) alt genug ist, um sein Zimmer in Ordnung zu halten und seine Spielsachen wegzuräumen. Meiner Meinung nach ist dies überzogen.

Es hängt davon ab, was Ihr Mann unter „Zimmer in Ordnung halten“ versteht. Man kann vom einem Kind im Kindergartenalter erwarten, daß es sein Zimmer einigermaßen, aber nicht lupenrein in Ordnung hält. Wenn es Hilfe und Anweisungen erhält sowie angespornt wird, kann es seine Spielsachen aufräumen. Ganz gewiß kann man jedoch nicht erwarten, daß es immer daran denkt, dies zu tun. Es ist leichter für das Kind, wenn jeder Gegenstand einen speziellen Platz hat, als wenn alles in ein kunterbuntes Spielzeugregal eingeräumt wird.

Wenn man Kindern immer alles abnimmt, bleiben sie unordentlich. Denn wenn sie die Arbeit nicht erledigen müssen, warum sollten sie sich darum kümmern?

Ein Garten, der länger hält

Beetpflanzen eignen sich ideal für einen „Kindergarten“, da man mit ihnen das faszinierende Mysterium des Wachstums und der Veränderung in relativ kurzer Zeit erleben kann. Wenn Sie nicht genügend Platz haben, Ihrem Kind eine eigene Ecke im Garten einzurichten, dann geben Sie ihm einfach einen großen Pflanzkübel. Füllen Sie diesen mit geeignetem Torfmoos und etwas Pflanzgranulat, damit so viel Wasser wie möglich aufgenommen werden kann. Helfen Sie dem Kind, die ersten zwei oder drei Pflanzen zu setzen, und überlassen Sie ihm dann die restliche Pflanzarbeit. Pflanzen Sie am besten verschiedene Pflanzen, damit einige erst zu blühen beginnen, wenn die anderen gerade verwelken. Eine kleine Konifere verleiht dem Arrangement das ganze Jahr über ein grünes Aussehen.

Bäume aus Samen und Kernen ziehen

Viele Obstsamen und -kerne keimen, wenn sie mit Torfmoos bedeckt und warm und feucht gehalten werden. Am einfachsten legt man sie in einen kleinen Topf, gießt das Torfmoos und verschließt dann den Topf mit einer Plastiktüte. Das verdampfte Wasser kann so wieder in die Erde zurücktropfen. Pflanzen Sie Orangen-, Zitronen-, Limonen-, Grapefruit- und Melonenkerne oder Papaya-, Maracuja- und Kiwisamen. Avocadokerne keimen, wenn sie halb im Wasser stehen. Optimal eignen sich hierfür Gefäße, in denen Hyazinthenzwiebeln im Wasser gezogen werden.

Herr Graskopf

Füllen Sie einen alten Nylonstrumpf mit Torfmoos und binden Sie ihn so ab, daß Sie einen Kopf erhalten. Zeichnen sie ein Gesicht darauf und säen Sie oben Gras, das als „Haar“ wächst. Gegebenenfalls müssen Sie das Gras stutzen.

Kresse auf einem Waschlappen

Einen nassen alten Waschlappen mit Kressesamen bestreuen und auf eine Untertasse legen. Innerhalb von wenigen Wochen kann geerntet werden.

Mein Baum

Lassen Sie das Kind einen Baum auswählen – am besten einen, der Blüten und Früchte oder in verschiedenen Jahreszeiten interessante Blätter und Blüten trägt. Es kann nun immer vergleichen, wie der Baum so wie es selbst wächst.

SCHNELL WACHSEND

Für Erwachsene besteht der Spaß am Gärtnern darin, seine Anlage zu planen und zu beobachten, wie die Pflanzen langsam wachsen. Kinder sind weniger geduldig: Sie lieben Pflanzen, die in die Höhe schießen.

- **Sonnenblumen**
  Sonnenblumen werden innerhalb weniger Monate über 1,8 Meter hoch. Die Samen können direkt in die Erde oder in kleine Töpfe gesät werden. Die Setzlinge werden umgetopft.

- **Kapuzinerkresse**
  Klettersorten können Zäune überwuchern und blühen bis zum ersten Frost.

- **Kanarienkresse**
  Eine hübsche, hohe Kletterpflanze mit gelben Blüten, die vielerorts nicht winterfest ist und deshalb anfänglich im Zimmer gezogen werden muß.

- **Bananenpflanze**
  In Europa trägt sie im Freiland keine Früchte, wächst jedoch im Sommer im Freien. Die Samen brauchen lange, bis sie keimen, wachsen jedoch dann sehr rasch.

KAPITEL 13

Gut vorbereitet in die Schule

Die Schule stellt Anforderungen, die Eltern nicht ignorieren können, denn für die Kinder herrscht Schulpflicht. Ihr Kind wird nun täglich mehrere Stunden weg sein und mit anderen Kindern um die Aufmerksamkeit des Lehrers konkurrieren. Es muß mit einem lärmerfüllten Pausenhof sowie möglicherweise unbesonnenen und unfreundlichen Kindern zurechtkommen, still sitzen, sich ruhig verhalten und ohne permanente Aufmerksamkeit oder Lob arbeiten. Die Schule ist eine große Aufgabe. Je mehr Sie Ihr Kind darauf vorbereiten, desto besser wird es damit zurechtkommen. Es muß nicht lesen, schreiben oder rechnen können, bevor es in die Schule kommt, aber es hilft, wenn es eine Aktivität ohne Führung der Erwachsenen ausführen und das geschäftige Treiben in einem Raum voller Fremder bewältigen kann.

Meilensteine auf dem Weg zum Schulkind

Was Ihr Kind können sollte	Wie Sie helfen können
• **Getrenntsein von Eltern** Eltern können in den ersten Tagen oft mit in die Schule gehen, doch früher oder später müssen sie fortbleiben. Ein Kind, das die Eltern braucht, um sich sicher zu fühlen, wird Probleme haben.	Wenn Sie Ihr Kind lieben, geben Sie ihm das Selbstvertrauen, daß es ohne sie zurechtkommt. Auch wenn es sein „Trösterchen" nicht mit in die Schule nehmen darf, so hilft es ihm trotzdem, sich selbst psychisch „aufzubauen". Besondere Wörter oder Aktivitäten können wie ein „Trösterchen" das Kind psychisch stärken.
• **Mit Fremden umgehen** Auch wenn das Kind einige Freunde hat, so ist die Schule doch voller fremder Menschen.	Kinder müssen wissen, wie sie sich anderen Kindern nähern müssen, damit aus Fremden Freunde werden. Hier gibt es keinen Ersatz für persönliche Erfahrung. Ein täglicher Besuch im Park und die Teilnahme an Gruppenaktivitäten bieten die besten Voraussetzungen.
• **In der Menge bestehen** Pausenhöfe können Angst einflößen. Sie sind häufig lärmig, und die meisten Kinder sind zwar nur etwas größer, aber sie toben wild.	Fahren Sie mit öffentlichen Verkehrsmitteln und präsentieren Sie dies als Vergnügen, um dem Kind zu zeigen, daß eine Menschenmenge eher aufregend als furchterregend sein kann – selbst wenn die anderen Menschen größer sind als man selbst.
• **Kritik ertragen** Es wird von anderen Kindern kritisiert werden. Die Kritik kann begründet, aber auch gemein sein. Ein Kind, das damit nicht umgehen kann, wird schnell zum „Schulhofopfer".	Kinder brauchen für den Aufbau von Selbstwertgefühl Lob. Kinder mit geringem Selbstwertgefühl brechen leicht zusammen. Auch selbstbewußte Kinder müssen Techniken erlernen, um mit Kritik umgehen zu können. Was auch immer andere denken, für Sie ist Ihr Kind etwas Besonderes, das Sie unendlich lieben.
• **Lob in Zeitabständen** Auch wenn sie gerne jedes Kind mit ständigem Lob bei jedem Arbeitsschritt begleiten würden, so haben hierfür nur wenige Lehrer ausreichend Zeit.	Wenn es in die Schule kommt, sollte Ihr Kind ohne ständiges Bestärken auskommen. Es braucht jedoch immer noch viel Lob und muß wissen, daß Sie auf seine Fortschritte stolz sind.
• **Selbständig arbeiten** Früher oder später müssen Kinder lernen, allein zu arbeiten.	Es macht wenig Sinn, ein Spielzimmer einzurichten, wenn Sie sich niemals zusammen mit dem Kind darin aufhalten. Kinder spielen am liebsten dort, wo auch die Erwachsenen sind.
• **Sich ruhig verhalten** Wenn Kinder in die Schule kommen, müssen sie lernen, ruhig zuzuhören. Diejenigen, die das nicht tun, lernen zwar, daß sie durch Stören Aufmerksamkeit erregen doch ist das nicht im Sinne von Lehrern oder Eltern.	Geschichten lesen, im Haushalt helfen, im Bad oder am Waschbecken spielen, dasitzen und etwas bauen oder beim Kochen helfen – all dies sollte zum Tagesablauf gehören. Sorgen Sie aber bei zappeligen Kindern auch für einige laute Spiele. Wenn das Kind lernt, daß es in „Lärmzeiten" schreien und herumlaufen kann, sollte es fähig sein, die Schulpausen abzuwarten, um Dampf abzulassen.
• **Bedürfnisse verbal ausdrücken** Im Gegensatz zu den Eltern können Lehrer und Mitschüler die Bedürfnisse der Kinder nicht durch deren Mimik und Körperhaltung erkennen und voraussehen. Deshalb müssen Schulanfänger in der Lage sein, sich verbal auszudrücken.	Warten Sie darauf, daß das Kind sagt, was es will, auch wenn Sie dies bereits wissen. Ermuntern Sie es, Ihnen über seinen Tag zu erzählen, selbst wenn sie ihn zusammen verbracht haben. Fragen Sie es und beachten Sie seine Wünsche.
• **Über Grundfertigkeiten verfügen** Nicht alle Schulanfänger verfügen über jede dieser Teilfertigkeiten. Doch fühlen sie sich kompetenter, wenn sie sie vorher erlernt haben. Es ist immer besser, mit der Einstellung „Ich kann" zu beginnen als mit „Ich kann nicht".	Helfen Sie ihm, allein zu arbeiten, etwas zu Ende zu bringen, aufmerksam zu beobachten und kleine Details zu beachten. Ermuntern Sie es zu lernen, wie man mit einem Stift umgeht, und machen Sie es mit dem geschriebenen Wort und dem Prinzip der Zahlen vertraut.

Hilfreiche Aktivitäten

- Im Garten oder in einem Zimmer für sich allein spielen.
- In den Kindergarten oder eine Spielgruppe gehen.
- Bei anderen Kindern im Haus oder im Garten spielen.
- Mit Babysittern oder anderen Betreuungspersonen allein bleiben.

- In den Park gehen und im Sandkasten oder Planschbecken spielen.
- Mutter-Kind-Gruppen und später Spielgruppen besuchen.
- Beim Ausgehen mit anderen Menschen sprechen.

- Ins Schwimmbad gehen.
- Laute, überfüllte Orte besuchen wie etwa Bahnhöfe oder belebte Einkaufszentren.
- Mit anderen Kindern an den Spielgeräten im Park spielen.

- Ein hohes Selbstwertgefühl besitzen.
- Über Selbstkontrolle verfügen.
- Sich selbst psychisch „aufbauen“ können.

- In einem Zimmer etwas entfernt von den Eltern spielen.
- Im Garten spielen.
- Besser das fertige Bild an die Wand hängen, als das Kind beim Malen ständig loben.

- Erwarten Sie von ihm, daß es seine Spielsachen nimmt, sich allein damit beschäftigt und sie wieder wegräumt.
- Erwarten Sie von ihm, daß es sich selbst wäscht und anzieht.

- Zum Essen am Tisch sitzen.
- Warten, bis es dran ist.
- In der Regel Begonnenes zu Ende bringen.
- Spiele spielen, die Konzentration erfordern, wie etwa Bauen, Zeichnen oder Kneten.

- Erwarten und erlauben Sie, daß es sagt, was es will.
- Es sollte eher verbal als durch Weinen oder Ungehorsam ausdrücken, daß es Aufmerksamkeit braucht. Lassen Sie es wissen, daß es „Mama, ich möchte kuscheln“ sagen kann. Bringen Sie ihm dies nahe, indem Sie ihm beispielsweise sagen, daß Sie eine Umarmung brauchen, wenn Sie niedergeschlagen sind.

- Einen Stift verwenden und die Hand kontrollieren können.
- Nach Details Ausschau halten können.
- Mit dem Konzept des Lesens oder der Zahlen vertraut sein, auch wenn es Buchstaben nicht erkennen oder noch nicht zählen kann.
- Verstehen, was Arbeiten ist.

Im Klassenzimmer

Denken Sie besonders daran, daß Ihr Kind in der Schule selbständig in einer von Konkurrenz geprägten Umgebung arbeiten muß

Kleine Kinder wissen, wie man lernt. Sie nähern sich der neuen Aufgabe mit Begeisterung und versuchen das Problem zu lösen; oder sie beobachten ihre Betreuer und imitieren sie. Sie erwarten Lob. Sobald sie eine ungefähre Vorstellung ausgearbeitet haben, was sie tun müssen, üben und üben sie, bis sie es richtig machen. Kleine Kinder denken, daß Lernen Spaß ist, und Erwachsene stimmen darin mit ihnen überein (Erwachsene nennen das kindliche Lernen Spiel). Kleine Kinder sind kooperativ und hilfsbereit. Diejenigen, um die gut gesorgt wird, erwarten dies auch von anderen Menschen. Sobald Geschwister vorhanden sind, schleicht sich in diese friedliche Welt ein kleines Element der Konkurrenz, die man jedoch kaum mit dem täglichen Wettstreit im Klassenzimmer vergleichen kann.

Wie zu Hause kann ein Kind auch in der Schule durch Wohlverhalten oder Ungehorsam Aufmerksamkeit erregen. Die besten Techniken, die Aufmerksamkeit eines Lehrers zu erreichen, sind: fleißig zu lernen, Tagträumen nachzuhängen, permanent zu schwätzen oder zu stören. Je mehr Aufmerksamkeit ein Kind braucht, desto wahrscheinlicher wird es eine der letzten drei Optionen wählen.

Weniger Hilfe als zu Hause

Da in der Schule normalerweise nur ein Lehrer für 20–30 Kinder zuständig ist, erfahren sie weniger Förderung oder Anstöße in die richtige Richtung als zu Hause. Lernen geschieht nun eher durch Zuhören und Arbeiten ohne die Aufmerksamkeit der Betreuungsperson. Kinder, die gelernt haben, sich selbst zu loben, gedeihen in dieser Umgebung. Doch Kinder, die immer noch positive Bestätigung seitens eines Erwachsenen brauchen, weil sie sich nicht selbst loben können, haben Schwierigkeiten. Das Leben wird unvermeidlich durch mehr Kon-

Die meisten Kinder lernen schnell, daß Gleichaltrige in einigen Fächern besser und in anderen schlechter sind. Daß man jedoch beim Sport und anderen „Spaß"-Aktivitäten auch unter Konkurrenzdruck steht, kann wie ein Schock empfunden werden.

kurrenz geprägt, wenn 20 Kinder das Gleiche tun und einige dabei immer besser abschneiden als die anderen. Nicht alle Kinder können immer unter den Besten sein. Zu realisieren, daß man niemals zu den Klassenbesten gehören wird, kann ein Schock sein – vor allem für Erstgeborene. Zu erkennen, daß man in der Schule nicht brilliert, kann schwierig sein, besonders wenn das Kind feststellen muß, daß man mit anderen Aktivitäten (der Lauteste, der Frechste) ebenfalls im Mittelpunkt der Aufmerksamkeit stehen kann.

Mit der Menge umgehen können

Kinder müssen Erfahrung darin besitzen, „ein Teil der Menge" zu sein, bevor sie in die Schule kommen. Um dies zu lernen, eignet sich besonders gut, einen Kindergarten, Spielgruppen oder sogar Schwimmkurse zu besuchen. Wenn Ihr Kind die Schule als schwierig empfindet, sollten Sie eine Gruppe finden, in der sich das Leben weniger um Erfolg und Mißerfolg dreht: Anfängergruppen im Turnverein oder Ballettstudio können helfen. Eine andere Lösung ist, Unabhängigkeit regelrecht zu lernen.

Lob zur richtigen Zeit

Forschungen haben gezeigt, daß eine Ratte das korrekte Verhalten nahezu unmittelbar einstellt, wenn man ihr das Stückchen Zucker, das sie jedesmal als Belohnung für richtig erfüllte Aufgaben erhalten hat, vorenthält. Wenn sie jedoch nur von Zeit zu Zeit positiv bestätigt wird, lernt sie, auch ohne ständige Belohnungen Aufgaben zu erfüllen. Das gleiche Prinzip gilt für Kinder. Sie sollten dies berücksichtigen, wenn Ihr Kind ins Schulalter kommt. Loben Sie es also bisweilen, wenn es eine Tätigkeit beginnt. Warten Sie bei anderen Gelegenheiten mit Ihrer Bestätigung, bis es die Tätigkeit halb, fast ganz oder ganz beendet hat.

Selbstmotivation

Um in der Schule zurechtzukommen, müssen Kinder lernen, sich selbst zu motivieren und zu bestärken. Ein Kind, das seine eigene Arbeit loben kann, ist unabhängig von der Bestätigung seitens des Lehrers. Ein Kind, das seine Übung fortsetzen kann, ohne daß ihm jedes Detail erklärt werden muß, wird ebenfalls Lob und Erfolg ernten.

Lehrer in Anfängerklassen können nicht alle Kinder, die sie betreuen, permanent loben. Doch ein Belohnungssystem, bei dem Sternchen oder Aufkleber verteilt werden, kann Ihr Kind stark motivieren, fleißig zu lernen.

An Arbeit gewöhnt sein

Sobald Kinder in die Schule gehen, erwartet man von ihnen, daß sie über längere Zeit stillsitzen und arbeiten können. Sie dürfen nicht von einer Tätigkeit zur anderen springen und müssen die Aufgaben zu Ende bringen, die ihnen gestellt werden. Vielen Kindern fällt dies zu Schulbeginn sehr schwer. Wenn Sie immer zulassen, daß ein Kind eine Tätigkeit aufhört, wenn es keine Lust mehr hat, dann wird es nie das nötige Durchhaltevermögen erlangen. Dabei heißt es, den berühmten goldenen Mittelweg zu finden zwischen der Tatsache, daß man eigentlich immer nur ein Stück Malpapier zur Verfügung hat, und dem Fakt, daß das Kind zehn Zeichnungen verwirft, bevor es mit dem Bild beginnt. Man kann von einem 4- bis 5jährigen Kind schon erwarten, daß es aufräumt, es ermuntern, daß es auf ein Ende hinarbeitet und beendet, was es begonnen hat.

Sich die Freude bewahren, etwas herauszufinden

Kleine Kinder forschen und entdecken gerne. In der Schule sind die meisten Kinder anfänglich neugierig und lernwillig. Nicht alle jedoch finden dann auch später noch Spaß am Lernen. Wettbewerb ist schön, wenn man zu den Besten gehört, jedoch entmutigend, wenn die größten Anstrengungen mit Mißerfolg enden. Am besten erhalten Sie Ihrem Kind den Spaß am Lernen, indem Sie es bestärken, daß es Freude macht, herauszufinden, wie Dinge funktionieren, und immer dem „Warum" auf den Grund zu gehen.

Natur und Wissenschaft

Durch selbständiges Entdecken und Erforschen erfahren Kinder ein starkes Gefühl der Freude und Zufriedenheit

Kinder genießen Tätigkeiten, die Spaß machen, mit großem Vergnügen. Wenn Sie ihre Freude am Entdecken der Welt vom Krabbel- bis ins Schulalter fördern, dann helfen Sie ihnen, ihre Begeisterung am Lernen beizubehalten.

Blauer Sellerie

Geben Sie etwas blaue Tinte oder Lebensmittelfarbe in ein mit Wasser gefülltes Marmeladenglas. Nehmen Sie dann eine Stange Staudensellerie und stecken Sie sie in das gefärbte Wasser. Der Sellerie nimmt nun gleichzeitig mit dem Wasser auch die Farbe auf. Wenn Sie den Stengel längs durchschneiden, kann man die aufsteigende Färbung nachvollziehen.

Beobachten, wie sich kleine Tiere fortbewegen

Sie brauchen eine durchsichtige, 50–75 x 30–50 cm große Plexiglasscheibe und zwei Stützen – z. B. aus einigen Kissen oder vier Ziegelsteinen –, damit das Kind den Kopf unter das Glas stecken kann. Setzen Sie nun verschiedene kleine Tiere auf die Scheibe und lassen Sie das Kind von unten beobachten, wie sie sich bewegen. Hierfür eignen sich gut Regenwürmer, Tausendfüßler, Schnecken, Asseln und Marienkäfer.

In einen Samen hineinschauen

Sie brauchen einen großen Samen, z. B. von Bohnen oder Erbsen. Entfernen Sie zuerst die dicke äußere Schutzhülle. Man sieht, daß der Samen aus zwei Hälften besteht. Öffnen Sie sie vorsichtig und entdecken Sie die kleinen Wurzeln und den Trieb auf der einen Seite. Daraus wächst die Pflanze. Die zwei dicken Abschnitte sind die nahrungsgebenden Samenblätter, die die Pflanze zum Wachsen bringen. Wenn man sich aus den Früchten dieser Pflanzen Essen zubereitet, wächst man selbst.

Naturbeobachtungen

Kaufen Sie ein Buch über Wildblumen, Bäume oder Pilze mit großen, klaren, farbigen Illustrationen und gehen Sie dann mit Ihrem Kind auf Forschungsreise. Ein Vergrößerungsglas ist ein nützliches Zubehör der Ausrüstung.

Auf Spurensuche gehen

Viele Tiere gehen nachts auf Futtersuche. Wenn Schnee liegt, müssen sie hierfür oft einige Entfernungen zurücklegen. Wenn Sie mit Ihrem Kind früh genug hinausgehen, können Sie die nächtlichen Aktivitäten durch die Spuren im Neuschnee zurückverfolgen. Bei nassem Wetter hinterlassen Tiere Spuren in der weichen Erde. Machen Sie einen Kreis aus Karton um den Abdruck, gießen Sie etwas Gips hinein und lassen Sie das Ganze fest werden. Auf diese Weise fertigen Sie für Ihr Kind einen Gipsabdruck von der Tierspur an.

Schlafende Vögel

Vögel leben oft in großen, lauten Gemeinschaften. Sie verbringen gemeinsam den Tag mit Futtersuche und kommen abends heim, um sich in Gruppen zum Schlafen niederzulassen. In der Stadt kann man am einfachsten Tauben und Amseln beobachten, auf dem Land dagegen Krähen. Die beste Beobachtungszeit ist vor der Dämmerung.

„Bäh!“

Kinder unter 5 Jahren fasziniert „Unanständiges“ – sei es in der Natur oder bei Aktivitäten. Zumindest in den Augen der Kinder ist „Bäh!“ eine äußerst „unanständige“ Tätigkeit! Verschiedene Tiere hinterlassen unterschiedliche Arten von „Bäh!“ – Kaninchen hinterlassen kleine Kügelchen, Pferde runde „Äpfel“ und Kühe feuchte Fladen. Anhand von Spuren und Fäkalien bestimmen Zoologen, welches Tier vorbeigekommen ist. Mit „Bäh!“ kann Ihr Kind das in gewissem Maß auch. Ein Bestimmungsbuch für Tierspuren und -zeichen hilft dabei.

Hungrige Eichhörnchen und Vögel

Nehmen Sie einen Papierbecher und bohren Sie ein Loch in den Boden. Fädeln Sie dann einen Faden hindurch, den Sie außen mit einem Knoten befestigen. Füllen Sie den Becher mit einer Mischung aus weichem Schweineschmalz, Samen, Getreidekörnern und Frühstücksflocken. Auch einige Rosinen eignen sich gut. Um den „Kuchen“ herzustellen, schmelzen Sie einfach einen Block Schweineschmalz (es muß dabei nicht heiß werden). Achten Sie darauf, daß Sie hierfür hartes und nicht das zum Backen verwendbare raffinierte Schmalz benutzen. Vermischen Sie das Schmalz mit den anderen Zutaten und füllen Sie das Ganze in den Papierbecher. Ziehen Sie den Faden mittig hindurch und lassen Sie das Ganze im Kühlschrank fest werden.

Hängen Sie nun den Becher an die Wäscheleine oder einen Baumast. In dem Maß, in dem Vögel und Eichhörnchen den Inhalt verzehren, können Sie den Becher abschneiden, um mehr Schmalz und Samen freizulegen.

WAS IHR KIND LERNT

Die meisten Stadtkinder lernen die Natur nicht so gut kennen wie Landkinder. Doch durch die vorgestellten Aktivitäten erfährt auch ein Stadtkind etwas über die Natur.

• Beobachtungsgabe
Die Fähigkeit, nach kleinen Details und Unterschieden Ausschau zu halten, z. B. die Unterschiede bei der Fortbewegung von kleinen Tieren zu entdecken, spielt eine Schlüsselrolle beim Lesenlernen und Verstehen von Mathematik.

• Gruppenverhalten
Tiergruppen und -familien zu beobachten schärft das Verständnis Ihres Kindes für soziales Verhalten.

• Herausfinden, warum etwas so ist
Kinder, die sich die Vorstellung erhalten konnten, daß es Spaß macht, etwas herauszufinden, durchleben glücklichere Zeiten auf der Schule.

Vorbereitung auf das Schreibenlernen

Bevor Ihr Kind in die Schule kommt, muß es zwar noch nicht schreiben können, sollte aber die zugrundeliegenden Fertigkeiten beherrschen

Realistische Schnörkel

Wenn Kinder dazu ermuntert werden, dann kommentieren sie ihre Bilder mit kleinen Schnörkeln. Anstatt zu fragen: „Ist das ein Haus?“, sollten Sie es eher mit „Ist das das Haus und das die Geschichte über das Haus?“ versuchen. Das Kind setzt sich dann vielleicht hin und „schreibt“. Studieren Sie das „Geschriebene“ genauso wie das Bild und suchen Sie nach Abschnitten, die wirklichen Buchstaben gleichen. „Aha, da hast du ein ‚i‘ geschrieben.“, „Ich sehe, du hast oft den Buchstaben ‚m‘ verwendet.“, „Das schaut aus wie ein ‚u‘!“. Ein Kind, das auf diese Weise bestärkt wird, wird desgleichen mehr machen wollen.

Listen schreiben

Auch wenn Kinder möglicherweise Erwachsene nur selten schreiben sehen, gibt es doch Situationen, in denen die meisten Papier und Stift zur Hand nehmen. Mit am häufigsten geschieht dies, wenn man Formulare ausfüllt, Schecks ausstellt, sich Notizen macht und Listen schreibt. Bei all diesen Gelegenheiten kann es auch schreiben.

FRAGE UND ANTWORT

Wie stelle ich es an, daß mein Sohn tut, was man ihm sagt? Er ignoriert mich einfach. Ich muß immer schimpfen, damit er etwas macht. Ich mag gar nicht daran denken, was wird, wenn er in die Schule kommt.

Als erstes sollten Sie mit dem Nörgeln aufhören. Wenn etwas wichtig ist, sagen Sie es ihm einmal und erwarten Sie von ihm, daß er gehorcht. Wenn es nicht wichtig ist, lassen Sie es einfach. Beschreiben Sie das Problem und sagen Sie, was Sie erwarten. *Deine Sachen liegen auf dem ganzen Tisch verstreut. Wir essen jetzt gleich zu Abend. Könntest du sie bitte wegräumen?* Wenn er trödelt, fügen Sie hinzu: *Wenn du nicht aufräumst, muß ich deine Stifte bis Mittwoch weglegen.* Wenn er immer noch nicht reagiert, legen Sie die Stifte außer Reichweite. Wenn er protestiert, erklären Sie ihm, daß er es so gewollt hat.

- Sammeln Sie Formulare aus dem Postamt oder der Bank, die es ausfüllen kann.
- Geben Sie ihm etwas Papier, auf das es seine Liste schreiben kann, bevor Sie zum Einkaufen gehen.
- Viele Banken verschicken mehr Einzahlungsformulare, als die meisten Kunden brauchen; überlassen Sie dem Kind einige als Scheckformulare.
- Geben Sie dem Kind ein paar Post-it-Notizzettel, auf denen es Nachrichten hinterlassen kann.

Von Punkt zu Punkt

Für Vorschulkinder sind Punkt-zu-Punkt-Rätselzeichnungen noch schwierig. Sie können aber die Zahlen 1 bis 10 beherrschen, besonders, wenn man sie oben auf dem Blatt in einer Reihe aufschreibt. Mit zehn Punkten kann man einen im Himmel fliegenden Drachen, einen Krug oder einen Kochtopf zeichnen.

Ein Labyrinth

Zeichnen Sie für Ihr Kind ein einfaches Labyrinth. Dieses könnte aus ein paar sich kreuzenden Linien bestehen, an deren Enden ein Luftballon gemalt ist. Das Kind malt die Ballons bunt an und verfolgt dann die Linien, indem es sie mit einem Stift in der Farbe des Ballons nachfährt.

Suchen und Finden

Ermuntern Sie Ihr Kind, in dem, was es geschrieben hat, nach Buchstaben zu suchen. Zuerst werden Sie ihm dabei helfen müssen, doch bald wird es gelernt haben, die deutlichsten herauszusuchen. Sobald es dies kann, wird es diese immer und immer wieder schreiben. Wenn es alle beherrscht, die es selbst geschrieben hat, wird es Sie nach neuen Buchstaben fragen. Kümmern Sie sich nicht darum, wie sorgfältig es die Buchstaben schreibt. Wichtig ist nur, daß das Kind versteht, was Schreiben ist – und daß ihm dies Spaß macht.

„Wörter" machen und buchstabieren

Sobald das Kind das Stadium erreicht hat, in dem es Buchstaben schreibt, versuchen Sie zu lesen, was es geschrieben hat: „Rrrru – das hört sich ein bißchen wie ein Hund an!" – „Ab – das ist ja ein richtiges Wort!" Sobald es realisiert, daß es richtige Wörter schreiben kann, möchte es das auch tun. Zeigen Sie ihm, wie man einige Buchstaben schreibt, die es noch nicht kennt, und buchstabieren Sie ihm Wörter, wenn es danach fragt. Wenn es weiter „Kritzel schreiben" möchte – auch gut.

Schön geformte Buchstaben

Für Buchstaben muß ein Kind nicht nur Linien genau dahin zeichnen können, wo es sie haben will, sondern dies auch noch in einer bestimmten Reihenfolge ausführen. Es gibt zahlreiche Aktivitäten, mit denen man diese Fertigkeit verbessern kann.

WAS IHR KIND LERNT

• Stillsitzen
Wenn man herumrennt, kann man nicht schreiben – all diese Aktivitäten ermuntern Ihr Kind, stillzusitzen.

• Auf Details achten
Die nächste Zahl oder den nächsten Richtungspfeil zu suchen fördert, daß Ihr Kind auf Details achtet.

• Handgelenks- und Fingerkontrolle
Geschickte Kinder lernen leichter zu schreiben. Übung hilft hierbei enorm.

• Vokabular
Ein Kind, das den Namen der Buchstaben des Alphabets kennt und einige erkennen kann, ist auf das Lesen- und Schreibenlernen gut vorbereitet.

Malbücher

Durch Malbücher wird der Umgang mit Stiften hervorragend geübt. Buntstifte und feine Filzstifte sind leichter zu handhaben als Wasserfarben.

Durchpausen

Kaufen Sie gutes Pauspapier im Schreibwarenladen. Verwenden Sie weiche Stifte, da dann das Radieren leichter geht. Mit Durchpausen kann man die Stiftkontrolle bestens üben. Lassen Sie das Kind einfache Zeichnungen abpausen. Was könnte sich hierfür besser eignen als Buchstaben?

Den Namen schreiben

Kinder schreiben gerne ihren Namen auf ihre Arbeiten. Wenn Sie dies immer tun, wird Ihr Kind Sie nachmachen wollen, sobald es Buchstaben schreiben kann.

Vorbereitung auf das Lesenlernen I

Hier finden Sie notwendige Vorübungen

Um lesen zu lernen muß ein Kind erkennen, daß ein bestimmtes Buchstabenmuster einen bestimmten Laut repräsentiert. Diese Fertigkeit muß geübt werden. Als erstes muß es verstehen, daß die Schnörkel auf dem Blatt Wörter darstellen, dann, daß diese Wörter spezifisch sind (d. h., daß ein Buch immer dieselbe Geschichte erzählt und daß ein Wort immer auf dieselbe Weise geschrieben wird). Drittens muß es verstehen, daß es von Bedeutung ist, wie die Schnörkel auf dem Papier plaziert werden (wir lesen von links nach rechts und zeilenweise von oben nach unten).

Mit dem Finger verfolgen

Am offensichtlichsten können Sie einem Kind zeigen, daß die Wörter, die Sie sagen, auf der Buchseite gedruckt sind, indem Sie ihm vorlesen. Wenn Ihr Kind mehrere Bücher besitzt, wird es schnell lernen, daß es ein spezielles Buch braucht, wenn es eine besondere Geschichte hören will. Diese Lektion kann vertieft werden, indem man die Zeilen, die man gerade vorliest, mit dem Finger verfolgt.

Nadel im Heuhaufen

Bei diesem einfachen Spiel muß Ihr Kind ein Gebiet sorgfältig absuchen. Das Kind verläßt den Raum, und Sie verstecken einen kleinen Gegenstand (zwar nicht gerade eine Nadel, aber doch etwas Kleines, etwa einen Knopf oder eine Münze). Das Kind kommt wieder herein und beginnt zu suchen. Je weiter es vom Gegenstand entfernt ist, desto „kälter" ist es. Wenn es sich ihm nähert, rufen Sie „warm" oder „heiß". Wenn mehrere Kinder spielen, gibt es einen Gewinner.

Comic-Bücher

Comic-Bücher geben eine Bilderfolge auf die gleiche Art und Weise wieder wie auf einer Seite plazierte Wörter. Deshalb lernt das Kind, wenn es Comics anschaut, mit dem Aufbau einer geschriebenen Seite umzugehen.

Ein Comic-Buch basteln

Ein Comic-Buch kann man auch selbst basteln. Sie brauchen eine Reihe von Fotos, die ganz einfach in der richtigen Reihenfolge geordnet werden können. Erzählen Sie z.B. einen Ausflug in den Park. Auf dem ersten Bild zieht das Kind den Mantel an, dann verläßt es das Haus, geht auf der Straße in den Park und schaukelt. Ordnen Sie die Fotos wie in einem Comic-Buch auf der Seite an. Mit acht Fotos kann man zwei Seiten gestalten. Schreiben Sie unter jedes Foto einen Satz.

Von links nach rechts

Fördern Sie nicht nur das Lesen, sondern auch das Verständnis für den Aufbau einer Seite so oft wie möglich. Beispielsweise hilft es, wenn das Kind jeden Morgen seine Kleidung so ausbreitet, daß es sie von links nach rechts auswählen kann: Unterhemd, Unterhose, T-Shirt, Jeans, Socken, Schuhe.

Gänseblümchen suchen

Dieses einfache Suchspiel kann im Garten oder bei einem Spaziergang gespielt und für viele Gelegenheiten abgewandelt werden. Die Aufgabenstellung ist simpel: Sie suchen nach einem Gegenstand, und wenn Sie ihn gesehen haben, rufen Sie: „Ich sehe ein Gänseblümchen!“ Wonach kann man noch suchen? Tauben, Fliegen, Eicheln, den Buchstaben B, bestimmte Automarken, quadratische Gegenstände, alles, was mit C beginnt, runde Gegenstände, Pflanzen mit rötlichen Blättern.

Puzzles und Bilderlotto

Die meisten guten Spielwarengeschäfte bieten eine große Auswahl an Spielen an, mit denen man die Beobachtungsgabe hervorragend trainieren kann. Jedes Spiel, bei dem das Kind Bilder oder Wörter gründlich betrachten muß, stellt eine exzellente Übung dar. Die visuelle Seite des Lesens besteht aus dem Erkennen kleiner Unterschiede in der Form der geschriebenen Wörter. In jeder Hinsicht sind Puzzles ein ideales Lerninstrument.

Formen und Bilder zuordnen

Dies ist eine einfache Variante eines Legespiels. Man zeichnet für das Kind ein Bild, in dem eine Anzahl verschiedener versteckter Formen vorkommen – Kreise, Dreiecke und Quadrate. Das Kind muß diese nun finden. Ein hervorragendes Training der Beobachtungsgabe.

WAS IHR KIND LERNT

Durch all diese Aktivitäten lernt Ihr Kind zwei wichtige Grundvoraussetzungen zum Lesenlernen:

- **Formenerkennung**
  Die Fähigkeit, Formen zu erkennen und zwischen ihnen zu unterscheiden.

- **Reihen bilden**
  Wörter bestehen aus Buchstaben- und Lautsequenzen. Ein Kind, das dies versteht, hat den zweiten Schritt in Richtung Lesenlernen getan.

Vorbereitung auf das Lesenlernen 2

Bauen Sie nun auf den elementaren Fertigkeiten auf und legen Sie den Grundstock zum Lesenlernen

Der zweite Schritt beim Lesenlernen besteht darin, das geschriebene Wort mit den Lauten, die man hört, zu assoziieren. Hierbei müssen zwei Fertigkeiten geübt werden: Erstens muß Ihr Kind wissen, daß kleine Variationen in der Form große Unterschiede im Laut und riesige Unterschiede in der Bedeutung nach sich ziehen können, zweitens, daß Wörter aus einzelnen Lauten bestehen und diese durch Buchstabengruppen repräsentiert werden. Beide Aufgaben erfordern, auf Details zu achten.

Auf Laute hören

Beim Lesen übersetzen wir die Laute, die wir hören, in Symbole. Rad muß in drei Laute geteilt werden – R-a-d. Für kleine Kinder ist dies schwierig und muß geübt werden. Hierzu kann man sehr gut Gedichte mit Reimen vorzulesen.

Reime suchen

Eine Person gibt ein Wort vor, und alle Mitspieler müssen hierzu der Reihe nach einen Reim finden, bis niemandem mehr einer einfällt. Dieses Spiel kann für ältere Kinder schwieriger gestaltet werden, indem man Wörter nicht in alphabetischer Ordnung verwenden darf und jeder Spieler alle bereits gefundenen Wörter wiederholen muß: ein Haus; ein Haus, eine Maus; ein Haus, eine Maus, eine Laus; ein Haus, eine Maus, eine Laus, ein Graus; ein Haus, eine Maus, eine Laus, ein Graus, raus...

Ich sehe was, was du nicht siehst...

Bei diesem Ratespiel wählt sich ein Spieler einen Gegenstand aus, den er sieht, und sagt den anderen dessen Anfangsbuchstaben. Wenn sie z.B. eine Tasse erraten sollen, sagt er: „Ich sehe was, was du nicht siehst, und das beginnt mit T!“ Sie können das Spiel erleichtern, indem Sie mit der Aussage „warm“ oder „kalt“ signalisieren, ob die Vorschläge gut sind oder nicht. Der Spieler, der den Gegenstand errät, darf als nächster einen aussuchen.

Schildchen

Schreiben sie einige Wörter in kleinen Buchstaben und plazieren Sie diese auf die entsprechenden Gegenstände (für Metalloberflächen eignen sich am besten Magneten). Wählen Sie Wörter mit verschiedenen Formen. Die besten Kontraste erhält man, wenn man kurze Wörter aussucht, die eine Oberlänge am Ende aufweisen, so etwa „Wand“, und andere, die mit einer Unterlänge enden, so etwa „Zug“; hinzu kommen lange Wörter wie Kühlschrank oder Fenster. Beginnen Sie mit etwa sechs Wörtern und fügen Sie nach einiger Zeit neue hinzu. Nachdem das Kind die Wörter einige Tage lang angeschaut hat, schreiben Sie sie in ein Heft und fragen Sie es, ob es sie wiedererkennt. Wenn dies für das Kind zuerst schwierig ist, markieren Sie die Wörter bunt, damit es einen weiteren Anhaltspunkt hat.

Ich packe in meinen Koffer...

Dieses Spiel kann auf verschiedene Arten gespielt werden. Die Kinder müssen Wörter finden, die mit einem bestimmten Laut oder Buchstaben beginnen, oder sie müssen die Wörter in alphabetischer Reihenfolge darbringen (wenn sie anfangen, Reihenbildung zu verstehen). Man kann auch versuchen, sich alle Wörter zu merken, die zuvor gesagt wurden: „Ich packe in meinen Koffer einen Schuh; einen Schuh und eine Socke; einen Schuh, eine Socke und einen Seelöwen; einen Schuh, eine Socke, einen Seelöwen und eine Suppentasse…"

Hinke-Pinke

Bei diesem Ratespiel geben die Eltern die Vorgabe, und die Kinder raten die Antwort – nämlich zwei sich reimende Wörter.
Im folgenden einige Beispiele:
Ein Hinke-Pinke für dicke Haustiere
Antwort: Runde Hunde
Ein Hinke-Pinke für ein zu weites Kleidungsstück
Antwort: Lose Hose
Ein Hinke-Pinke für einen stillen Vogel
Antwort: Leise Meise
Ein Hinke-Pinke für etwas, mit dem du gehst
Antwort: Kleine Beine.

Buchstaben suchen

Dieses einfache Spiel kann immer gespielt werden, wenn man unterwegs ist. Die Aufgabe besteht darin, bestimmte Buchstaben auf Werbeplakaten, Laden- und Straßenschildern sowie Wegweisern zu finden. Das O für Oma ist einfach, so daß damit begonnen werden sollte; M ist für Mama und P für Papa; B für Bär, und auch die Initialen der Geschwister können gesucht werden.

Eine Variante kann man bei einer Auto- oder Busfahrt spielen; hierbei sucht man nach Buchstaben auf Autokennzeichen. Sie können die Buchstaben in alphabetischer Reihenfolge suchen

WAS IHR KIND LERNT

• Schildchen
Wenn Ihr Kind in den Kindergarten geht, gibt es dort wahrscheinlich einen Kleiderhaken mit seinem Namen. Es hilft, wenn es diesen wiedererkennen kann. Beschriften macht ein Kind auch mit dem Prinzip vertraut, daß alle Objekte Namen haben, die aus verschiedenen Buchstaben bestehen.

• Reime suchen; Hinke-Pinke
Diese Spiele vermitteln eine Vorstellung davon, daß Wörter, die ähnlich buchstabiert werden, auch ähnlich klingen. Wenn es dieses Prinzip verstanden hat, muß Ihr Kind nicht jedes neue Wort, dem es begegnet, einzeln lernen. Es hilft ihm auch, die kleinen Laute, aus denen Wörter bestehen, zu „summen". Dies wiederum ermuntert es dazu, etwas zu „entziffern" und zu lesen.

• Buchstaben und Wörter suchen
Alle Kinder lieben Herausforderungen und den Triumph, Dinge zu finden. Das Suchen nach Wörtern und Buchstaben verschafft ihnen deshalb große Befriedigung.

oder, wenn dies für das Kind zu schwierig ist, in der Reihenfolge der Buchstaben seines Namens.

Nach Wörtern suchen

Bei dieser Variante des Buchstabenspiels sucht man nach bestimmten Wörtern. Ein Wort unter den vielen Sätzen auf einer Seite zu finden verleiht einem Kind großes Selbstbewußtsein. Alle meine Kinder glaubten, daß sie lesen könnten, sobald sie in der Lage waren, „das" und „ist" herauszusuchen. Sie können sicher davon ausgehen, daß zumindest eines dieser Wörter auf jeder Seite zu finden ist.

Mathematik verstehen lernen

Legen Sie den Grundstein für das Zahlenverständnis

Kein Lehrer wird von Ihrem Kind erwarten, daß es schon rechnen kann, wenn es in die Schule kommt. Es ist jedoch hilfreich, wenn es bereits über ein gewisses Verständnis verfügt, was Zahlen bedeuten.

Verbindungen

Zeichnen Sie eine Anzahl von Gegenständen in eine Spalte und in eine weitere eine Serie damit verwandter Objekte. Das Kind muß die beiden passenden miteinander verbinden. Beispiele hierfür sind:

Ei	Handschuh
Hand	Eierbecher
Tasse	Schuh
Socke	Untertasse

Eine Stöpselsammlung

Sammeln Sie die Stöpsel von Flaschen und Tuben und legen Sie sie in eine Schachtel. Das Kind kann sie nach Größe, Form, Farbe oder danach, ob man sie zu einem Turm stapeln kann, sortieren. Können sie paarweise gelegt werden? Welcher paßt in einen anderen?

Löffel zählen

Kinder mögen gerne etwas zählen. Hierfür eignen sich gut Teelöffel, da die wenigsten Leute mehr als 20 davon haben.

Große Füße

Sie brauchen Teppichbodenreste oder übrige Teppichfliesen sowie ein Paar alte Slipper oder Sandalen. Schneiden Sie zwei genau 25 cm lange Fußumrisse aus. Diese können an den Sohlen der Sandalen oder Slipper befestigt werden. Oder Sie bohren zwei Löcher in jeden Fußumriß und fädeln ein Band so hindurch, daß er damit an den Füßen des Kindes festgebunden werden kann. Das Kind kann verschiedenste Bereiche ausmessen. Wie groß ist der Garten? Wie lang ist das Wohnzimmer? Wie breit ist das Bett? Dasselbe geht mit einer 10 cm langen Standardhand.

Zwei verbinden

Diesem Spiel liegt ein ähnliches Prinzip wie bei „Große Füße“ zugrunde. Schneiden Sie verschieden lange Schnüre, deren jeweilige Längen immer genau ein Vielfaches einer anderen Schnur messen. Stellen Sie dann eine Anzahl von Gegenständen auf, die verschiedene „Schnurlängen“ auseinander stehen. Das Kind erforscht nun, welche Schnur der jeweiligen Länge entspricht.

Knöpfe sortieren

Diese können gesammelt werden, indem man sie von alten Kleidungsstücken abtrennt oder einfach neu kauft. Ihr Kind kann genau gleiche Knöpfe aussortieren oder ähnliche Knöpfe finden, die sich nur durch die Größe bzw. die Farbe unterscheiden; es kann diejenigen mit zwei Löchern von denen mit vier trennen, Plastik- und Metallknöpfe separieren oder sie in Streifen, Mustern oder der Größe nach anordnen.

Die „Dreiheit“ von drei

Um Zahlen zu verstehen, müssen Kinder sehen, was z. B. drei Eier, drei Teller, drei Löffel und drei Tassen gemeinsam haben. Am einfachsten geht dies, wenn man jede Zahl mit etwas, das es versteht, verbindet. Drei besteht z. B. aus eins für Papa, eins für Mama und eins für Laura.

Süße Mathe

Eine Süßigkeit für Mama und eine für Laura: eins, zwei. Wenn Mama ihre Süßigkeit Laura gibt, hat sie zwei. Eins und eins ist zwei. Wenn Laura zwei Süßigkeiten hat und eine davon ißt, dann hat sie nur noch eine. Zwei weniger eins ist eins. Fügen Sie immer nur eine Süßigkeit hinzu oder nehmen nur eine weg, bis dem Kind das Prinzip klar ist. Versuchen Sie dann, zwei Süßigkeiten dazuzugeben oder wegzunehmen. Wenn Sie dabei langsam vorgehen, wird das Kind gute Fortschritte machen.

Dinge reihen

Zählen ist ein Reim. Um zu verstehen, was dieser Reim bedeutet, muß man u. a. auch verstehen, daß bei zwei benachbarten Zahlen jeweils die zweite Zahl erhalten wird, indem zur ersten Zahl jeweils eins hinzugefügt wird. Um dies zu verstehen, muß man mit dem Gedanken vertraut sein, daß Dinge in Reihen geordnet werden können. Fotokopieren Sie eine Gruppe von einfachen Umrißzeichnungen und verwenden Sie dabei verschiedene Vergrößerungen. Kleben Sie diese auf Karten, die sortiert werden können. Es gibt auch viele Bücher und Legespiele, anhand derer das Kind Ordnungsprinzipien verstehen kann.

Einkäufe einräumen

Wenn Sie das nächste Mal groß einkaufen, soll Ihnen Ihr Kind helfen, die Einkäufe einzuräumen. Beim Helfen erwirbt es viele prämathematische Fertigkeiten.

WAS IHR KIND LERNT

- **Verbindungen**
  Helfen ihrem Kind zu verstehen, wie zwei Dinge zusammenpassen.
- **Zwei verbinden; Große Füße**
  Bewirken ein Grundverständnis für Maße sowie für die Grundlagen der Multiplikation.
- **Die „Dreiheit“ von drei**
  Indem man die Vorstellung, was „drei“ oder „vier“ bedeutet, in leicht verständlicher Form darbietet, vermitteln Sie Ihrem Kind die Grundlagen für das Rechnen.
- **Einkäufe einräumen**
  Zu wissen, wohin alles gehört – Gegenstände den Regalen zuzuordnen –, ist eine mathematische Fertigkeit, desgleichen Gegenstände, die am gleichen Platz stehen, nacheinander einzuräumen. Hierbei hilft, wenn Sie vorschlagen, Dinge in Gruppen zu ordnen. Das Kind erwirbt Raumverständnis, wenn es Dosen und Packungen so plazieren muß, daß der Platz am besten genutzt wird. Vier kleine Dosen so aufeinander zu stapeln, daß sie die gleiche Höhe haben wie zwei große Dosen, hilft ihm, Multiplikation zu verstehen.

Register

G

H

I

K

L

M

N

O

P

R

S

Bildnachweis

l = links, r = rechts, o = oben, M = Mitte, u = unten

1–4l Laura Wickenden, 4r Sandra Lousada/Collections; 5–6o Laura Wickenden, 6u P.Barton/The Stock Market; 7 Laura Wickenden; 8o George Contorakes/The Stock Market, 8u Laura Wickenden; 9–28o Laura Wickenden; 28u Ian West/Bubbles; 29o Laura Wickenden; 29u The Stock Market; 30/31 Elizabeth Whiting & Associates; 32–33o Laura Wickenden, 33u Ian West/Bubbles; 34–35 The Stock Market; 36 Laura Wickenden; 37o Steve Bavister/ Robert Harding Picture Library, 37u Laura Wickenden; 38–39 Laura Wickenden; 40 Sandra Lousada/Collections; 41 Andre Gallant/The Image Bank; 42–47 Laura Wickenden; 48 Robert Harding Picture Library; 49l Elizabeth Whiting & Associates, 49r Angela Hampton/Bubbles; 50–51o Laura Wickenden, 51u Loisjoy Thurston/Bubbles; 53–60 Laura Wickenden; 61o Robert Harding Picture Library, 61M & u Laura Wickenden; 62–64 Laura Wickenden; 65o Susanna Price/Bubbles, 65u Laura Wickenden; 66–70l Laura Wickenden, 70r Susanna Price/Bubbles; 71–73 Laura Wickenden; 74 Loisjoy Thurston/Bubbles; 75–79 Laura Wickenden; 80 Julia Yelland/Laura Wickenden; 81o Laura Wickenden, 81u The Stock Market; 82 Laura Wickenden; 83o Julia Yelland/Laura Wickenden, 83u Eliza Sleeman; 84l Jack Sleeman, 84r Eliza Sleeman; 85ol Jack Sleeman; 85or, 85ul, 85ur Julia Yelland/Laura Wickenden; 86–97 Laura Wickenden; 98o Sandra Lousada/Collections, 98u Andrew Sydenham; 99l Laura Wickenden, 99r Andrew Sydenham; 100 The Stock Market; 101 Laura Wickenden; 102 Susanna Price/Bubbles; 103 Loisjoy Thurston/Bubbles; 104–105o Laura Wickenden, 105u Loisjoy Thurston/Bubbles; 106–108 Laura Wickenden; 109o Jennie Woodcock/Bubbles, 109u Laura Wickenden; 110l Laura Wickenden, 110r Geoff Du Feu/Bubbles; 111–114 Laura Wickenden; 115 The Stock Market; 116–117 Laura Wickenden; 118 Frans Rombout/Bubbles; 119 Laura Wickenden; 120 Jennie Woodcock/Bubbles; 121 Loisjoy Thurston/Bubbles; 122–123 Laura Wickenden; 124o Anthea Sieveking/Collections, 124u Laura Wickenden; 125–127 Laura Wickenden; 128 Loisjoy Thurston/Bubbles; 129 Laura Wickenden; 130 Anthea Sieveking/Collections; 131–134o Laura Wickenden, 134u Anthea Sieveking/Collections; 135o Jennie Woodcock/Bubbles, 135u Laura Wickenden; 136 Laura Wickenden; 137o Andrew Sydenham; 137u Laura Wickenden; 138–140 Laura Wickenden; 141l The Stock Market, 141r Robert Harding Picture Library; 142l Laura Wickenden, 142r Frans Rombout/Bubbles; 143 Laura Wickenden; 144–145 Laura Wickenden; 146l Anthea Sieveking/Collections; 146r Laura Wickenden; 147 Ian West/Bubbles; 148–152 Laura Wickenden; 153o Robert Harding Picture Library; 153u–156 Laura Wickenden; 157o David Young Wolff/ Tony Stone Images; 157u Jennie Woodcock/Bubbles; 158 Jeff Cadge/The Image Bank; 159–162 Laura Wickenden; 163l Robert Harding Picture Library; 163r John Walmsley; 164l Laura Wickenden; 164r Jennie Woodcock/Bubbles; 165–166 Laura Wickenden; 167 Andre Gallant/The Image Bank; 168l E.T. Archive; 168r The Maas Gallery, London/ The Bridgeman Art Library; 169l Bob Thomas/Tony Stone Images; 169r Laura Wickenden; 170 Chris Steele-Perkins/ Magnum Photos; 171–172 Laura Wickenden; 173ol The Image Bank; 173or Chris Beetles Ltd, London/The Bridgeman Art Library; 173u Sandra Lousada/Collections; 174–176o Laura Wickenden; 176u–177l Ray Moller; 177r–180 Laura Wickenden; 181 Sandra Lousada/Collections; 182 Andrew Sydenham; 183 Laura Wickenden; 184 Ian West/Bubbles; 185 Laura Wickenden; 186 Jacqui Farrow/Bubbles; 187l Andrew Sydenham; 187r–188 Laura Wickenden; 189 Robert Harding Picture Library; 190–192 Laura Wickenden; 193o Anthea Sieveking/Collections, 193M Laura Wickenden, 193u Robert Harding Picture Library; 194–195 Laura Wickenden; 196 Ian West/Bubbles; 197o Richard Yard/Bubbles, 197u Ken Fisher/Tony Stone Images; 198 Christian Liewig/Tony Stone Images; 199–202 Laura Wickenden; 203 Terje Rakke/The Image Bank; 204–206 Laura Wickenden; 207o Robert Harding Picture Library, 207u Laura Wickenden; 208 The Stock Market; 209 John Walmsley; 210–216 Laura Wickenden; 217 Chas Wilder; 218–219 Laura Wickenden; 221o John Walmsley; 221M & u Laura Wickenden; 222 John Walmsley; 223–224l Laura Wickenden, 224r The Stock Market; 225 David Thompson/Oxford Scientific Films; 226–230 Laura Wickenden; 231 Quadrant Picture Library; 232–233 Laura Wickenden

Der Verlag bedankt sich bei Galt Educational für die Überlassung des gesamten Spielzeugs für die Fotoaufnahmen.